MARCEL PAGNOL

Marcel

Marcel Pagnol wurde am 28. Februar 1895 in Aubagne bei Marseille geboren. Er schrieb mit achtzehn Jahren seine erste Komödie, doch dauerte es über ein Jahrzehnt, bis ein Stück von ihm in Paris aufgeführt wurde. 1928–31 entstand die »Marseiller Trilogie«, drei Komödien, die ihn berühmt machten: »Marius«, »Fanny« und »César«; sie führen lebensecht und mit großer Wärme Menschen aus dem Hafenviertel der südfranzösischen Metropole vor. Seit 1930 arbeitete Pagnol auch als Drehbuchautor und Regisseur und schuf Filme, die heute bereits klassisch sind. Als Erzähler fesselte er das Publikum vor allem mit seinen hinreißenden Jugenderinnerungen: »Marcel« (1957/58), »Marcel und Isabelle« (1961) und »Die Zeit der Liebe« (1977, aus dem Nachlaß). Pagnol wurde 1946 zum Mitglied der Académie Française gewählt. Er starb am 18. April 1974 in Paris.

Außer dem vorliegenden Band sind von Marcel Pagnol
als Goldmann-Taschenbücher erschienen:

Marcel und Isabelle. Die Zeit der Geheimnisse (3759)
Die Zeit der Liebe. Kindheitserinnerungen (3878)
Die eiserne Maske. Der Sonnenkönig und das Geheimnis
des großen Unbekannten (3862)
Pirouetten der Liebe. Roman (42297)

MARCEL PAGNOL

Marcel

Eine Kindheit in der Provence

Aus dem Französischen
von Pamela Wedekind

GOLDMANN

Ungekürzte Ausgabe

Titel der Originalausgaben:
»La Gloire de mon Père« und »Le Château de ma Mère«

Dem Andenken meiner Lieben

Umwelthinweis:
Alle bedruckten Materialien dieses Taschenbuches
sind chlorfrei und umweltschonend.

Der Goldmann Verlag
ist ein Unternehmen der Verlagsgruppe Bertelsmann

Genehmigte Taschenbuchausgabe 5/79

Umschlagentwurf: Design Team München
Umschlagfoto: Voigt / Laenderpress, Düsseldorf
Druck: Elsnerdruck, Berlin
Verlagsnummer: 3750
MV · Herstellung: Klaus Voigt/sc
Made in Germany
ISBN 3-442-03750-6

17 19 20 18

Vorwort

Zum erstenmal – einige bescheidene Versuche nicht gerechnet – schreibe ich Prosa. Wie mir scheint, gibt es tatsächlich drei sehr verschiedene Arten von Literatur: Lyrik oder das gesungene Wort, Drama oder das gesprochene Wort, und Prosa, das geschriebene Wort. Was mich erschreckt, sind nicht so sehr die Wahl der Worte oder Wendungen, die grammatikalischen Feinheiten – die letzten Endes jedermann zugänglich sind – sondern es ist die Stellung des Romanciers und die noch gefährlichere des Memoirenschreibers.

Das gesprochene Wort muß im Munde des Schauspielers wie improvisiert klingen, die Antwort muß augenblicklich verstanden werden, denn einmal ausgesprochen, ist sie vorbei. Andererseits kann die Sprache des Theaters nicht ein Vorbild für literarischen Stil sein, denn sie ist nicht die Sprache des Schriftstellers, sondern die seiner Figur.

Der Stil des Dramatikers liegt in der Wahl seiner Personen, in den Gefühlen, die er sie ausdrücken läßt, im Gang der Handlung. Was seine persönliche Stellungnahme betrifft, so muß sie bescheiden bleiben. Er schweige! Sobald er seine eigene Stimme zu Gehör bringen will, wird die dramatische Spannung hinfällig. Er trete nicht aus der Kulisse! Seine Meinungen lassen uns kalt, wenn er selbst sie formulieren will. Seine Schauspieler sprechen für ihn und erfüllen uns mit seinen Gedanken und Gefühlen, indem sie uns überzeugen, daß es unsere eigenen sind.

Die Stellung des Romanciers ist ohne Zweifel schwieriger. Es ist nicht der berühmte Schauspieler Raimu, der spricht, ich spreche selbst. Allein durch meine Ausdrucksweise enthülle ich mich vollkommen, und wenn ich nicht aufrichtig bin – das heißt, ohne alle Scham – verliere ich meine Zeit damit, Papier zu vergeuden. Also werde ich aus der Kulisse herauskommen und mich dem Leser gegenüber setzen müssen, der mich zwei oder drei Stunden ganz genau betrachten wird: eine sehr beunruhigende Vorstellung, die mich lange gelähmt hat.

Aber ich habe auch die andere Seite dieser Frage geprüft.

Der Theaterbesucher trägt einen Kragen und eine Krawatte und den anonymen Anzug, den die Engländer uns vorgeschrieben haben.

Er ist nicht zu Hause, er hat viel Geld bezahlt, um mich zu besuchen. Und dann ist er nicht allein, er beobachtet seine Nachbarn, die wiederum ihn beobachten. Deshalb interessiert er sich nicht nur für die von meinen Schauspielern gespielten Rollen, sondern auch für seine eigene – die Rolle des vornehmen und intelligenten Zuschauers.

Fortwährend macht er sich bemerkbar: oft lacht er oder klatscht; der Autor in der Kulisse ist angenehm berührt. Aber manchmal hustet er auch, putzt sich die Nase, murmelt vor sich hin, pfeift, verläßt das Theater. Der Autor wagt niemandem mehr ins Gesicht zu sehen, und zerknirscht hört er sich die stets einfallsreichen Erklärungen seiner Freunde an: er wird nicht in einem Nachtlokal soupieren.

Der Leser – ich meine damit den wahren Leser – ist fast immer ein Freund.

Er hat das Buch ausgesucht, hat es unter dem Arm nach Hause getragen und zu sich eingeladen. Er wird es still für sich lesen, an seinem Lieblingsplatz in vertrauter Umgebung, und nicht dulden, daß jemand über seine Schulter hinweg mitliest.

Wahrscheinlich ist er im Morgenrock oder im Pyjama, eine Pfeife in der Hand. Sein guter Glaube ist vollkommen.

Das heißt noch nicht, daß ihm das Buch gefallen wird. Auf Seite dreißig zuckt er vielleicht die Achseln und sagt ärgerlich: »Ich frage mich nur, warum man solchen Blödsinn druckt.«

Aber der Schriftsteller ist nicht zugegen und wird nie etwas davon erfahren. Und wenn sein Werk sich nicht verkaufen läßt, wird sein Verleger und Mitverschworener die Katastrophe mildern und auf den Umschlag der dritten und letzten Auflage drucken: ›Fünfzehntes Tausend.‹

So ist – obwohl der Erfolg eines Buches ebensoviel Wert hat wie der eines Theaterstückes – doch der Mißerfolg des Romanciers weniger grausam.

Das sind die nicht sehr rühmlichen, aber beruhigenden Überlegungen, die mich veranlaßt haben, diese im übrigen anspruchslose Arbeit zu veröffentlichen. Sie ist nichts weiter als das Zeugnis einer entschwundenen Zeit und ein kleines Lied kindlicher Liebe, das heute vielleicht für eine große Neuheit gehalten wird.

Der Ruhm meines Vaters

Ich bin in der Stadt Aubagne geboren, unter dem von Ziegen gekrönten Garlaban, zur Zeit der letzten Ziegenhirten.

Der Garlaban ist ein riesiger Turm aus blauen Felsen, der sich am Rand von Plan de l'Aigle erhebt, dieser unermeßlichen, felsigen Hochebene, die das grüne Huveaune-Tal beherrscht. Der Turm ist etwas breiter als hoch: aber da er in sechshundert Meter Höhe aus dem Fels ragt, steigt er sehr hoch in den Himmel der Provence, und zuweilen ruht eine weiße Juliwolke sich auf seinem Gipfel aus.

Er ist noch kein Berg, aber er ist auch kein Hügel mehr: er ist der Garlaban, wo die Späher des Marius Reisigbündel anzündeten, als sie im Dunkel der Nacht auf der Sainte-Victoire Feuer aufflammen sahen: der rote Vogel flog in der Juninacht von Hügel zu Hügel, bis zum Felsen des Capitols, um Rom zu verkünden, daß seine Gallier in der Ebene von Aix hunderttausend teutonische Barbaren erschlagen hatten.

Mein Vater war das fünfte Kind eines Steinmetz' aus Valréas bei Orange.

Die Familie war seit mehreren Jahrhunderten dort ansässig. Woher kamen sie? Ohne Zweifel aus Spanien, denn in den Gemeindebüchern fand ich die Namen Lespagnol, später Spagnol.

Außerdem waren sie seit Generationen Waffenschmiede und härteten ihre Schwerter in den Wassern des Ouvèze: wie jeder weiß, ein vornehmlich spanischer Beruf.

Da aber die Notwendigkeit, Mut zu zeigen, immer im umgekehrten Verhältnis zur Entfernung steht, die die Kämpfer voneinander trennt, wurden Dolch und Säbel bald von Gewehr und Pistole abgelöst. Nun betätigten sich meine Vorfahren als Feuerwerker, das heißt, sie fabrizierten Schießpulver, Bleikugeln, Stahl und Raketen.

Einer von ihnen, ein Urgroßonkel, wurde eines Tages in einer Funken-Apotheose durch das geschlossene Fenster seiner Werkstatt geschleudert, inmitten kreisender Sonnen und einer Garbe von Wunderkerzen.

Er starb nicht daran, aber auf seiner linken Backe wuchs kein Bart mehr. Deshalb nannte man ihn bis zu seinem Tode ›Le Rousti‹ – der Geröstete.

Möglich, daß infolge dieses aufsehenerregenden Unfalls die nächste Generation beschloß – ohne auf Patronen und Raketen zu verzichten – sie nicht mehr mit Schießpulver zu füllen; sie wurden Pappfabrikanten, und das sind sie noch heute.

Was für ein schönes Beispiel lateinischer Weisheit: mit Stahl, diesem schweren, harten Material, wollten sie nichts mehr zu tun haben, auch mit Pulver nicht, denn das verträgt nicht einmal die Nähe einer Zigarette. Also widmeten sie ihren Unternehmungsgeist der Pappe, einem leichten, weichen und keineswegs explosiven Material.

Aber da mein Großvater nicht der älteste Bruder war, erbte er die Kartonfabrik nicht und wurde Steinmetz, warum, weiß ich nicht. Als Geselle zog er durch Frankreich und ließ sich dann in Valréas nieder, später in Marseille.

Er war klein, breit in den Schultern und hatte starke Muskeln.

Als ich ihn kannte, hatte er lange, weiße Locken, die bis auf seinen Kragen fielen, und einen schönen gekräuselten Bart.

Seine Züge waren fein, aber energisch, und seine schwarzen Augen glänzten wie Oliven.

Seine Autorität gegenüber seinen Kindern war beängstigend, und seine Beschlüsse waren unwiderruflich. Doch seine Enkelkinder flochten Zöpfe in seinen Bart oder steckten ihm Bohnen in die Ohren.

Mit großem Ernst erzählte er mir manchmal von seinem Handwerk oder vielmehr von seiner Kunst, denn er war Steinmetzmeister.

Die Maurer schätzte er nicht besonders. »Wir errichten Mauern aus zugeschnittenen Steinen«, sagte er, »ein Stein muß sich genau in den anderen fügen, durch Zapfen, Stifte, Holzpfriemen und Falzbeine zusammengehalten. Natürlich gießen wir auch Blei in die Ritzen, um ein Verrutschen zu verhüten. Aber die Fugen werden so sorgfältig damit gefüllt, daß man außen nichts sieht. Die Maurer dagegen nehmen die Steine, wie sie kommen, und verstopfen die Spalten mit einem Haufen Mörtel. Auf diese Weise ertränkt der Maurer den Stein und versteckt ihn, weil er nicht gelernt hat, ihn zu bearbeiten.«

Sobald er einen freien Tag hatte – also vier- oder fünfmal im Jahr – nahm er die ganze Familie zu einem Picknick mit, etwa fünfzig Meter vor der berühmten Pont du Gard.

Während meine Großmutter die Mahlzeit bereitete und die Kinder im Fluß planschten, bestieg er die Pfeiler der Brücke, prüfte Fugen und Maße, besah sich den Schnitt und streichelte das Gestein.

Nach dem Essen setzte er sich ins Gras, die Familie gruppierte sich im Halbkreis um ihn herum. So verweilten sie im Angesicht der tausendjährigen Brücke, einem Meisterstück römischer Baukunst, das der Großvater bis zum Abend nicht mehr aus den Augen ließ.

Noch dreißig Jahre später schlugen seine Söhne und Töchter bei der bloßen Erwähnung dieser Brücke die Augen zum Himmel auf und stießen tiefe Seufzer aus.

Auf meinem Schreibtisch liegt ein kostbarer Briefbeschwerer. Es ist ein länglich-rechteckiges Stück Eisen, in der Mitte ein ovales Loch, die beiden äußeren Enden ausgehöhlt. Das ist der Hammer meines Großvaters André, der fünfzig Jahre lang auf den harten Kopf des stählernen Meißels schlug.

Dieser geschickte Mann hatte nur eine sehr geringe Ausbildung erhalten. Er konnte lesen und seinen Namen schreiben, aber mehr nicht. Darunter litt er heimlich sein ganzes Leben, was dazu führte, daß er Bildung für das höchste der Güter hielt. In seiner Vorstellung waren die gebildetsten Leute diejenigen, die andere unterrichteten. Deshalb opferte er sich auf, um seine sechs Kinder Lehrer werden zu lassen, und so kam es, daß mein Vater mit zwanzig Jahren die Ecole Normale in Aix en Provence als Volksschullehrer verließ.

Die Ecoles Normales Primaires waren zu dieser Zeit soviel wie Seminare, nur mit dem Unterschied, daß das Studium der Theologie durch Unterricht in Antiklerikalismus ersetzt wurde.

Man brachte den jungen Leuten bei, daß die Kirche nie etwas anderes gewesen sei als ein Instrument der Unterdrückung, und daß es die Aufgabe der Priester sei, die Augen des Volkes mit der schwarzen Binde der Ignoranz zu verhüllen und es mit Märchen von der Hölle und vom Paradies einzulullen.

Die bösen Absichten der ›Curés‹ waren übrigens hinlänglich bewiesen durch den Gebrauch des Lateinischen, einer mysteriösen Sprache, die für die kirchentreuen Dummköpfe eine magisch-fragwürdige Anziehungskraft besaß. Das Papsttum war würdig durch die beiden Borgia vertreten, und den Königen erging es in diesem Unterricht nicht besser als den Päpsten: als wollüstige Tyrannen beschäftigten sie sich nur mit ihren Konkubinen, wenn sie nicht gerade tranken oder spielten; ihre Kreaturen erhoben unterdessen verheerende Steuern, die bis zu zehn Prozent der nationalen Einkünfte verschlangen.

Wie man sieht, war dieser Geschichtsunterricht im Sinn der republikanischen Wahrheit elegant gefälscht.

Ich mache der Republik keinen Vorwurf deswegen: alle Handbücher der Weltgeschichte sind nie etwas anderes gewesen als Propagandatexte im Dienst der jeweiligen Regierung.

Die feste Überzeugung der neugebackenen Normalschüler war daher, daß es sich bei der großen Revolution um eine idyllische Epoche handelte, sozusagen um das goldene Zeitalter der Großmut, in dem die Brüderlichkeit sich bis zur Liebe gesteigert hatte – kurz und gut, um einen allgemeinen Ausbruch von Herzensgüte.

Ich weiß nicht, wie man ihnen – ohne ihren Argwohn zu erregen – begreiflich machen konnte, daß die engelhaften Freigeister sich nach zwanzigtausend Morden und den dazugehörigen Diebstählen dann gegenseitig guillotiniert hatten.

Andererseits kann ich nicht leugnen, daß der sehr intelligente Pfarrer meines Dorfes, dessen Nächstenliebe vor nichts zurückschreckte, die Heilige Inquisition als eine Art Familienrat darstellte: er sagte, wenn die Prälaten so viele Juden und Gelehrte verbrannten, so taten sie es mit Tränen in den Augen und nur um ihnen einen Platz im Paradies zu sichern.

Das ist die Schwäche unserer Vernunft: wir bedienen uns ihrer meist nur zur Rechtfertigung unseres Glaubens.

Immerhin waren die Studien der Normalschüler nicht auf Antiklerikalismus und freigeistige Geschichte beschränkt. Es gab noch einen dritten Volksfeind, der nicht aus der Vergangenheit stammte, das war der Alkohol.

Aus dieser Zeit stammen der ›Assommoir‹ von Zola und die schrecklichen Abbildungen, mit denen alle Klassenwände tapeziert waren. Man sah eine rötliche Leber, als solche nicht mehr erkennbar, denn dank ihrer grünen Schwellungen und lila Verschnürungen glich sie einer in Fäulnis übergegangenen Kartoffel. Der Künstler hatte ihr vergleichsweise die appetitliche Leber eines braven Bürgers als frisches, harmonisches Gebilde gegenüberstellen müssen, damit der Beschauer den katastrophalen Befund der Säuferleber richtig beurteilen konnte. Der bis in seine Träume von solchen Schreckbildern verfolgte Normalschüler (nur nebenbei sei eine Bauchspeicheldrüse erwähnt, die aussah wie die Schraube des Archimedes und eine durch Brüche verzierte Aorta) wurde schließlich von panischer Angst ergriffen. Beim Anblick eines Glases Wein verzerrte sich sein Mund vor Ekel. Eine Kaffeehausterrasse zur Zeit des Dämmerschoppens erschien ihm wie ein Selbstmörderfriedhof. Ein für filtriertes Wasser passionierter Freund meines Vaters warf dort eines Tages alle Tische um: Polyeucte als Freigeist! Aber am verhaßtesten waren die sogenannten ›Magenbitter‹, vor allem Benediktiner und Chartreuse, ›mit königlicher Lizenz‹, die in bedrohlicher Dreieinigkeit Kirche, Alkohol und Gottesgnadentum vertraten.

Abgesehen vom Kampf gegen diese drei Erzübel war das Studienprogramm außerordentlich umfangreich und bewundernswert auf die Ausbildung der Volkserzieher abgestimmt, die das Volk sehr gut verstanden, denn sie waren selber fast alle Söhne von Bauern und Arbeitern.

Sie erhielten eine Allgemeinbildung, wahrscheinlich umfassender als gründlich, die aber etwas ganz Neues war. Und da sie ihren Vater noch zwölf Stunden täglich auf dem Feld, im Fischerboot oder auf dem Baugerüst hatten arbeiten sehen, priesen sie ihr Los glücklich, denn sie konnten am Sonntag ausgehen und dreimal im Jahr in den Ferien nach Hause fahren. Dann stellten der Vater, der Großvater und manchmal sogar die Nachbarn, die nie anders als mit ihren Händen gearbeitet hatten, Fragen und legten ihnen abstrakte Formulierungen vor, die keiner im Dorf verstehen konnte. Sie antworteten, und die Alten hörten ernst und kopfschüttelnd zu. So verschlangen sie drei Jahre lang die Wissenschaft wie eine kostbare Nahrung, die man ihren Ahnen vorenthalten hatte; deshalb mußte der Herr Direktor in den Pausen die Klassenzimmer inspizieren und die allzu eifrigen Schüler zum Ballspiel hinausjagen.

War dieses Studium beendet, galt es, das Reifezeugnis zu erwerben, dessen Resultate bewiesen, daß einer ›Beförderung‹ nichts mehr im Wege stand.

Danach wurden die Jünger der Gelehrsamkeit wie Samenkörner in die vier Departements des Landes verstreut, um dort den Kampf gegen die Unwissenheit aufzunehmen, die Republik zu verherrlichen und den Hut auf dem Kopf zu behalten, wenn die Prozession vorüberging.

Nach ein paar Jahren freigeistigen Lehramtes im Schnee verlassener Bergnester gelangte der junge Lehrer bis in die Dörfer auf halber Höhe des Berges, wo er sich meistens mit der Lehrerin oder mit der Postbeamtin verheiratete. Dann kamen einige Marktflecken mit immer noch abschüssigen Straßen, und jede dieser Stationen war durch die Geburt eines Kindes markiert. Beim vierten oder fünften Kind erreichte er die Anstellung in einer größeren Gemeinde des flachen Landes. Von dort aus hielt er mit schon gelichtetem Haar und faltigem Gesicht dann endlich seinen Einzug in die Großstadt. Nun lehrte er an einer Schule mit acht bis zehn Klassen, leitete die Oberstufe und manchmal sogar die Ausbildungsklasse.

Eines Tages beging man feierlich die Verleihung der akademischen Palmen. Drei Jahre später ›nahm er seinen Abschied‹, das heißt, die Statuten sahen es so vor. Dann sagte er, vergnügt lächelnd: »Jetzt kann ich endlich meinen Kohl pflanzen!«

Worauf er sich hinlegte und starb.

Ich habe viele dieser Lehrer gekannt.

Sie hatten den absoluten Glauben an die Schönheit ihrer Aufgabe und strahlendes Vertrauen in die Zukunft des Menschengeschlechts. Geld und Luxus verachteten sie, eine Beförderung wiesen sie zugunsten eines anderen zurück oder um die in einem verlassenen Dorf begonnene Arbeit zu beenden.

Ein alter Freund meines Vaters, der als Primus das Lehrerseminar absolviert hatte, bekam seine erste Anstellung in einem verwahrlosten Viertel von Marseille, einer von Elendsgestalten bevölkerten Gegend, in der niemand sich bei Nacht hinauswagte. Dort blieb er vom Beginn seiner Laufbahn bis zu seinem Abschied, vierzig Jahre in derselben Klasse, vierzig Jahre auf demselben Stuhl.

Und als mein Vater ihn eines Abends fragte:

»Hast du denn niemals Ehrgeiz gehabt?« antwortete er:

»Aber natürlich war ich ehrgeizig! Und ich glaube, ich kann mit meinem Erfolg zufrieden sein! Wenn du dir vorstellst, daß in zwanzig Jahren sechs Schüler meines Vorgängers guillotiniert wurden, bei mir in vierzig Jahren nur zwei, dazu wurde einer begnadigt, dann hat es sich schon gelohnt, daß ich dort geblieben bin.«

Denn das Bemerkenswerteste an diesen Antiklerikalen war, daß sie den Geist von Missionaren hatten. Um den ›Herrn Curé‹, dessen Tugend für scheinheilig galt, schachmatt zu setzen, lebten sie selbst wie die Heiligen, und ihre Moral war ebenso unantastbar wie die der ersten Puritaner. Der Herr Schulrat war ihr Bischof, der Herr Rektor ihr Erzbischof und der Herr Minister für Erziehung ihr Papst; an ihn schrieb man nur auf offiziellem Bogen und in formellem Stil.

»Wie die Priester«, sagte mein Vater, »arbeiten wir für das zukünftige Leben: aber wir verstehen darunter die Zukunft der anderen.«

Da er das Seminar ebenfalls mit Auszeichnung verlassen hatte, verschlug ihn die ›Aussaat‹ der Lehrer nach Aubagne, nicht weit entfernt von Marseille.

Aubagne war damals ein Städtchen von etwa zehntausend Einwohnern, an den Abhängen des Huveaune-Tales gelegen, durch das die staubige Straße von Marseille nach Toulon führt.

In dieser Gegend wurden Ziegel, Backsteine und Tonkrüge gebrannt; man aß Blut- und Leberwürste und gerbte Leder, das, nachdem es sieben Jahre in einer Miete gelegen hatte, unverwüstlich war. Man stellte auch buntbemalte Heiligenfiguren für die Weihnachtskrippe her.

Mein Vater, der Joseph hieß, war damals ein junger Mann mit dunkler Haut, mittelgroß, ohne klein zu wirken. Er hatte eine ziemlich gewichtige, aber ganz gerade Nase, vorteilhaft verkürzt durch seinen Schnurrbart und seine Brille, deren ovale Gläser von einem feinen Stahlrand eingefaßt waren. Seine Stimme klang tief und lustig, und sein blauschwarzes Haar lag bei feuchtem Wetter in natürlichen Wellen.

Eines Tages traf er eine kleine, dunkelhaarige Schneiderin, die Augustine hieß, und fand sie so hübsch, daß er sie auf der Stelle heiratete. Ich habe nie erfahren, wie sie sich kennenlernten, denn von solchen Sachen sprach man nicht bei uns zu Hause. Andererseits habe ich sie auch nie danach gefragt, denn weder ihre Jugend noch ihre Kindheit mochte ich mir vorstellen. Mein Vater war vierundzwanzig Jahre älter als ich, und das hat sich nie geändert.

Sie waren mein Vater und meine Mutter seit Ewigkeit und für immer.

Ich weiß nur, daß Augustine von der Begegnung mit dem ernsten jungen Mann, der so gut das Boulespiel beherrschte und unfehlbar vierundfünfzig Francs im Monat verdiente, geblendet war. Also gab sie es auf, für andere Leute zu nähen, und richtete sich in einer Wohnung ein, die um so angenehmer war, als man keine Miete dafür bezahlen mußte.

In den Monaten vor meiner Geburt – sie war erst neunzehn Jahre alt und ist zeitlebens nicht älter geworden – hatte sie schwere Ängste auszustehen und erklärte schluchzend, ihr Baby würde nie zur Welt kommen, denn sie fühle deutlich, daß sie nicht wisse, wie man es machen müsse.

Mein Vater versuchte, sie zur Vernunft zu bringen. Aber sie sagte wütend: »Wenn ich denke, daß du es bist, der mir das angetan hat!« und brach in Tränen aus.

Als das Ungeborene anfing, sich zu bewegen, bekam sie zwischen zwei Weinkrämpfen einen Lachanfall.

Durch dieses unvernünftige Benehmen erschreckt, rief mein Vater seine ältere Schwester zu Hilfe; sie hatte ihn erzogen, war – natürlich! – Leiterin einer Schule in La Ciotat und unverheiratet.

Die große Schwester war entzückt und ordnete an, daß meine Mutter sofort zu ihr an die Küste des Mittelmeers kommen müsse, was noch am gleichen Abend befolgt wurde.

Man hat mir gesagt, daß Joseph sehr froh über diese Lösung war und seine Freiheit benützte, um mit der Bäckerin zu poussieren, deren Buchführung er in Ordnung hielt. Aber davon wollte ich nichts hören, und habe es niemals geglaubt.

Während dieser Zeit ging die zukünftige Mama in der milden Januarsonne am Strand spazieren und sah weit draußen die Segel der Fischerboote, die gegen drei Uhr nachmittags dem Sonnenuntergang entgegenfuhren. Später am Kaminfeuer, in dem die blaue Flamme der Olivenscheite knisterte, strickte sie die Ausstattung für die sich rührende Nachkommenschaft, während Tante Marie Windeln säumte und mit ihrer hübschen hellen Stimme sang:

Wenn die leichte Brigg auf den Wellen schaukelt,
Und die Nacht ihren schwarzen Schleier ausbreitet . . .

Sie war jetzt ausgesöhnt mit ihrem Los, um so mehr, als ihr lieber Joseph jeden Samstag auf dem Rad des Bäckers zu Besuch kam. Er brachte Mandelhörnchen mit, Marzipantörtchen und ein Säckchen weißes Mehl, um Pfannkuchen oder Apfelküchlein zu backen.

Sie hatte rosige Wangen bekommen, und alles sah aufs beste aus, als sie am achtundzwanzigsten Februar in aller Frühe durch leichte Schmerzen geweckt wurde.

Sofort rief sie Tante Marie, die ihr erklärte, das habe nichts zu bedeuten, da der Doktor erst für Ende März die Geburt eines Mädchens angekündigt habe; dann machte sie Feuer, um Kräutertee zu kochen. Aber die Patientin beharrte darauf, daß die Doktoren nichts davon verstünden, und daß sie auf der Stelle nach Aubagne zurück wolle.

»Das Kind muß zu Hause geboren werden! Joseph muß meine Hand halten! Marie, Marie, laß uns schnell fahren! Ich bin überzeugt, es will heraus!«

Die sanfte Marie versuchte sie mit Lindenblütentee und guten Worten zu beruhigen. Das Sieb in der Hand versprach sie, wenn die Vermutung sich bestätigen sollte, sofort den Fischhändler zu verständigen, der jeden Morgen gegen acht Uhr nach Aubagne fuhr. Schnell wie der Wind würde dann auch Joseph mit seinem Fahrrad zur Stelle sein.

Aber Augustine stieß die geblümte Tasse zurück, rang die Hände und weinte dicke Tränen.

Also klopfte Tante Marie an den Fensterladen des Nachbarn, der ein Gig und ein kleines Pferd besaß. Es war eine gesegnete Zeit, in der die Leute einander halfen: man brauchte sie nur darum zu bitten.

Der Nachbar spannte sein Pferd ein, die Tante hüllte Augustine in Decken, und schon waren wir im Trab unterwegs, während oben auf dem Hügel die Hälfte einer großen, roten Sonne durch die Kiefern schaute.

Bei der Ankunft in La Bedoule, das genau auf halbem Wege liegt, fingen die Schmerzen wieder an, und jetzt regte die Tante sich auf. Sie nahm meine in Decken gehüllte Mutter in die Arme und gab ihr gute Ratschläge.

»Augustine«, sagte sie, »halte dich zurück!«, denn sie war noch Jungfrau.

Aber die blasse Augustine schlug ihre großen schwarzen Augen auf und wimmerte, in Schweiß gebadet.

Glücklicherweise hatten wir den Kamm des Berges bereits hinter uns, und der Weg ging bis Aubagne bergab. Der Nachbar löste die Bremsen und peitschte das Pferdchen, das sich vom Gewicht des Wagens vorwärts treiben ließ. Wir kamen gerade noch rechtzeitig an, und Madame Négrel, die Hebamme, eilte herbei, um meine Mutter zu entbinden, die endlich ihre Nägel in Josephs starkem Arm festkrallen konnte.

Diese Geschichte ist nicht besonders überraschend, aber nur eine Minute Geduld, sie wird es werden.

Anfang des 18. Jahrhunderts lebte in Aubagne eine sehr reiche, alte Kaufmannsfamilie, mit Namen Barthélémy. Ihre Verdienste waren so groß, daß der König sie eines Tages in den Adelsstand erhob.

Nun – in der Nacht vom 19. auf den 20. Februar 1716, begab es sich, daß Madame Barthélémy, die sehr jung war, in Aubagne wohnte und deren Gatte Joseph hieß, *die ersten Schmerzen verspürte*. Sie stieg *schleunigst* in ihren Wagen, um zu ihrer Mutter in ihr Elternhaus zu fahren, dem hübschesten Besitz in ganz Cassis.

Cassis war ein kleiner Fischerhafen, eine Meile vor La Ciotat, und ungefähr auf Dreiviertel der Strecke fuhr man auf der Straße nach Aubagne.

Madame Barthélémy fuhr also durch die Schluchten, über den Kamm von La Bedoule und wimmerte unter ihren Decken. Sie kam in Cassis an, *halb ohnmächtig vor Schmerzen, und als man sie zu Bett brachte, gebar sie einen Knaben.*

Dieses Kind aus Aubagne wurde später der Abbé Barthélémy, berühmter Autor der ›Reise des jungen Anacharsis nach Griechenland‹, der am 5. März 1789 auf den fünfundzwanzigsten Platz der Académie Française gewählt wurde, denselben Platz, den ich seit dem 5. März 1946 einzunehmen die Ehre habe.

Aus dieser doppelten Anekdote könnte man den ungewöhnlichen Schluß ziehen: man habe die besten Möglichkeiten, dieser illustren Gesellschaft eines Tages anzugehören, wenn man der Sohn eines Mannes namens Joseph ist und versucht, an einem frühen Wintermorgen in einer aus zweierlei Gründen wimmernden Kutsche auf der Straße nach La Bedoule auf die Welt zu kommen.

Meine Erinnerungen an Aubagne sind nicht sehr zahlreich, da ich nur drei Jahre dort lebte.

Zuerst sehe ich unter den Platanen des Hofes direkt vor unserem Haus einen hohen Springbrunnen, das ist das Denkmal, das unserem Abbé Barthélémy von seinen Zeitgenossen errichtet wurde. Er galt, infolge der ›Reise des jungen Anacharsis‹, als ein Mann der Linken. Nur wenige Menschen hatten das Buch gelesen, und viele nannten es, in gutem Glauben, ›Der junge Anarchist‹. Ich kannte es zu dieser Zeit natürlich auch nicht, aber mit Entzücken lauschte ich dem kleinen Lied des Springbrunnens, der mit den Spatzen um die Wette sang.

Dann sehe ich die Decke unseres Zimmers, die in schwindelnder Eile auf mich herunterfällt, während meine entsetzte Mutter schreit: »Henri! Du bist wohl verrückt! Henri, ich verbiete dir . . .!«

Denn mein Onkel Henri, der Bruder meiner Mutter, wirft mich in die Luft und fängt mich im Fluge wieder auf. Ich brülle vor Angst, aber als meine Mutter mich in die Arme nimmt, rufe ich natürlich: »Nochmal! Nochmal!«

Mein Onkel Henri war dreißig Jahre alt, hatte einen schönen, braunen Bart und war Mechaniker in einer Fabrik für Dampfmaschinen, an deren Herstellung er in den Werkstätten von Forges und Chantier arbeitete. Er folgte darin dem Beispiel seines Vaters, meines Großvaters mütterlicherseits, den ich nie gekannt habe.

Dieser Großvater war in Coutances um das Jahr 1845 geboren und hieß Guillaume Lansot. Er war ein reiner Normanne und kam als Wandergeselle nach Marseille. Meine Marseiller Großmutter gefiel ihm, also blieb er dort. Mit vierundzwanzig Jahren hatte er schon drei Kinder, deren jüngstes meine Mutter war.

Da er sein Handwerk gut verstand und keine Angst vor dem Meer hatte, schickte man ihn eines Tages nach Rio de Janeiro, um einen Dampfer wieder flott zu machen, der einen Maschinenschaden hatte. Er kam in dieses, damals noch sehr wilde Land, wo es keinerlei Schutzimpfungen gab. Dort sah er Leute, die am gelben Fieber starben, und törichterweise machte er es wie sie.

Seine Kinder hatten keine Zeit gehabt, ihn kennenzulernen, und meine Großmutter, die nur vier Jahre seine Frau gewesen war, konnte uns auch nicht viel von ihm erzählen, außer, daß er sehr groß war, meerblaue Augen, blendend weiße Zähne und rotblondes Haar hatte, und über alles gelacht hatte, genau wie die Kinder.

Ich habe nicht einmal eine Photographie von ihm. Manchmal auf dem Land, wenn ich abends am Kaminfeuer sitze, rufe ich ihn. Aber er kommt nicht. Er muß wohl noch in Amerika sein. Und während ich ganz allein in die tanzenden Flammen sehe, denke ich an meinen vierundzwanzigjährigen Großvater, der ohne Brille starb, mit all seinen Zähnen und einer dichten, goldhaarigen Mähne; und es überrascht mich, daß der große junge Mann aus Coutances einen so alten Enkel hat wie mich.

Eine andere Erinnerung aus Aubagne ist das Boulespiel, das unter den Platanen auf dem Hof stattfand. Unter lauter Riesen machte mein kleiner Vater die wunderbarsten Sprünge und schleuderte eine Unmasse Eisen in unvorstellbare Entfernungen. Manchmal gab es lauten Beifall, und am Ende brach zwischen den Meistern des Spiels immer Streit aus wegen eines Stückchens Schnur, das sie sich gegenseitig aus den Händen rissen; aber sie prügelten sich nie.

Von Aubagne übersiedelten wir nach Saint-Loup, einem großen Dorf in der Umgebung von Marseille. Gegenüber der Schule war der Gemeindeschlachthof, eine Art Schuppen, in dem zwei riesige Metzger bei offenen Türen hantierten.

Während meine Mutter ihren kleinen Haushalt versorgte, kletterte ich vor dem Fenster des Eßzimmers auf einen Stuhl und sah der Ermordung von Ochsen und Schweinen mit größtem Interesse zu. Ich glaube, daß der Mensch von Natur grausam ist: die Kinder und die Wilden beweisen es täglich.

Wenn der unglückliche Ochse den tödlichen Beilhieb zwischen seine Hörner erhielt und in die Knie sank, bewunderte ich ganz einfach die Kraft des Metzgers und den Sieg des Menschen über das Tier. Wenn die Schweine abgestochen wurden, lachte ich Tränen; man zog sie an den Ohren herbei, und sie quiekten schrill. Aber das interessanteste Schauspiel war die Abschlachtung der Hammel.

Der Metzger schnitt ihnen elegant die Kehle durch, ohne die Unterhaltung mit seinem Gehilfen zu unterbrechen und ohne seiner Tätigkeit die geringste Aufmerksamkeit zu schenken. Wenn er drei oder vier geschlachtet hatte, legte er die Leichen, mit den Beinen in der Luft, auf eine Art Wiege. Dann blies er sie mit einem Blasebalg gewaltig auf, um die Haut besser abziehen zu können. Ich dachte, er versuche Ballons aus ihnen zu machen, und hoffte, sie davonfliegen zu sehen. Aber meine Mutter, die immer erschien, wenn es am schönsten war, hieß mich meinen Beobachtungsposten verlassen, und während sie Fleischwürfel für die Suppe schnitt, führte sie ganz unverständliche Reden über die Gutmütigkeit des armen Ochsen, die Anmut der gelockten kleinen Hammel und die Grausamkeit des Metzgers.

Wenn sie auf den Markt ging, ließ sie mich derweil in der Klasse meines Vaters, der sechs- bis siebenjährigen Buben das Lesen beibrachte. Ich blieb artig in der ersten Reihe sitzen und bewunderte die väterliche Allmacht. Er hielt ein Bambusstöckchen in der Hand, mit dem er auf die Buchstaben und Worte zeigte, die er an die Tafel schrieb, und manchmal auch einem unaufmerksamen Schlingel auf die Finger schlug.

Eines schönen Morgens brachte meine Mutter mich wieder auf meinen Platz und ging hinaus, ohne ein Wort zu sagen. Mein Vater schrieb großartig an die Tafel: ›Die Mutter hat ihren kleinen Jungen bestraft, weil er nicht artig war.‹

Er malte gerade einen herrlichen Punkt hinter diesen Satz, da schrie ich: »Nein! Das ist nicht wahr!«

Mein Vater drehte sich um, sah mich fassungslos an und rief: »Was sagst du da?«

»Mama hat mich nicht bestraft. Du hast etwas Falsches geschrieben!«

Er kam auf mich zu:

»Wer sagt denn, daß man dich bestraft hat?«

»Dort steht es ja.«

Die Überraschung verschlug ihm einen Moment die Sprache.

»Schau einmal an!« sagte er schließlich. »Kannst du denn lesen?«

»Ja.«

»Schau an ...«, wiederholte er.

Er zeigte mit dem Bambusstöckchen auf die Tafel.

»Nun lies mal!«

Ich las den Satz laut vor. Da nahm er eine Abc-Fibel, und ich las ohne Schwierigkeit mehrere Seiten.

Ich glaube, dieser Tag bescherte ihm die größte Freude und den größten Stolz seines Lebens.

Als meine Mutter zurückkam, fand sie mich von vier Lehrern umringt, die ihre Schüler zum Spielen auf den Hof geschickt hatten und mir zuhörten, wie ich langsam die Geschichte des kleinen Däumlings entzifferte. Aber anstatt diese Leistung zu bewundern, wurde sie blaß, ließ ihre Pakete fallen, schlug das Buch zu, nahm mich auf den Arm, trug mich fort und rief: »Mein Gott! Mein Gott!«

An der Klassentür stand die Portiersfrau, eine alte Korsin, und bekreuzigte sich. Später erfuhr ich, daß sie meine Mutter geholt und ihr versichert hatte, ›diese Herren würden es noch so weit treiben, bis mir der Kopf platze ...‹

Bei Tisch erklärte mein Vater, das sei ein ganz lächerlicher Aberglaube, da ich mich keineswegs überanstrengt, sondern so lesen gelernt hätte wie ein Papagei sprechen, ohne selbst etwas davon zu merken. Meine Mutter war nicht davon überzeugt, und von Zeit zu Zeit legte sie ihre kühle Hand auf meine Stirn und fragte:

»Hast du keine Kopfschmerzen?«

Nein, Kopfschmerzen hatte ich nicht, aber bis zu meinem sechsten Lebensjahr durfte ich weder ein Klassenzimmer betreten noch ein Buch anschauen, da meine Mutter fürchtete, das Gehirn könnte mir platzen. Und erst zwei Jahre später, am Ende meines ersten Schulquartals, beruhigte sie sich, als meine Lehrerin ihr erklärte, daß ich zwar mit einem erstaunlichen Gedächtnis begabt wäre, meine geistige Reife aber die eines Kindes in der Wiege sei.

Von Saint-Loup stieg mein Vater auf wie ein Komet. Er übersprang alle Vororte von Marseille und wurde – zu seiner großen Überraschung – Hauptlehrer an der Schule von Chemin des Chartreux, der größten Volksschule von Marseille.

Ihr stand ein ›Rektor ohne Klasse‹ vor, der eine Art Schulleiter war. Er konnte den Herrn Inspektor der Akademie ohne Anmeldung jederzeit besuchen, er war Mitglied der Prüfungskommission für Volksschulen und manchmal sogar für das Gymnasium.

Außerdem hatte der Schulpedell in meiner Gegenwart meinem entzückten Vater mitgeteilt, daß die zwölf Lehrer der Chartreux die ›Lehrer-Elite‹ darstellten, und nach vier- oder fünfjähriger Dienstzeit, wenn sie wollten, gleich zu Direktoren ernannt wurden, des öfteren sogar in Marseille selbst.

Diese Erklärung des Schulpedells von Chartreux wurde in der Familie oft zitiert, und meine Mutter – die sehr stolz darauf war – wiederholte sie auch vor Madame Mercier und Mademoiselle Guimard, allerdings setzte sie hinzu, daß der Pedell vielleicht ein bißchen übertrieben habe; aber sie sah gar nicht aus, als ob sie das wirklich glaubte.

Sie war immer noch zart und blaß, aber glücklich mit ihrem Joseph, ihren beiden Buben und ihrer neuen Nähmaschine.

Diese wunderbare, moderne Erfindung erlaubte mir, ihr bei ihrer Arbeit zu helfen.

Ich kniete unter dem kleinen Tisch und – halb zugedeckt von ihren Röcken – drehte ich mit meinen Händen das große Rad, das ich auf Befehl sofort zum Stehen brachte.

Mein Bruder Paul war ein kleiner Bursche von drei Jahren, mit weißer Haut und vollen Wangen, klaren, hellblauen Augen und den goldenen Locken unseres unbekannten Großvaters. Er hatte ein nachdenkliches Gemüt, weinte nie und spielte stundenlang allein unter dem Tisch mit einem Korken oder einem Lockenwickler. Aber er war erstaunlich gefräßig. Von Zeit zu Zeit spielte sich blitzartig ein Drama ab: man sah ihn plötzlich unter dem Tisch hervorkriechen; schwankend, mit ausgebreiteten Armen und blau im Gesicht, war er im Begriff zu ersticken.

Meine zu Tode erschrockene Mutter klopfte ihm auf den Rücken, steckte ihm den Finger in den Hals oder schüttelte ihn, wobei sie ihn wie Achilles an den Fersen hielt.

Dann spuckte er unter schrecklichem Röcheln eine große schwarze Olive aus, einen Pfirsichkern oder eine lange Scheibe Speck.

Danach kehrte er zu seinen einsamen Spielen zurück und hockte wie eine Kröte unter dem Tisch.

Joseph hatte sich prächtig herausgemacht. Er besaß einen neuen, dunkelblauen Anzug, wie es die Würde der Schule von Chemin des Chartreux verlangte. Seine Brille, früher stahlgerändert, hatte nun eine blinkende Goldfassung mit runden Gläsern. Dazu trug er eine Künstlerkrawatte, eine schwarze Schleife mit zwei hängenden Enden. Dieses anspruchsvolle Äußere war durch die Tatsache gerechtfertigt, daß er gemeinsam mit seinem Kollegen Arnaud jeden Donnerstag und jeden Sonntag vormittags an der Reproduktion geographischer Wandkarten arbeitete, die der Verlag Vidal-Lablache bis zu hundert Francs pro Stück honorierte. Im Familienbudget figurierte Vidal-Lablache also mit fünfundzwanzig Francs im Monat, und dieser Doppelname wurde doppelt gesegnet.

Ich näherte mich meinem sechsten Jahr und ging in die Vorschulklasse unter Leitung von Mademoiselle Guimard.

Mademoiselle Guimard war sehr groß, hatte einen hübschen braunen Schnurrbart, und wenn sie sprach, bebten ihre Nasenflügel. Trotzdem fand ich sie häßlich, denn sie war gelb wie ein Chinese und hatte vorstehende Kugelaugen.

Sie brachte meinen Mitschülern geduldig das ABC bei, aber mit mir beschäftigte sie sich nicht, da ich bereits fließend las, was sie auf eine unpassende Voreiligkeit meines Vaters zurückführte. Aus Rache stellte sie in der Singstunde vor der ganzen Klasse fest, daß ich falsch singe und besser meinen Mund halte, was ich gern tat. Der Kinderschwarm folgte den Noten, auf die sie mit ihrem Bambusstock zeigte und schrie sich die Lunge aus dem Leibe; ich blieb stumm und saß friedlich lächelnd da. Mit geschlossenen Augen dachte ich mir Geschichten aus und ging in Gedanken am Teich vom Borély-Park spazieren. Dieser Park ist ähnlich wie der von St. Cloud und liegt am anderen Ende des Prado von Marseille.

Donnerstags und sonntags kam meine Tante Rose, die ältere und ebenso hübsche Schwester meiner Mutter zu uns zu Tisch und fuhr nachher mit mir in der Trambahn zu diesem entzückenden Platz. Dort gab es eine uralte, schattige Platanenallee, wildwuchernde Sträucher, Wiesen, die einluden, darauf herumzutollen, Aufseher, die es verboten, und Teiche, auf denen ganze Flotillen von Enten schwammen.

Dort fanden sich zu jener Zeit auch Leute ein, die radfahren lernten. Mit starrem Blick und angespanntem Kinn verloren sie zum Schrecken ihrer Lehrer manchmal die Herrschaft über ihr Rad, überquerten die Allee, verschwanden in den Büschen und erschienen wieder, ihr Vehikel um den Hals. Dieses Schauspiel war nicht uninteressant, und ich lachte Tränen darüber. Aber meine Tante erlaubte mir nicht, lange in dieser Gefahrenzone zu bleiben. Sie zog mich – der ich mich mit verdrehtem Kopf von dem faszinierenden Anblick kaum losreißen konnte – in einen stillen Winkel am Ufer des Teiches.

Wir setzten uns auf eine Bank – immer auf die gleiche – vor einem dichten Lorbeerboskett zwischen zwei Platanen. Sie nahm eine Handarbeit aus ihrem Beutel, und ich spielte die Spiele meines Alters.

Meine Hauptbeschäftigung war, den Enten Brot zuzuwerfen. Diese dummen Tiere kannten mich genau. Sobald ich eine Brotkruste hervorholte, kam die Flotille angeschwommen, und ich begann mit meiner Zuteilung.

Wenn meine Tante nicht hinsah, lockte ich die Enten mit schmeichelnder Stimme und süßen Worten und warf Steine nach ihnen mit der festen Absicht, eine zu töten. Diese immer wieder getäuschte Hoffnung war der Reiz jener Spaziergänge, und schon in der ratternden Trambahn, die nach dem Prado fuhr, zitterte ich vor Ungeduld.

Eines schönen Sonntags war ich unangenehm überrascht, als ein Herr auf unserer Bank saß. Seine Gesichtsfarbe war altrosa; er hatte einen dicken, kastanienbraunen Schnurrbart, buschige, rote Augenbrauen, große blaue, leicht gerötete Augen und an den Schläfen einige graue Haare. Noch dazu las er Zeitung, und ich rechnete ihn sofort unter die Greise.

Meine Tante wollte mich zu einem anderen Platz führen, aber ich protestierte: das war unsere Bank und dieser Herr hatte zu gehen.

Er war höflich und zurückhaltend. Ohne ein Wort zu sagen, glitt er bis ans andere Ende der Bank und legte seine Melone und seine Lederhandschuhe, untrügliche Zeichen von Reichtum und guter Erziehung, neben sich.

Meine Tante richtete sich am entgegengesetzten Ende der Bank ein und holte ihr Strickzeug hervor; ich lief mit meiner Tüte voll Brotkrumen zum Ufer des Teiches.

Zuerst wählte ich einen sehr schönen Stein, ungefähr so groß wie ein Fünffrancstück, ziemlich flach und wunderbar scharf. Leider beobachtete mich ein Wärter. Ich versteckte den Stein in meiner Tasche und verteilte meine Krusten mit so freundlichen und liebevollen Worten, daß ich mich bald von einem ganzen Entengeschwader im Halbkreis belagert sah.

Der Wärter – ein ganz blasierter – schien wenig interessiert an diesem Schauspiel. Er drehte mir den Rücken zu und entfernte sich gemessenen Schrittes. Sofort zog ich meinen Stein hervor und hatte die etwas angsterfüllte Freude, einen alten Entenvater mitten auf den Kopf zu treffen. Doch anstatt zu kentern und auf der Stelle zu versinken, wie ich hoffte, flog der Enterich mit dem Eisenschädel fort und stieß entrüstetes Geschrei aus. Zehn Meter vom Ufer hielt er an und wandte sich erneut gegen mich. Er hob sich flügelschlagend aus dem Wasser und rief mir alle ihm bekannten Schimpfworte zu, von dem ohrenbetäubenden Geschnatter seiner Familie unterstützt.

Der Wärter war noch nicht sehr weit weg; ich flüchtete zu meiner Tante. Sie hatte nichts gesehen, sie hatte nichts gehört, sie strickte nicht, sie machte Konversation mit dem Herrn auf der Bank.

»Was für ein reizender kleiner Junge!« sagte er. »Wie alt bist du?«

»Sechs Jahre.«

»Er sieht aus wie sieben«, sagte der Herr. Dann lobte er mein gutes Aussehen und behauptete, daß ich wirklich sehr schöne Augen hätte. Meine Tante beeilte sich zu sagen, daß ich nicht ihr Sohn sei, sondern der Sohn ihrer Schwester und fügte hinzu, daß sie nicht verheiratet sei, worauf mir der freundliche alte Herr zwei Sous schenkte, um mir Bonbons im Kiosk am Ende der Allee zu kaufen.

Man ließ mir viel mehr Freiheit als gewöhnlich. Ich nahm die Gelegenheit wahr, um zu den Radfahrern zu gehen. Aus Vorsicht stellte ich mich auf eine Bank und konnte so einige unbeschreibliche Stürze miterleben.

Am komischsten war der Unfall eines alten Herrn von mindestens vierzig Jahren. Mit fürchterlichen Grimassen riß er die Lenkstange aus seinem Rad und fiel seitlich hin, wobei er weiter die Gummigriffe fest umklammerte. Man hob ihn auf, staubbedeckt, mit bis zu den Knien zerrissenen Hosen und genauso wütend, wie der alte Enterich. Ich hoffte nun auf eine Schlacht zwischen den Erwachsenen, aber da erschien die Tante mit dem Herrn von der Bank. Sie holten mich aus der Gruppe der Streitenden heraus, denn es war Zeit für den Heimweg.

Der Herr stieg mit uns in die Trambahn, er bezahlte sogar unsere Fahrkarten, trotz des energischen Protestes meiner Tante, die, zu meinem großen Erstaunen, ganz rot wurde. Erst sehr viel später verstand ich, daß sie sich wie eine regelrechte Kurtisane vorgekommen war, weil ein Herr, den sie kaum kannte, drei Sous für uns bezahlt hatte.

An der Endstation verließen wir ihn, und mit seiner Melone in der Hand verbeugte er sich höflich.

Als wir an unsere Haustür kamen, empfahl meine Tante mir mit leiser Stimme, von dieser Begegnung niemandem etwas zu erzählen. Sie ließ durchblicken, daß dieser Herr der Eigentümer des Borély-Parks sei, und wenn ich auch nur ein Wort über diese Begegnung sagte, würde er es sicher erfahren und uns verbieten, wieder in den Park zu kommen. Als ich sie fragte, warum, sagte sie, das sei ein ›Geheimnis‹. Ich war begeistert – wenn auch nicht ein Geheimnis selbst, so doch von seiner Existenz zu wissen. Ich versprach und hielt Wort.

Unsere Parkpromenaden wurden immer häufiger, und der liebenswürdige ›Besitzer‹ erwartete uns stets auf unserer Bank. Aber es war schwer, ihn von weitem zu erkennen, denn er hatte nie denselben Anzug an. Manchmal trug er eine helle Jacke mit blauer Weste, manchmal einen Jagdanzug über einem gestrickten Pullover; ich habe ihn sogar im Cutaway gesehen.

Tante Rose trug jetzt eine Federboa und ein kleines Tüllhütchen, auf dem ein blauer Vogel seine Flügel ausbreitete, als wollte er ihren Haarknoten ausbrüten. Sie lieh sich den Sonnenschirm von meiner Mutter, ihre Handschuhe, oder ihre Handtasche. Sie lachte, sie errötete und wurde immer hübscher. Bei unserer Ankunft im Park übergab der ›Besitzer‹ mich erst einmal dem Eselswärter; auf den Eseln ritt ich stundenlang spazieren. Dann durfte ich mit dem Wagen fahren, der von vier Ziegen gezogen wurde, und zum Schluß mit der Berg- und Talbahn. Ich wußte, daß diese Großzügigkeit ihn nichts kostete, da ihm ja der ganze Park gehörte. Aber deshalb war ich nicht weniger dankbar und stolz, einen so reichen Freund zu haben, der mir mit all dem seine Liebe bewies.

Sechs Monate später, als ich mit meinem Bruder Paul Verstecken spielte, schloß ich mich im Büfett ein, nachdem ich die Teller zur Seite geschoben hatte. Paul suchte mich in meinem Zimmer, und ich hielt den Atem an, um mich nicht zu verraten, als mein Vater, meine Mutter und meine Tante ins Eßzimmer kamen. Meine Mutter sagte:

»Trotzdem, siebenunddreißig Jahre, das ist ein bißchen alt!«

»Ich bitte dich!« sagte mein Vater. »Ich werde Ende des Jahres dreißig und halte mich immer noch für einen jungen Mann. Siebenunddreißig, das ist das beste Alter! Und abgesehen davon – Rose ist auch nicht mehr achtzehn!«

»Ich bin sechsundzwanzig«, sagte Tante Rose, »und er gefällt mir.«

»Was macht er denn auf der Präfektur?«

»Er ist zweiter Vorstand. Er verdient zweihundertzwanzig Francs im Monat.«

»Sieh mal an!« sagte mein Vater.

»Außerdem hat er eine kleine Rente von seiner Familie.«

»Soso!« sagte mein Vater.

»Er sagte mir, daß wir mit einem Einkommen von dreihundertfünfzig Francs im Monat rechnen können.«

Ich hörte meinen Vater pfeifen, und dann fügte er hinzu:

»Ja, dann gratuliere ich dir, meine liebe Rose. Aber ist er wenigstens hübsch?«

»Nein«, sagte meine Mutter, »davon kann keine Rede sein. Er ist nicht hübsch.«

Worauf ich plötzlich die Tür des Büfetts aufstieß, auf den Fußboden sprang und schrie:

»Doch! Er ist hübsch! Er ist fabelhaft!«

Dann rannte ich in die Küche und riegelte die Tür hinter mir zu.

Die Folge all dieser Ereignisse war, daß der ›Besitzer‹ eines Tages zu uns ins Haus kam, begleitet von Tante Rose.

Unter dem Rand seiner glänzenden, schwarzen Melone lachte er über das ganze Gesicht.

Tante Rose sah rosig aus, und von Kopf bis Fuß rosa angezogen, strahlten ihre schönen Augen unter einem blauen Schleier, der von ihrem Hütchen wehte.

Sie kamen von einer kurzen Reise zurück, und es gab innige Umarmungen von allen Seiten. Ja, der ›Besitzer‹ umarmte vor unseren erstaunten Augen meine Mutter und dann meinen Vater.

Dann nahm er mich unter den Achseln, hob mich hoch, sah mich einen Augenblick an und sagte:

»Jetzt heiße ich Onkel Jules, weil ich der Mann der Tante Rose bin.«

Das Erstaunlichste war, daß er gar nicht Jules hieß. Sein eigentlicher Vorname war Thomas. Aber da meine gute Tante gehört hatte, daß die Leute auf dem Lande ihren Nachttopf einen Thomas nennen, hatte sie beschlossen, ihn umzutaufen in Jules, ausgerechnet ein Name, der zur Bezeichnung des obigen Objektes noch viel häufiger verwendet wird. Das unschuldige Geschöpf, das nie beim Militär gedient hatte, ahnte es nicht, und niemand wagte, sie aufzuklären, nicht einmal Onkel Thomas-Jules, der sie viel zu sehr liebte, um ihr zu widersprechen, besonders wenn er im Recht war.

Onkel Jules stammte aus den Weinbergen, im goldenen Roussillon, wo viele Leute viele Weinfässer rollen. Er hatte den Weinberg seinen Brüdern überlassen und war der Intellektuelle der Familie geworden, denn er hatte Jura studiert, aber trotzdem war er Katalane geblieben, und seine Zunge rollte die R's wie ein Bach die Kiesel.

Ich ahmte ihn nach, um meinen Bruder Paul zum Lachen zu bringen. Wir glaubten tatsächlich, daß die provençalische Aussprache, die Sprache unseres Vaters, eines Lehrers und Examinators, die einzig richtige sei, und daß Onkel Jules' rollende R's nur das äußere Anzeichen eines verborgenen Gebrechens sein konnten.

Mein Vater und er wurden Freunde, obwohl Onkel Jules, der älter und reicher war, gelegentlich ein gönnerhaftes Benehmen zeigte.

Von Zeit zu Zeit kritisierte er die übermäßige Länge der Schulferien.

»Ich gebe zu«, sagt er, »daß die Kinder diese lange Erholung brauchen. Aber während dieser Zeit könnte man die Lehrer doch anderweitig beschäftigen.«

»Ja, natürlich«, sagte mein Vater ironisch, »sie könnten für zwei Monate die städtischen Beamten ablösen, die von ihrem langen Nachmittagsschlaf erschöpft sind und vom vielen Sitzen Schwielen haben.«

Aber weiter gingen diese freundschaftlichen Scharmützel nicht, und das wirkliche Problem wurde, außer mit vorsichtigen Anspielungen, nie berührt: Onkel Jules ging zur Messe!

Als mein Vater – durch ein vertrauliches Geständnis, das Tante Rose meiner Mutter machte – erfuhr, daß er zweimal im Monat kommunizierte, war er ehrlich bestürzt und erklärte, »das sei die Höhe!« Meine Mutter flehte ihn daraufhin an, diese Tatsache hinzunehmen und vor allem dem Onkel gegenüber auf sein Repertoire an Witzen über die geistlichen Herren zu verzichten; besonders auf das Couplet über die aeronautischen Heldentaten des hochwürdigen Paters Dupanloup.

»Glaubst du, daß ihn das wirklich ärgern würde?«

»Ich bin überzeugt, er würde unser Haus nicht mehr betreten und auch meiner Schwester verbieten, uns zu besuchen.«

Mein Vater schüttelte betrübt den Kopf, aber plötzlich rief er wütend:

»Da hat man es wieder einmal! Die Intoleranz dieser Fanatiker! Hindere ich ihn vielleicht daran, jeden Sonntag seinen Gott aufzuessen? Verbiete ich dir, deine Schwester zu besuchen, weil sie mit einem Mann verheiratet ist, der daran glaubt, daß der Schöpfer des Weltalls in eigener Person jeden Sonntag in Hunderttausende von Meßkelchen heruntersteigt? Also gut, ich werde ihm meine Unvoreingenommenheit beweisen! Jawohl! Durch meine liberale Gesinnung werde ich ihn lächerlich machen. Oh nein, ich werde nicht von der Inquisition sprechen, weder von Calas noch von Hus, noch von all den anderen, die die Kirche auf den Scheiterhaufen geschickt hat; ich werde weder den Borgia-Papst noch die Päpstin Johanna erwähnen, und selbst, wenn er versucht, mir die unbefleckte Empfängnis zu predigen, die Erfindung einer Religion, die so kindlich ist wie die Märchen meiner Großmutter, werde ich ihm höflich antworten und mich damit begnügen, in meinen Bart zu lachen.«

Aber er hatte keinen Bart und er lachte durchaus nicht.

Trotzdem hielt er Wort, und ihre Freundschaft wurde durch gelegentliche Andeutungen, die der eine oder andere fallen ließ, nicht getrübt, weil ihre wachsamen Frauen alsbald durch überraschte Ausrufe oder lautes Gelächter, für das sie rasch ein Motiv erfanden, die Gefahr bannten.

Onkel Jules wurde bald mein großer Freund. Er lobte mich oft, daß ich Wort gehalten und das Geheimnis des Borély-Parks nie verraten hatte. Er erzählte jedem, der es hören wollte, daß *dieses Kind dazu geboren sei, ein großer Diplomat zu werden oder ein hoher Offizier.* (Diese Prophezeiung, die immerhin zwei Möglichkeiten offenließ, hat sich bis heute noch nicht erfüllt.) Er bestand darauf, meine Schulzeugnisse zu sehen, und belohnte – oder tröstete – mich mit Spielsachen und Konfekt oder Tüten voll Karamellbonbons.

Aber als ich ihm eines Tages vorschlug, in seinem wunderschönen Borély-Park ein kleines Haus bauen zu lassen, mit einem Balkon, von dem man die Radfahrer beobachten konnte, gestand er mir scherzend, daß er niemals der Eigentümer dieses Parks gewesen sei.

Ich war über den plötzlichen Verlust eines so schönen Familienbesitzes bestürzt und bedauerte, daß ich die längste Zeit einen abgefeimten Schwindler bewundert hatte.

Außerdem entdeckte ich an diesem Tag, daß die Erwachsenen genauso gut lügen konnten wie ich, und so kam es, daß ich mich unter ihnen nicht mehr sicher fühlte.

Andererseits sorgte diese Eröffnung, die meine eigenen vergangenen, gegenwärtigen und zukünftigen Lügen rechtfertigte, für meinen Seelenfrieden. Wenn es unbedingt nötig war, meinen Vater anzulügen, und mein kleines Gewissen sich schwach dagegen auflehnte, sagte ich mir zu meiner eigenen Beruhigung: ›Wie Onkel Jules‹, und dann log ich bewundernswert, mit Unschuldsaugen und reiner Stirn.

Zwei Jahre vergingen, ich triumphierte über den Dreisatz und nahm mit nie endendem Vergnügen das Vorhandensein des Titicacasees zur Kenntnis. Dann lernte ich den grausam-menschenscheuen ›Ludwig (X.) den Zänker‹ kennen sowie die trostlosen Regeln, die das Partizip Perfekt regieren.

Mein Bruder Paul hatte seinerseits das ABC überwunden, und abends im Bett studierte er die Philosophie der ›Vernickelten Füße‹.*

* ›Pieds Nickelés‹, Titel eines Kinderbuches

Eine kleine Schwester war geboren, und zwar ausgerechnet, als wir beide bei Tante Rose waren, die uns für zwei Tage eingeladen hatte, um uns Lichtmeßkrapfen zu backen.

Diese unglückliche Einladung hinderte mich, die tollkühne Behauptung meines Klassennachbarn Mangiapan richtigzustellen, der annahm, die Kinder kämen aus dem Nabel der Mutter heraus.

Diese Vorstellung schien mir erst lächerlich, aber eines Abends, nach längerer Untersuchung meines Nabels, mußte ich zugeben, daß er wirklich die Form eines Knopfloches hatte mit dem dazugehörigen Knopf in der Mitte. Ich schloß daraus, daß man ihn unter Umständen auf- und zuknöpfen konnte und daß Mangiapan die Wahrheit gesagt hatte.

Indessen fiel mir sofort ein, daß Männer keine Kinder bekommen; sie haben nur Söhne und Töchter, die Papa zu ihnen sagen, aber die Kinder kommen sicher von der Mutter, genau wie bei Hunden und Katzen. Also bewies mein Nabel gar nichts. Ganz im Gegenteil, seine Existenz auch bei Männern stellte Mangiapans Glaubwürdigkeit stark in Frage.

Was sollte man nun glauben, was denken?

Da gerade eine kleine Schwester geboren war, hieß es auf jeden Fall Augen und Ohren aufsperren, um das große Geheimnis zu ergründen.

Als wir von Tante Rose zurückkamen, machte ich rückblickend eine wichtige Entdeckung. Jetzt erst fiel mir auf, daß meine Mutter seit drei Monaten ihre Gestalt verändert hatte; sie ging mit zurückgebogener Brust wie der Briefträger zu Weihnachten. Eines Abends hatte Paul mich mit besorgter Miene gefragt: »Was hat denn unsere Augustine unter der Schürze?«

Ich wußte nicht, was ich ihm antworten sollte.

Wir fanden sie lächelnd, aber blaß und kraftlos im großen Bett wieder. Neben ihr in der Wiege ein kläglich schreiendes Geschöpf, das sein Gesicht verzog. Mangiapans Hypothese schien mir erwiesen, und ich küßte meine Mutter zärtlich, da ich mir vorstellte, wie sie gelitten hatte, als sie ihren Nabel aufknöpfen mußte.

Das kleine Wesen war uns erst sehr fremd. Außerdem gab meine Mutter ihm die Brust, was mich abstieß und Paul erschreckte. Er sagte: »Sie ißt sie uns viermal am Tage auf.« Aber als die Kleine anfing, taumelnde Schritte zu machen und unverständliche Laute zu stammeln, fühlten wir uns ihr gegenüber stark und weise und nahmen sie endgültig in unsere Gemeinschaft auf.

Onkel Jules und Tante Rose kamen sonntags zu uns – und ich ging fast jeden Donnerstag mit Paul zum Essen zu ihnen.

Sie bewohnten eine schöne Wohnung mit Gasbeleuchtung in der Rue de Minimes; die Tante kochte auch mit Gas und hatte ein Dienstmädchen.

Eines Tages bemerkte ich mit Verwunderung, daß auch meine Tante anschwoll, und sofort schloß ich daraus, daß ein neues Nabelaufknöpfen bevorstand.

Diese Vermutung wurde bestätigt durch eine Unterhaltung zwischen meiner Mutter und Mademoiselle Guimard, von der ich einige Bruchstücke aufschnappte.

Während der Metzger in der Räucherkammer ein schönes Beefsteak für vier Sous abschnitt, sagte Mademoiselle Guimard besorgt:

»Kinder von alten Leuten sind immer sehr zart . . .«

»Rose ist gerade dreißig«, protestierte meine Mutter.

»Für ein erstes Kind ist das schon viel. Und vergessen Sie nicht, ihr Mann ist vierzig!«

»Achtunddreißig«, sagte meine Mutter.

»Dreißig und achtunddreißig sind achtundsechzig!« sagte Mademoiselle Guimard. Und sie schüttelte nachdenklich den Kopf, als ahne sie nichts Gutes.

Eines Abends eröffnete mein Vater uns, daß Mama nicht nach Hause komme, weil sie bei ihrer Schwester geblieben sei, ›die sich nicht wohl fühle‹. Wir aßen alle vier schweigend unser Abendessen, dann half ich meinem Vater, die kleine Schwester ins Bett zu bringen.

Das war eine schwierige Unternehmung mit dem Topf und den Windeln und unserer ständigen Angst, die Kleine zu zerbrechen. Als ich meine Socken auszog, sagte ich zu Paul:

»Jetzt knöpfen sie die Tante Rose gerade auf.«

Er las im Bett in seinen geliebten ›Vernickelten Füßen‹ und antwortete nicht. Aber ich hatte beschlossen, ihn in die großen Mysterien einzuweihen und fragte beharrlich weiter: »Weißt du, warum?« Er rührte sich genausowenig, und ich bemerkte, daß er eingeschlafen war.

Da nahm ich behutsam das Buch aus seinen Händen, streckte seine Knie gerade und blies die Lampe aus.

Am nächsten Tag, es war ein Donnerstag, sagte mein Vater zu uns:

»Jetzt aber aufgestanden, wir gehen zu Tante Rose, und ich verspreche euch eine schöne Überraschung!«

»Deine Überraschung kenne ich schon.«

»Nanu! Und was weißt du davon?«

»Ich will es dir nicht verraten, aber du kannst dich darauf verlassen, daß ich alles weiß.«

Er lächelte, fragte aber nichts mehr.

Wir machten uns alle vier auf den Weg. Die kleine Schwester sah sehr komisch aus, in einem Kleidchen, das wir ihr verkehrt angezogen hatten; und wegen ihres Geschreis war es uns nicht gelungen, sie zu kämmen.

Ich war von schrecklicher Sorge gequält; wir würden ein *Kind alter Leute* zu sehen bekommen, wie Mademoiselle Guimard sich ausgedrückt hatte. Aber sie hatte nichts Genaues gesagt, außer daß es achtundsechzig Jahre alt sein würde. Ich stellte es mir ganz verkrüppelt vor, und sicher würde es weiße Haare haben, dazu einen langen weißen Bart wie mein Großvater; kleiner und feiner natürlich, einen Babybart. Das wäre nicht schön. Aber es könnte vielleicht sofort sprechen und uns erzählen, woher es kam. Das wäre interessant!

Ich wurde schwer enttäuscht.

Man führte uns in Tante Roses Zimmer, um sie zu umarmen. Sie sah vollkommen zugeknöpft aus, nur etwas blaß. Meine Mutter saß auf dem Bettrand, und zwischen beiden lag ein Baby, ein Baby ohne Bart, noch Schnurrbart. Es schlief friedlich und hatte ein dickes, pausbäckiges Gesichtchen unter einem Kranz von blonden Haaren.

»Da seht ihr euren Vetter!« sagte meine Mutter leise.

Sie betrachteten ihn beide gerührt, begeistert, entzückt, mit so übertriebener Bewunderung – und auch Onkel Jules, der gerade hinzukam, war so rot vor Stolz –, daß Paul mich angewidert ins Eßzimmer zog, wo wir die vier Bananen verspeisten, die er im Vorbeigehen auf einer Kristallschale erspäht hatte.

An einem schönen Aprilabend kam ich mit meinem Vater und Paul von der Schule heim. Es war ein Mittwoch, der schönste Tag in der Woche, denn der schönste Tag ist der, an dem man sich auf den nächsten freut, und in Frankreich ist der Donnerstag schulfrei.

Als wir die Rue de Tivoli entlang gingen, sagte mein Vater zu mir:

»Morgen früh brauche ich dich, mein Junge.«

»Wozu?«

»Das wirst du schon sehen. Es ist eine Überraschung.«

»Brauchst du mich auch?« fragte Paul gespannt.

»Selbstverständlich«, sagte mein Vater. »Marcel muß mit mir gehen, und du bleibst zu Hause und paßt auf die Putzfrau auf, die den Keller auskehrt. Das ist sehr wichtig.«

»Eigentlich fürchte ich mich, in den Keller zu gehen«, sagte Paul, »aber wenn die Putzfrau da ist, habe ich keine Angst.«

Am nächsten Morgen gegen acht Uhr weckte mein Vater mich, indem er ein Hornsignal nachmachte. Dann warf er meine Decken an das Fußende des Bettes.

»In einer halben Stunde mußt du fertig sein. Ich rasiere mich inzwischen.«

Ich rieb meine Augen mit den Fäusten, streckte mich und stand auf.

Paul hatte sich unter seine Decken verkrochen; man sah nur noch eine seiner goldblonden Locken.

Der Donnerstag war ein Tag, an dem man sich von Kopf bis Fuß waschen mußte; meine Mutter nahm diese Dinge sehr ernst. Ich zog mich erst einmal fix und fertig an, und dann tat ich so, als ob ich ausgiebig Toilette machte: zwanzig Jahre vor der ersten Geräuschkulisse im Radio komponierte ich die Symphonie der Morgenwäsche.

Zuerst öffnete ich den Wasserhahn, den ich geschickt nur so weit aufdrehte, daß es in der Leitung rauschte und meine Eltern annehmen mußten, dies sei der Beginn des Unternehmens.

Während der Wasserstrahl geräuschvoll in das Becken sprudelte, sah ich aus sicherer Entfernung zu.

Nach vier bis fünf Minuten drehte ich den Hahn so heftig zu, daß die Wand erzitterte.

Ich wartete einen Augenblick, den ich damit verbrachte, mich zu kämmen. Dann rückte ich möglichst laut die kleine Blechwanne auf den Kacheln hin und her und machte den Wasserhahn wieder auf, diesmal aber langsam mit kleinen Drehungen. Es zischte und miaute, dann wieder schnarrte es in kurzen Stößen. Ich ließ das Wasser eine Minute lang laufen, gerade so lange, wie ich brauchte, um eine Seite in den ›Vernickelten Füßen‹ zu lesen. Als Croquignol dem Polizisten überraschend ein Bein stellte und über der Ankündigung ›Fortsetzung folgt‹ die Flucht ergriff, schloß ich plötzlich den Hahn. Der Erfolg ließ nichts zu wünschen übrig, denn ich erreichte eine doppelte Detonation. Dann stieß ich nochmals hörbar an die Blechwanne und hatte im vorgeschriebenen Zeitraum eine annehmbare Morgentoilette beendet, ohne daß ich mit einem Tropfen Wasser in Berührung gekommen war.

Mein Vater saß am Tisch im Eßzimmer, er zählte Geld. Meine Mutter, ihm gegenüber, trank ihren Kaffee. Ihre schwarzen Zöpfe, die bläulich schimmerten, hingen hinter ihrem Stuhl bis auf den Fußboden. Mein Kaffee stand auf dem Tisch. Sie fragte mich:

»Hast du dir auch die Füße gewaschen?«

Da ich wußte, daß sie auf diese unsinnige Maßnahme besonderen Wert legte, was mir unerklärlich war (denn die Füße sieht man ja nicht), antwortete ich im Brustton der Überzeugung:

»Alle beide.«

»Hast du dir die Nägel geschnitten?«

Ich überlegte, daß das Eingeständnis einer kleinen Nachlässigkeit die gewissenhafte Ausführung alles übrigen nur bekräftigen würde.

»Nein«, sagte ich. »Daran habe ich nicht gedacht. Aber ich habe sie mir erst am Sonntag geschnitten.«

»Nun gut«, sagte sie.

Sie schien befriedigt, und ich war es auch.

Während ich meine Butterbrote aß, fragte mein Vater:

»Du weißt nicht, wohin wir gehen? Also, hör zu. Deine Mutter muß ein bißchen aufs Land. Deshalb habe ich zusammen mit Onkel Jules eine Villa in den Hügeln gemietet, und dort werden wir die großen Ferien verbringen.«

Ich war hingerissen.

»Und wo ist sie, diese Villa?«

»Weit von der Stadt entfernt. Mitten im Kiefernwald.«

»Sehr weit?«

»Oh ja«, sagte meine Mutter. »Man muß mit der Trambahn fahren, und dann noch stundenlang laufen.«

»Also ist es in der Wildnis?«

»Ungefähr«, sagte mein Vater. »Sie liegt genau am Rand einer einsamen Hochebene, die sich von Aubagne bis nach Aix hinzieht, eine richtige Wüste.«

Paul lief auf nackten Füßen herbei, um zu hören, was vorging, und fragte:

»Gibt es dort Kamele?«

»Nein,« sagte mein Vater, »Kamele gibt es nicht.«

»Und Rhinozerosse?«

»Ich habe keine gesehen.«

Ich wollte auch tausend Fragen stellen, aber meine Mutter sagte: »Iß jetzt!«

Und weil ich vergaß, mein Butterbrot weiterzuessen, nahm sie meine Hand und führte sie mir zum Mund.

Dann sagte sie zu Paul:

»Und du zieh dir erstmal deine Pantoffeln an, sonst bekommst du wieder eine Mandelentzündung. Vorwärts! Mach, daß du weiterkommst!«

Er lief schnell weg.

Ich fragte:

»Also dann nimmst du mich heute früh mit in die Hügel?«

»Nein, noch nicht«, sagte er. »Diese Villa ist vollkommen leer, und wir müssen sie einrichten. Aber neue Möbel kosten sehr viel Geld, deshalb gehen wir heute zum Trödler in der Rue de Quatre Chemins.«

Mein Vater hatte eine Leidenschaft: beim Trödler alten Kram einkaufen.

Jeden Monat, wenn er im Rathaus sein Gehalt abgeholt hatte, brachte er einige Prachtstücke mit: einen kaputten Maulkorb (für einen halben Franc), einen verbeulten Kompaß (ein Franc fünfzig), den Bogen einer Baßgeige (ein Franc), eine Operationssäge (zwei Francs), ein Marinefernrohr, durch das man alles auf dem Kopf sah (drei Francs), ein Skalpiermesser (zwei Francs), ein etwas verbogenes Jagdhorn mit dem Mundstück einer Posaune (drei Francs) und gar nicht zu reden von all den geheimnisvollen Gegenständen, deren Zweck niemand erraten konnte und die überall im Haus herumlagen.

Diese monatlichen Errungenschaften waren für Paul und mich immer ein wahres Fest. Meine Mutter teilte unsere Begeisterung nicht. Sie betrachtete fassungslos den Schießbogen von den Fidschiinseln oder den Präzisionshöhenmesser, dessen Zeiger nie mehr von den viertausend Metern heruntergehen wollte, auf denen er infolge einer Montblancbesteigung oder eines Treppensturzes stehengeblieben war.

Dann sagte sie energisch:

»Daß vor allem die Kinder nichts anfassen!«

Sie lief in die Küche und kam mit Alkohol, Eau de Javel und Seifensoda zurück, womit dieses Strandgut dann gründlich sauber gebürstet wurde.

Ich muß erwähnen, daß damals die Mikroben noch ganz neu waren, da der große Pasteur sie gerade erst entdeckt hatte. Meine Mutter stellte sich darunter winzige Tiger vor, die immer auf dem Sprung waren, uns von innenher aufzufressen.

Sie schüttelte das Jagdhorn, das sie mit Eau de Javel angefüllt hatte, und sagte tiefbetrübt:

»Ich frage mich nur, mein armer Joseph, was du mit all diesem Dreckzeug anfangen willst.«

Der arme Joseph antwortete triumphierend:

»Drei Francs!«

Ich begriff erst später, daß es nicht das Objekt war, das er kaufte, es war sein Preis, dem er nicht widerstehen konnte.

»Dann hast du also drei Francs zum Fenster hinausgeworfen!«

»Aber meine Liebe, wenn du dieses Jagdhorn herstellen wolltest, denk doch an den Einkauf des Kupfers, denke an das Spezialhandwerkszeug, das du dazu brauchen würdest, denke an die unerläßlichen Hunderte von Stunden Arbeit, um das Kupfer zu formen!«

Meine Mutter zuckte nur leicht die Achseln, und man sah ihr an, daß sie nie daran gedacht hatte, ein solches Jagdhorn, noch irgendwelche andere Hörner herzustellen.

Mein Vater sagte herablassend:

»Du machst dir nicht klar, daß dieses Instrument – als solches vielleicht nutzlos – trotzdem ein wahrer Fund ist. Denk doch eine Sekunde nach: wenn ich das Horn absäge, erhalte ich ein Hörrohr, ein Sprachrohr, einen Trichter oder den Schalltrichter eines Phonographen. Wenn ich das übrige Stück spiralförmig biege, erhalte ich die Rohrschlange für einen Brennkolben. Ich kann es auch zu einem Blasrohr ausziehen oder zu einem Wasserleitungsrohr, aus *Kupfer*, wohlverstanden! Zerschneide ich es aber in dünne Scheiben, bekommst du zwanzig Dutzend Vorhangringe und durchbohre ich es mit hundert kleinen Löchern haben wir die schönste Dusche; wenn ich es in den Spund des Waschzubers einpasse, gibt es einen Stöpsel.« So verwandelte er vor seinen bewundernd lauschenden Söhnen und seiner recht verzagten Frau das unnütze Instrument in tausend Gegenstände, die genauso unnütz, nur zahlreicher waren.

Das war der Grund, warum meine Mutter bei der bloßen Erwähnung des ›Trödlers‹ mehrmals mit leicht besorgter Miene den Kopf geschüttelt hatte.

Aber sie sprach ihren Gedanken nicht aus, sondern fragte mich nur:

»Hast du ein Taschentuch?«

Natürlich hatte ich ein Taschentuch, und es war sogar sauber, da es seit acht Tagen unbenützt in meiner Tasche steckte.

Was mich betraf, so konnte ich alles, was meine Atmung geräuschvoll störte, mit dem Nagel meines Zeigefingers aus der Nase herausholen; der elterliche Aberglaube verlangte, daß man dazu ein Taschentuch benutzte. Es kam schon vor, daß ich mich seiner bediente, um meine Schuhe zu polieren, oder die Schulbank abzuputzen. Aber der Gedanke, mich in ein so feines Tuch zu schneuzen und es nachher wieder in die Tasche zu stecken, erschien mir absurd und unappetitlich. Doch da die Kinder zu spät auf die Welt kommen, um ihre Eltern zu erziehen, müssen sie deren unheilbare fixe Ideen respektieren und dürfen ihnen niemals Kummer machen. Deshalb zog ich mein Tuch aus der Tasche, verbarg einen ziemlich großen Tintenfleck geschickt in der Hand und schwenkte es wie auf einem Bahnsteig vor meiner lieben Mama, die nun beruhigt war. Dann folgte ich meinem Vater auf die Straße.

Am Rand des Gehsteigs stand ein kleiner Handkarren, den mein Vater beim Nachbarn geliehen hatte, und auf dem Wagen las man in großen, schwarzen Buchstaben:

BERGOUGNAS
HOLZ UND KOHLEN

Mein Vater stellte sich rückwärts zwischen die Griffstangen und schob den Wagen etwas zurück.

»Du mußt die Bremsen bedienen, wenn wir die Rue de Tivoli hinunterfahren.«

Ich sah diese Straße von weitem, die wie eine Rutschbahn anstieg. »Aber Papa«, sagte ich, »die geht ja bergauf!«

»Ja«, sagte er, »jetzt geht sie bergauf. Aber ich bin beinahe sicher, daß sie auf dem Heimweg bergab gehen wird, und dann sind wir schwer beladen. Vorläufig kannst du dich auf das Wägelchen setzen.«

Ich setzte mich genau in die Mitte, um das Gleichgewicht zu halten. Meine Mutter sah hinter dem gebogenen Fenstergitter unserer Abfahrt zu.

»Gebt vor allem auf die Trambahn acht«, sagte sie.

Worauf mein Vater, um sein Selbstvertrauen zu zeigen, ein fröhliches Wiehern ausstieß und zweimal kurz mit den Füßen ausschlug. Dann ging es im Galopp dem Abenteuer entgegen.

Am Ende des Boulevard de la Madeleine hielten wir vor einem finsteren Laden. Seine Auslage begann als Verkehrshindernis bereits auf dem Bürgersteig, der mit seltsamen Möbeln vollgestellt war, darunter eine alte Feuerwehrpumpe, an der eine Geige hing.

Der Besitzer dieses Geschäftes war sehr groß, sehr mager und sehr schmutzig. Er trug einen grauen Bart und auf seinen Troubadourlocken einen Künstlerhut. Er sah melancholisch aus und rauchte eine Tonpfeife.

Mein Vater war schon bei ihm gewesen und hatte einige ›Möbel‹ zurückstellen lassen: eine Kommode, zwei Tische und mehrere Bündel polierter Holzteile, die sich nach Meinung des Trödlers wieder zu sechs Stühlen zusammenbauen ließen. Da war auch ein kleines Sofa, das seine Eingeweide verlor wie das Pferd eines Toreros, drei aufgeplatzte Matratzen, einige halbleere Strohsäcke, eine Vitrine ohne Fächer, ein Wasserkrug, der einen Hahn vorstellen sollte, und verschiedene, verrostete Gebrauchsgegenstände für den Haushalt.

Der Trödler half uns, das Zeug auf den Handkarren zu laden, der mit seiner zu Boden hängenden Stütze aussah wie ein Esel im Frühling. Das Ganze wurde mit Stricken, die vom langen Gebrauch schon faserig waren, zusammengeschnürt. Dann rechnete der Trödler den Kaufpreis aus. Nach einer längeren Meditation sah er meinen Vater starr an und sagte:

»Das macht fünfzig Francs.«

»Oho!« sagte mein Vater. »Das ist zu teuer!«

»Es ist teuer, aber schön«, sagte der Trödler, »und die Kommode ist aus der Zeit.«

Dabei wies er auf die wurmstichige Ruine.

»Das glaube ich gern«, sagte mein Vater. »Sicher ist sie aus irgendeiner Zeit, nur nicht aus unserer.«

Der Trödler fragte angewidert:

»Sind Sie wirklich so für das Moderne?«

»Meine Güte«, sagte mein Vater, »ich kaufe das ja nicht für ein Museum, ich will es benutzen.«

Dieses Geständnis schien den Alten zu betrüben.

»Also Ihnen sagt das gar nichts, daß dieses Möbel vielleicht die Königin Marie Antoinette im Nachthemd gesehen hat?«

»Seinem Zustand nach würde ich mich nicht wundern, wenn es den König Herodes in Unterhosen gesehen hätte.«

»Da muß ich Ihnen widersprechen und kann Sie dahingehend belehren, daß der König Herodes zwar vielleicht Unterhosen trug, aber auf keinen Fall eine Kommode besaß. Nur Kästen mit goldenen Nägeln und eine Art hölzernen Koffer. Ich verrate Ihnen das, weil ich ein ehrlicher Mann bin.«

»Ich danke Ihnen«, sagte mein Vater, »und weil Sie ein ehrlicher Mann sind, lassen Sie mir das Ganze für fünfunddreißig Francs.«

Der Trödler sah uns beide nacheinander an, schüttelte den Kopf und erklärte mit schmerzlichem Lächeln:

»Das ist leider unmöglich. Ich schulde meinem Hauswirt fünfzig Francs, die er heute mittag einkassieren will.«

»Na, so etwas!« sagte mein Vater entrüstet. »Wenn Sie Ihrem Hauswirt hundert Francs schuldig wären, würden Sie womöglich hundert Francs von mir verlangen?«

»Natürlich müßte ich das tun. Wo sollte ich das Geld denn sonst hernehmen? Sehen Sie, wenn ich ihm nur vierzig Francs schuldete, würde ich vierzig von Ihnen verlangen und wäre ich dreißig schuldig, so nähme ich dreißig.«

»In diesem Fall komme ich am besten morgen wieder, wenn Sie ihn bezahlt haben und ihm gar nichts mehr schuldig sind...«

»Das geht jetzt nicht mehr!« schrie der Trödler. »Es ist schon elf Uhr. Sie sind auf das Geschäft eingegangen, jetzt dürfen Sie nicht mehr zurücktreten. Abgesehen davon sehe ich natürlich ein, daß es kein glücklicher Zufall war, der Sie gerade heute hierher geführt hat. Aber was wollen Sie, jeder hat sein Schicksal. Sie sind jung und unverbraucht, kerzengerade gewachsen und haben ein Paar wundervolle Augen. Solange es Bucklige und Einäugige gibt, haben Sie kein Recht, sich zu beklagen. Fünfzig Francs, dabei bleibt es!«

»Gut«, sagte mein Vater, »dann werden wir diese Trümmer wieder abladen und uns anderswo eindecken. Mach die Stricke auf, Marcel.«

Der Antiquitätenhändler packte mich am Arm und rief:

»Warten Sie doch!«

Er sah meinen Vater entrüstet und traurig an, schüttelte den Kopf und sagte zu mir:

»Wie gewalttätig er ist!«

Dann ging er auf ihn zu und erklärte feierlich:

»Über den Preis wollen wir nicht mehr reden, er ist fünfzig

Francs, und billiger kann ich es nicht machen. Aber ich kann die Ware aufrunden!«

Damit ging er in seinen Laden. Mein Vater blinzelte mir triumphierend zu, und wir folgten ihm. Da gab es Bollwerke von Schränken, lepröse Spiegel, Helme, Standuhren und ausgestopfte Tiere. Er wühlte in diesem Durcheinander und zog verschiedene Gegenstände hervor.

»Da Sie ein Liebhaber der Moderne sind«, sagte er, »gebe ich Ihnen erst einmal diesen Nachttisch aus emailliertem Blech und diesen Wasserhahn in Form eines Schwanenhalses *galvanoplastisch vernickelt*. Sie werden nicht bestreiten wollen, daß das modern ist. Zweitens gebe ich Ihnen dieses damaszierte, arabische Gewehr; es ist kein Gewehr mit Zündstein, sondern mit Zündhütchen. Ist der lange Lauf nicht prächtig! Fast wie eine Angelrute. Und«, fügte er leise hinzu, »sehen Sie sich doch einmal die Initialen in arabischen Buchstaben an, die auf dem Kolben eingraviert sind.«

Er wies auf die Zeichen, die wie eine Handvoll Kommas aussahen und flüsterte:

»A und K! Haben Sie begriffen?«

»Sie werden mir doch nicht weismachen wollen, daß dieses Gewehr Abd el-Kader gehört hat?«

»Ich mache Ihnen gar nichts weis«, sagte der Trödler mit Überzeugung. »Man hat schon andere Sachen erlebt! Wer Ohren hat, der höre! Dazu gebe ich Ihnen noch einen Feueranzünder aus ziseliertem Kupfer und diesen Hirtenregenschirm (der wie neu ist, wenn Sie den Bezug wechseln), dann diese Trommel von der Elfenbeinküste, ein Museumsstück, und schließlich dieses Schneiderbügeleisen. Ist es so recht?«

»Sehr anständig, aber ich hätte gern noch diesen alten Hühnerstall.«

»Hm«, machte der Trödler, »ich gebe zu, daß er alt ist, aber man kann ihn noch genauso gut gebrauchen wie einen neuen. Doch weil Sie es sind, sollen Sie ihn haben!«

Mein Vater reichte ihm einen lila Fünfzigfrancschein. Er nahm ihn mit ernstem Gesicht und nickte mit dem Kopf.

Als wir endlich unsere Beute unter die schon gespannten Schnüre geschoben hatten, zündete er seine Pfeife wieder an und sagte plötzlich:

»Ich hätte Lust, Ihnen ein Bett für den Kleinen zu schenken!«

Er ging wieder in seinen Laden, verschwand in dem Wald von Schränken und kam triumphierend zurück. Auf seinen ausgebreiteten Armen trug er einen Rahmen aus vier alten Brettern, die so schlecht zusammengefügt waren, daß bei der geringsten Bewegung aus dem Rechteck ein Rhombus wurde. Auf eines der Bretter war mit Tapeziernägeln ein rechteckiges Stück Juteleinen genagelt, das mit seinen ausgefransten Enden wie eine Elendsfahne herunterhing.

»Um die Wahrheit zu sagen, fehlt leider der zweite Rahmen, der mit diesem ein X bilden sollte. Aber mit vier hölzernen Latten können Sie das leicht in Ordnung bringen. Und der Kleine wird schlafen wie ein Pascha.«

Er kreuzte die Arme auf der Brust und neigte leicht den Kopf, als ob er mit seligem Lächeln einschlafen wollte.

Wir dankten ihm überschwenglich. Er schien gerührt, hob die rechte Hand mit einem kohlschwarzen Daumen und schrie:

»Warten Sie, ich habe noch eine Überraschung für Sie!«

Und er verschwand wieder in seinem Laden. Aber mein Vater hatte schon die Griffstangen erfaßt, setzte den Karren rasch in Bewegung und eilte den Boulevard de la Madeleine hinunter; da erschien der freigebige Alte nochmals auf dem Bürgersteig und schwenkte eine riesige Rotkreuzfahne in der Luft. Wir fanden es aber unnötig, sie zu holen.

Als meine Mutter, die am Fenster stand, uns mit dieser Ladung auftauchen sah, verschwand sie sofort, um gleich darauf am Hauseingang wieder zu erscheinen.

»Joseph«, sagte sie wie gewöhnlich, »du wirst diesen schmutzigen Kram doch nicht ins Haus bringen wollen?«

»Dieser ›schmutzige Kram‹ ist der Grundstock unserer ländlichen Einrichtung. Ich verspreche dir, daß du nicht müde werden wirst, sie anzusehen. Laß uns nur Zeit, daran zu arbeiten! Ich habe meinen Plan, und ich weiß, was ich will!«

Meine Mutter schüttelte den Kopf und seufzte. Der kleine Paul eilte herbei, um beim Ausladen zu helfen.

Wir schleppten das gesamte Material in den Keller, wo mein Vater unsere Werkstatt einrichten wollte.

Unsere Tätigkeit begann mit einem Diebstahl, den ich auszuführen hatte. Ich mußte meiner Mutter aus der Küchentischschublade einen eisernen Löffel entwenden. Sie suchte ihn lange, fand ihn auch mehrmals wieder, erkannte ihn aber nie, denn wir hatten ihn mit dem Hammer flach geschlagen, um ihn als Kelle zu benutzen.

Mit diesem, eines Robinson Crusoe würdigen Utensil kitteten wir zwei Eisendrähte in die Kellermauer, befestigten sie mit vier Schrauben an einem wackligen Tisch, dessen Stabilität damit gesichert war und der so zur Hobelbank aufrückte.

Dann installierten wir einen quietschenden Schraubstock und dämpften ihn mit einigen Tropfen Öl. Dann sortierten wir das Handwerkszeug: Eine Säge, einen Hammer, eine Zange, Nägel in allen Größen, aber ausnahmslos verbogen durch frühere Benutzung, Schrauben, Schraubenzieher, einen Hobel und einen Meißel aus Holz.

Ich bewunderte diese Werkzeuge, die der kleine Paul nicht anzurühren wagte, denn er glaubte an die selbsttätige Bosheit von spitzen und scharfen Gegenständen und machte wenig Unterschied zwischen einer Säge und einem Krokodil.

Er begriff jedoch, daß große Dinge sich vorbereiteten; oft lief er plötzlich fort. Dann kam er zurück und brachte uns mit reizendem Lächeln zwei Enden Bindfaden, kleine Zelluloidscheren und eine Schraubenmutter, die er auf der Straße gefunden hatte.

Wir nahmen diese Ergänzung unserer Werkzeuge mit Ausrufen der Begeisterung und Dankbarkeit entgegen, über die Paul vor Stolz errötete.

Mein Vater setzte ihn auf einen Holzschemel und empfahl ihm, ja nicht herunterzuklettern.

»Du wirst uns sehr nützlich sein«, sagte er, »denn die Werkzeuge haben eine ganz schlechte Angewohnheit. Sobald man eines sucht, weiß es Bescheid und versteckt sich ...«

»Weil es Angst vor den Hammerschlägen hat«, sagte Paul.

»Natürlich!« sagte mein Vater. »Also gib gut auf sie acht von deinem Hocker aus, das wird uns viel Zeit ersparen.«

Jeden Abend um sechs Uhr verließ ich mit ihm die Schule. Auf dem Heimweg besprachen wir unsere Arbeiten und kauften noch Kleinigkeiten ein, die wir vergessen hatten: Tischlerleim, Schrauben, einen Topf Farbe, einen Hobel. Wir gingen öfter beim Trödler vorbei, der unser Freund geworden war. Seine Bude war für mich eine Zauberwelt, denn ich hatte jetzt die Erlaubnis, nach Herzenslust herumzukramen. In diesem Laden gab es alles; nur das, was man suchte, fand man nie. Waren wir gekommen, einen Besen zu kaufen, dann gingen wir mit einem

Blasinstrument oder einem Wurfspieß weg, demselben, der den ›Prinzen Bonaparte‹ getötet hatte, wie der Trödler versicherte. Kaum waren wir zu Hause angekommen, nahm meine Mutter uns nach eingeführtem Brauch unsere Beute ab, wusch mir eilig die Hände und bürstete unsere Trophäen mit einer Lysollösung ab. Nach dieser medizinischen Säuberungsaktion verschwand ich über die Kellertreppe und fand meinen Vater in Gesellschaft von Paul in der ›Werkstatt‹.

Die Beleuchtung bestand aus einer Petroleumlampe. Sie war aus Kupfer, schon etwas verbeult und trug eine Matadorampel, das heißt, der kreisförmige Docht kam aus einem Kupferrohr und stieg in einen kleinen Metallpilz, der die Flamme zwang, sich wie eine Blumenkrone auszubreiten. Dieser Flammenkranz war ziemlich groß, und um ihn einzufassen, besaß das Glas, das die Engländer treffend den Kamin nennen, dort, wo man es aufsetzte, eine sinnvolle Ausbuchtung. Mein Vater bezeichnete diese Lampe als den letzten Schrei der Technik, und wirklich verbreitete sie intensives Licht und zugleich einen gewaltig modernen Geruch.

Wir fingen mit der Zusammensetzung der Stühle an. Das war ein regelrechtes Puzzle und um so schwieriger zu lösen, als die Beine nicht in die Löcher der Seitenteile paßten und alle verschieden lang waren. Wir gingen zum Trödler, um uns zu beschweren. Erst tat er sehr erstaunt, aber dann überließ er uns ein ganzes Bündel Stuhlbeine zur Auswahl und als Zugabe ein kleines Geschenk in Gestalt eines Paares mexikanischer Steigbügel.

Nun wurden die sechs Stühle mit Hilfe von viel Leim, den ich in warmem Wasser aufweichte, hergerichtet und aufpoliert. Meine Mutter webte aus dickem Bindfaden die Sitze, die mit überraschendem Raffinement von einer dreifachen Borte eingefaßt wurden.

Nachdem mein Vater die Stühle um den Eßtisch gruppiert hatte, betrachtete er sie eine geraume Weile. Dann erklärte er, daß die Möbel, so hübsch aufgefrischt, mindestens das Fünffache ihres Kaufwertes hätten. Und wieder einmal mußten wir sein Talent für Gelegenheitskäufe bei Trödlern bewundern.

Dann kam die Kommode an die Reihe, deren Schubladen so verzogen waren, daß wir sie ganz auseinandernehmen und lange geduldig daran herumhobeln mußten.

Diese Arbeiten, die nicht länger als drei Monate dauerten, nehmen in meinen Erinnerungen trotzdem einen wichtigen

Platz ein, denn beim Licht der Matadorampel entdeckte ich die Geschicklichkeit meiner Hände und lernte die wunderbare Wirksamkeit einfachster Werkzeuge kennen.

An einem schönen Donnerstagmorgen konnten wir im Hausgang unserer Wohnung das Mobiliar für die Villa der großen Ferien aufstellen. Onkel Jules war in seiner Eigenschaft als sicherer Bewunderer gebeten worden und der Trödler als Sachverständiger dazugekommen.

Der Onkel bestaunte, der Trödler begutachtete; er lobte die angebrachten Stifte und Zapfen und fand, daß alles gut geleimt war.

Da das Ganze aber mit nichts Ähnlichkeit hatte, erklärte er, es sei ›provençalischer Bauernstil‹, was Onkel Jules schulmeisterlich bestätigte.

Meine Mutter war entzückt, wie hübsch die Möbel aussahen, und ganz genau, wie mein Vater es vorausgesagt hatte, konnte sie sich nicht satt daran sehen. Vor allem bewunderte sie ein Tischchen, das ich sorgfältig dreimal mit Mahagonilack gestrichen hatte. Es sah wirklich reizend aus, aber es war besser, man betrachtete es anstatt es anzufassen, denn wenn man nur die Hand darauf legte, bewegte es sich wie unter der Berührung eines Mediums. Ich glaubte, daß jeder diesen Nachteil bemerkte, aber niemand verlor ein Wort darüber, das den Erfolg unserer Ausstellung geschmälert hätte.

Ich hatte später übrigens das Vergnügen festzustellen, daß ein kleiner Fehler oft große Vorteile bringen kann, denn das Tischchen, in einer gutbeleuchteten Ecke wie ein Stilmöbel aufgestellt, zog durch den üppig auf seiner Platte verteilten Lack soviel Fliegen an, daß Ruhe und Sauberkeit des Ferien-Eßzimmers gesichert waren, wenigstens im ersten Jahr.

Bevor unser großzügiger Sachverständiger aufbrach, öffnete er einen alten Koffer, den er mitgebracht hatte. Er nahm eine riesige Pfeife heraus, deren Kopf aus einer Wurzel geschnitten und ebenso groß wie meiner war. Diese Pfeife verehrte er meinem Vater als Kuriosum. Dann schenkte er meiner Mutter eine Muschelkette *aus dem Besitz der Königin Ranavalo* und indem er sich entschuldigte, daß er für Onkel Jules nichts mitgebracht habe, der *bei etwas Geduld nicht zu kurz kommen solle*, empfahl er sich mit den Allüren eines Grandseigneurs.

Die erste Julihälfte war sehr lang.

Die Möbel warteten im Hausgang, und wir warteten in der Schule, wo wir nicht mehr viel lernten.

Die Lehrer lasen uns Geschichten von Andersen oder von Alphonse Daudet vor, und danach spielten wir den größten Teil des Tages auf dem Schulhof. Aber wir trieben diese Spiele ohne Überzeugung, denn sie waren plötzlich klein und reizlos im Hinblick auf die langsam, aber sicher näherrückenden, endlosen Spiele der großen Ferien.

Ich wiederholte mir fortwährend einige magische Worte: *die Villa, die Kiefern, die Hügel, die Grillen.* Auch auf den Platanen des Schulhofes gab es Grillen, aber ich hatte nie welche aus der Nähe gesehen, und mein Vater hatte mir Tausende versprochen, die ich fast immer mit den Händen fangen könne. Wenn die liebeskranken Sängerinnen uns unsichtbar im hohen Laub der Platanen verhöhnten, dachte ich ohne eine Spur von Poesie: »Na warte nur, Freundchen, wenn wir erst in den Hügeln sind, zünde ich dir Feuer unter dem Hintern an.« So liebenswürdig sind die ›kleinen Engel‹ von acht Jahren.

Eines Abends kamen Onkel Jules und Tante Rose zu uns zum Abendessen. Bei Tisch wurden alle Vorbereitungen für den großen Aufbruch besprochen, der am nächsten Tag stattfinden sollte.

Onkel Jules, der sich schmeichelte, ein Organisator zu sein, erklärte zuerst, daß man der schlechten Straßen wegen unmöglich einen großen Wagen mieten könne, was außerdem ein Vermögen kosten würde, vielleicht sogar zwanzig Francs.

Er hatte also zwei Wagen bestellt: einen kleinen Möbelwagen, um seine eigenen Möbel zu befördern sowie seine Frau, seinen Sohn und ihn selbst, und zwar zum Preis von sieben Francs fünfzig. In dieser Summe war ein Möbelpacker enthalten, der den ganzen Tag zur Verfügung stand.

Für uns hatte er einen Bauern namens François gefunden, dessen Hof nur einige hundert Meter entfernt von der Villa lag. Dieser François kam zweimal die Woche mit einem Karren nach Marseille, um auf dem Markt sein Obst und Gemüse zu verkaufen. Auf dem Rückweg würde er unsere Möbel für den bescheidenen Preis von vier Francs mitnehmen. Diese Abmachung entzückte meinen Vater, aber Paul fragte:

»Und wir? Fahren wir auch mit dem Karren?«

»Nein«, sagte der Organisator, »ihr nehmt die Trambahn bis La Barasse, und von da geht ihr pedibus cum jambis, bis ihr den

Bauern trefft. Für Augustine wird man schon ein Plätzchen auf dem Karren finden, und die drei Männer gehen mit dem Bauern hinterher.«

Die ›drei Männer‹ gingen mit Vergnügen auf diesen Vorschlag ein, und die Unterhaltung, die bis gegen elf Uhr dauerte, wurde einfach märchenhaft, denn Onkel Jules erzählte von der Jagd, und mein Vater erzählte von den Insekten. Das war so spannend, daß ich noch im Traum auf Tausendfüßler, Heuschrecken und Skorpione schoß, bis ich schließlich erwachte.

Am anderen Morgen waren wir schon um acht Uhr fix und fertig im Ferienanzug; Hosen aus ungebleichtem Leinen und weiße Hemden mit kurzen Ärmeln, aber mit blauen Krawatten geschmückt.

Diese Kleidung war das Werk meiner Mutter. Im Warenhaus hatten wir Schirmmützen und Espadrillos gekauft, Strohsandalen mit Sohlen aus geknüpfter Schnur.

Mein Vater trug eine Jacke aus Ziegenleder mit zwei großen, aufgesetzten Taschen und eine dunkelblaue Mütze. Meine Mutter sah jung und schön aus in einem weißen Kleid mit kleinen, roten Blumen, das ihr besonders gut gelungen war.

Die kleine Schwester, die mit großen, schwarzen Augen unter einem blauen Häubchen hervorsah, schien ängstlich zu sein, denn sie hatte gemerkt, daß wir das Haus verlassen wollten.

Der Bauer hatte uns vorsorglich mitgeteilt, daß unsere Abfahrt nicht von seinem guten Willen abhänge, sondern davon, wie schnell er seine Aprikosen verkaufen könne.

An diesem Tag ging der Verkauf nicht sehr schnell, denn mittags war er immer noch nicht da.

Wir frühstückten also in dem schon leeren Haus etwas Wurst und kaltes Fleisch, und liefen fortwährend ans Fenster, um nach unserem Ferienboten Ausschau zu halten.

Endlich erschien er.

Es war ein blauer Karren, von einem so verwaschenen Blau, daß das rohe Holz durchschimmerte.

Die hohen Räder bogen sich bedenklich nach der Seite, und wenn sie eine Umdrehung hinter sich hatten, gab es jedesmal einen knirschenden Stoß. Die eisernen Reifen klapperten auf dem Pflaster, die Deichsel ächzte, die Hufe des Maultiers sprühten Funken. Das war der Karren des Abenteuers und der Hoffnung . . .

Der Bauer, der ihn kutschierte, hatte weder Jacke noch Bluse an, sondern eine vom Schmutz verfilzte, gestrickte Weste aus dicker Wolle, auf dem Kopf eine unförmige Mütze mit verbogenem Schirm. Aber prachtvolle weiße Zähne blitzten aus dem schöngeschnittenen Gesicht eines römischen Kaisers.

Er sprach provençalischen Dialekt, lachte und ließ seine Peitsche knallen, einen langen Riemen, an einem aus Schilfrohr geflochtenen Griff.

Mit Hilfe meines Vaters und sehr behindert durch den kleinen Paul (der sich an die größten Möbelstücke klammerte und behauptete, er transportiere sie), belud der Bauer den Karren, das heißt, er schichtete das Mobiliar pyramidenförmig auf, danach sicherte er das Gleichgewicht durch ein Gitter von dicken und dünnen Stricken und warf über das Ganze eine durchlöcherte Plane.

Dann schrie er auf provençalisch:

»Für diesmal hätten wir's!« und ergriff die Zügel des Maultiers, das er mit groben Flüchen und heftigem Reißen an der Kandare des unempfindlichen Tieres in Bewegung setzte.

Wie einem Leichenwagen folgten wir unserem Besitz bis zum Boulevard Mérentié. Dort trennten wir uns von dem Bauern, um in die Trambahn zu steigen.

Mit dröhnendem Gedonner, dem Klirren seiner zitternden Fensterscheiben und mit langem, durchdringenden Kreischen in den Kurven sauste das wunderbare Vehikel der Zukunft entgegen.

Da auf den Bänken kein Platz mehr war, standen wir – welcher Genuß! – auf der vorderen Plattform. Ich sah den Rücken des Führers, der, die Hände an zwei Kurbelrädern, mit überlegener Ruhe die Schwünge des Monstrums bald beschleunigte, bald bremste. Ich war gebannt von dieser allmächtigen Persönlichkeit, die ein großes Mysterium umgab, denn ein Emailleschild verbot jedermann, mit ihm zu sprechen, wegen all der Geheimnisse, die er wußte. Paul überließ ich seinem traurigen Schicksal: eingezwängt zwischen den langen Beinen von zwei Polizisten schleuderten die Wagenstöße ihn mit der Nase nach vorn auf die enorme Hinterfront einer Dame, die gefährlich hin und her schwankte.

Nun kamen die glänzenden Schienen in schwindelnder Eile auf mich zu. Der Fahrtwind hob den Schirm meiner Mütze und dröhnte mir in den Ohren. In zwei Sekunden überholten wir ein galoppierendes Pferd. Selbst auf den schnellsten, modernsten Fahrzeugen habe ich nie wieder diesen triumphierenden Stolz empfunden, ein kleiner Mensch und Sieger über Raum und Zeit zu sein.

Aber das Feuerroß aus Stahl und Eisen, das uns den Hügeln näher brachte, führte uns nicht bis hinauf. In einem Vorort von Marseille, genannt La Barasse, mußten wir aussteigen, und die Trambahn setzte ihre tolle Fahrt nach Aubagne fort.

Mein Vater, eine Karte in der Hand, ging mit uns eine kleine, staubige Straße aus der Stadt hinaus. Wir folgten in schnellem Tempo unserem Joseph, der die kleine Schwester auf den Schultern trug.

Dieser schmale provençalische Weg war sehr hübsch Er wand sich durch zwei von der Sonne durchglühte Mauern, über deren Rand die großen Blätter der Feigenbäume, buschige Clematisranken und hundertjährige Oliven sich zu uns herunterneigten. Am Fuß der Mauern gab es viel Unkraut und Geröll, was bewies, daß der Eifer der Straßenarbeiter für diesen Weg nicht ausreichte.

Ich hörte die Zikaden singen und auf der im Licht honiggelben Mauer entdeckte ich Tiere, die wie in Stein gehauen dort lagen und mit offenem Mund die Sonne tranken. Es waren graue Eidechsen, glänzend wie Graphit. Paul eröffnete sofort die Jagd auf sie, brachte aber nur zappelnde Schwänze mit. Mein Vater erklärte uns, daß die reizenden Tiere die Schwänze gern in den Händen ihrer Verfolger zurücklassen, so wie Diebe ihre Jacken den Polizisten opfern. Übrigens wächst ihnen in wenigen Tagen ein neuer Schwanz nach, um eine neue Flucht zu sichern . . .

Nachdem wir ungefähr eine Stunde gegangen waren, kreuzte unsere Straße eine andere, an einem fast runden, vollkommen leeren Platz. In einer der vier Ausbuchtungen des Plätzchens stand eine Steinbank, auf der meine Mutter sich niederließ.

Mein Vater entfaltete seine Karte wieder und sagte:

»Hier ist der Platz, an dem wir die Trambahn verlassen haben. Hier befinden wir uns jetzt, und hier ist die Kreuzung von Quatre Saisons, wo unser Fuhrmann auf uns wartet, falls nicht wir auf ihn warten müssen.«

Ich betrachtete erstaunt den doppelten Strich, der unsere Straße bezeichnete: sie machte einen enormen Umweg.

»Die Straßenbauer sind ja verrückt«, sagte ich, »eine Straße mit so vielen Windungen anzulegen.«

»Die Straßenbauer sind nicht verrückt, sondern unsere Gesellschaftsordnung ist absurd«, antwortete mein Vater.

»Wieso?« fragte meine Mutter.

»Weil uns dieser Umweg von vier oder fünf Privatbesitzungen aufgezwungen wird, die hinter diesen Mauern liegen und durch die die Straße nicht weitergeführt werden durfte. Hier«, sagte er, auf einen Punkt der Karte weisend, »hier ist unsere Villa . . . in Luftlinie ist sie keine vier Kilometer von La Barasse entfernt. Aber einiger Großgrundbesitzer wegen sind neun daraus geworden!«

»Das ist viel für die Kinder!« sagte meine Mutter.

Aber ich merkte, daß es für sie selbst zu viel war, deshalb bat ich, als mein Vater wieder aufbrechen wollte, noch um ein paar Minuten Rast und schützte Knöchelschmerzen vor.

Wir marschierten noch eine weitere Stunde die Mauern entlang, zwischen denen wir hindurchrollen mußten wie die Kugeln eines Geduldspiels.

Paul wollte wieder nach Eidechsenschwänzen jagen, aber meine Mutter verbot es ihm mit strengen Worten, die ihm die Tränen in die Augen trieben. Also gab er dieses grausame Spiel auf, um Heuschrecken zu fangen, die er zwischen zwei Steinen zerquetschte.

Unterdessen setzte mein Vater meiner Mutter auseinander, daß in der Gesellschaftsordnung der Zukunft alle Schlösser in Hospitäler umgewandelt, alle Mauern niedergerissen und alle Straßen schnurgerade gebaut würden.

»Also willst du eine neue Revolution?« fragte sie.

»Dazu braucht man keine neue Revolution. Das ist außerdem ein schlecht gewähltes Wort, denn es bedeutet die Umkehrung alles Bestehenden. Die Folge wäre, daß die Großen zwar heruntersteigen, aber bei der nächsten Umkehrung ihren alten Platz wieder einnehmen würden, und alles wäre umsonst gewesen. Diese ungerechten Mauern sind keine Erbschaft des Ancien-Regime. Nicht etwa, daß unsere Republik sie nur duldete: sie hat sie selbst gebaut.«

Ich liebte diese sozialpolitischen Vorträge meines Vaters, die ich mir auf meine Weise auslegte, über alles. Oft fragte ich mich, warum der Präsident der Republik nie daran gedacht hatte, ihn zu berufen – wenigstens während der Ferien, denn in drei Wochen hätte er das Glück der Menschheit gesichert.

Unser Weg mündete unversehens in eine viel breitere, aber ebensowenig gepflegte Straße.

»Jetzt sind wir bald an der verabredeten Stelle«, sagte mein Vater. »Die Platanen dort gehören zum Gasthof Quatre Saisons. Und schaut«, dabei deutete er auf das dichte Gras am Fuß der Mauer, »das sieht vielversprechend aus!«

Im Gras lagen meterlange, total verrostete Schienen.

»Was ist das?« fragte ich.

»Das sind Trambahnschienen für die neue Linie«, sagte mein Vater. »Sie müssen nur noch gelegt werden ...«

Den ganzen Weg entlang trafen wir auf Schienen, aber das Unkraut, das sie überwucherte, bezeugte, daß die Erbauer der Linie es mit ihrer Fertigstellung nicht eilig hatten.

Wir kamen vor dem ländlichen Gasthof Quatre Saisons an. Das kleine Haus lag an der Straßenkreuzung, unter breitästigen Platanen versteckt, hinter einem hohen Springbrunnen aus bemoostem Muschelwerk. Funkelnd klares Wasser, das aus vier gebogenen Röhren floß, sang glucksend im Schatten sein frisches Lied.

Es mußte angenehm sein, unter den Kronen der Platanen an kleinen, grünen Tischen zu sitzen. Aber wir betraten die ›Kneipe‹ nicht, denn gerade in ihrem einladenden Äußeren lag die Gefahr.

Statt dessen setzten wir uns auf die niedrige Steinmauer am Wegrand. Meine Mutter packte das Vesperpaket aus, und wir verzehrten das goldglänzende, knusprige Brot, wie es damals noch gebacken wurde, und die feine, weißgesprenkelte Wurst, aus der ich erst einmal die Pfefferkörner herausholte wie am Dreikönigstag die Bohne aus dem Kuchen. Dann aßen wir die vom langen Marsch auf spanischen Sohlen sanft gewiegten Orangen.

Meine Mutter sagte sorgenvoll:

»Joseph, es ist ziemlich weit bis zur Villa!«

»Dabei sind wir noch lange nicht dort«, sagte mein Vater vergnügt. »Es dauert mindestens noch eine Stunde.«

»Heute haben wir nichts zu tragen, aber wenn wir Vorräte hinaufbringen müssen ...«

»Wir werden sie schon hinaufbringen ...«

»Wir sind ja drei Männer, Mama«, sagte Paul. »Du brauchst überhaupt nichts zu tragen.«

»Natürlich ist es ein etwas ausgedehnter Spaziergang«, sagte mein Vater, »aber trotzdem ein sehr gesunder. Außerdem können wir ja nur zu Weihnachten, zu Ostern und in den großen

Ferien herauskommen, also dreimal im Jahr. Wir brechen zeitig auf, und auf halbem Weg frühstücken wir im Gras. Zur Vesper rasten wir ein zweites Mal. Und dann hast du ja die Schienen gesehen. Ich werde mit Michels Bruder, dem Journalisten, sprechen. Es ist unverantwortlich, daß man die Schienen hier verrosten läßt. Ich wette mit dir, daß uns die Trambahn noch vor Ablauf der nächsten sechs Monate nach La Croix bringt. Das ist ungefähr sechshundert Meter von hier. Dann haben wir im ganzen nur noch eine knappe Stunde zu gehen.«

Bei seinen Worten sah ich die Schienen aus dem Gras hervorkommen und sich in das Pflaster einfügen, während von weitem dumpfes Rollen die Trambahn ankündigte.

Als ich den Kopf hob, erblickte ich zwar nicht die allmächtige Maschine, wohl aber die schaukelnde Pyramide unseres Umzugs.

Paul stieß einen Freudenschrei aus und lief auf das Maultier zu. Der Bauer nahm ihn um die Hüften und setzte ihn rittlings auf den Hals des Tieres. Vor Angst und Freude trunken, klammerte er sich an die Trense, mit einem Lächeln, das zwischen Begeisterung und Panik schwankte, während ich von schändlicher Eifersucht verzehrt wurde.

Der Karren hielt an, und der Bauer sagte: »Jetzt werden wir Madame unterbringen.«

Er legte einen viermal gefalteten Sack auf den Boden des Karrens dicht neben der Wagendeichsel; mein Vater hob meine Mutter hinauf, die ihre Beine hängen ließ, legte ihr die kleine Schwester in die Arme, deren Mund ganz verschmiert von Schokolade war, und ging neben ihnen, derweil ich auf die Mauer geklettert war und tanzend hinter dem Troß herhüpfte.

Nicht nur beruhigt und sicher, sondern triumphierend wiegte Paul sich graziös im Schritt des Maultiers vor und zurück, und ich unterdrückte nur mit Mühe den brennenden Wunsch, mich hinter ihm auf den Rücken des Tieres zu schwingen.

Der Horizont vor uns war hinter hohen, laubgekrönten Bäumen verborgen, die zu beiden Seiten den Weg säumten.

Nach einem Marsch von zwanzig Minuten entdeckten wir zwischen zwei Tälern auf einem Hügel ein kleines Dorf; die Aussicht war rechts und links von zwei steilabfallenden Felsen blockiert, die von den Provençalen ›les Barres‹ genannt werden.

»Das ist das Dorf La Treille«, sagte mein Vater.

Ein steiler Aufstieg stand uns bevor.

»Hier muß Madame absteigen«, sagte der Bauer, »wir müssen den Karren ein bißchen schieben.«

Das Maultier war von selbst stehen geblieben; meine Mutter sprang auf den staubigen Weg.

Der Bauer hob Paul vom Rücken des Maultiers herunter und öffnete unter dem Bauch des Wagens eine Lade, aus der er zwei große Holzkeile herausholte.

Einen gab er zu ihrer Überraschung meiner Mutter.

»Das ist ein Bremsklotz«, erklärte er. »Sobald ich es Ihnen sage, legen Sie ihn unter das Rad auf der rechten Seite.«

Sie schien glücklich, daß sie an dieser Männerarbeit teilhaben sollte, und nahm den großen Bremsklotz in ihre kleinen Hände.

»Und ich werde den anderen darunter legen«, sagte Paul.

Sein Vorschlag wurde angenommen; ich war über diese neue Verletzung der Rechte des Älteren zutiefst verärgert. Aber ich wurde großartig entschädigt, denn der Bauer reichte mir seine Peitsche, eine derbe Kutscherpeitsche, und sagte:

»Und du treibst das Maultier mit Schlägen an.«

»Wohin soll ich es schlagen? Auf den Hintern?«

»Überall hin, und zwar mit dem Stiel!«

Dann spuckte er in die Hände, zog den Kopf zwischen die Schultern und stemmte sich mit vorgestreckten Armen gegen die Rückwand des Karrens. Sein Körper bildete eine fast waagerechte Linie. Mein Vater machte es genauso wie er. Dann schrie der Bauer dem Maultier die unflätigsten Flüche zu und befahl mir: »Schlag zu! Schlag zu!« Ich schlug auf das Maultier ein, aber nicht heftig, mehr, um es zum Ziehen zu ermuntern. Die ganze Fuhre fing an zu schwanken und legte eine Strecke von dreißig Metern zurück. Da schrie der Bauer keuchend, ohne den Kopf zu heben:

»Die Bremsen! Die Bremsen!«

Meine Mutter, die hinter einem der Räder ging, schob ihren Keil schnell unter die eiserne Radfelge, und Paul machte es ihr mit bemerkenswerter Geschicklichkeit nach. Der Karren stand still ... Fünf Minuten wurde gerastet. Der Bauer nahm die Pause wahr, um mir zu sagen, daß ich das Maultier viel stärker schlagen müsse und hauptsächlich unter den Bauch.

»Nein! Nein! Das will ich nicht!« brüllte Paul.

Doch als mein Vater sich gerührt über die Güte des kleinen Burschen zeigte, wies Paul mit dem Finger auf den Bauern und schrie:

»Man muß ihm die Augen auskratzen!«

»Oho!« sagte François entrüstet, »mir die Augen auskratzen! Was ist denn das für ein Kannibale? Ich glaube, wir müssen ihn in die Lade einsperren.«

Und er tat so, als wollte er die Lade unter dem Karren aufmachen. Paul lief schnell fort und klammerte sich an die väterlichen Hosen.

»Da siehst du«, sagte mein Vater streng, »was daraus entsteht, wenn man den Leuten die Augen auskratzen will. Es endet damit, daß man in einer Schublade eingesperrt wird.«

»Das ist nicht wahr!« schrie Paul. »Ich will nicht!«

»Monsieur François«, sagte meine Mutter, »wir könnten damit vielleicht noch ein bißchen warten. Ich glaube, er hat das nur zum Spaß gesagt.«

»Solche Sachen sagt man nicht einmal zum Spaß«, meinte François. »Mir die Augen auskratzen! Und gerade heute, wo ich mir eine Sonnenbrille gekauft habe!«

Er zog tatsächlich einen Zwicker mit schwarzen Gläsern aus der Tasche, wie sie Hausierer für zwanzig Centimes auf dem Markt verkaufen.

»Du kannst sie ja trotzdem aufsetzen«, sagte Paul aus sicherer Entfernung.

»Du Bösewicht! Wenn man eine schwarze Brille auf ausgestochene Augen setzt, dann sieht man überhaupt nichts mehr! Aber für diesmal reden wir nicht mehr davon. Also los jetzt!«

Jeder nahm seinen Platz wieder ein. Jetzt schlug ich das Maultier unter den Bauch, nicht allzu stark, aber dafür schrie ich ihm um so lauter meine Befehle in die Ohren, während der Bauer es ›ein dummes Luder‹ nannte und es beschuldigte, sich von Exkrementen zu nähren.

Mit größter Anstrengung erreichten wir das Dörfchen oder vielmehr den Weiler, in dem die rötlichen Dachziegel der Häuser von altertümlicher Länge waren. Winzige Fenster durchbrachen die dicken Mauern.

Zur Linken gab es einen freien, von Platanen umgebenen Platz, gegen den Hang zu von einer hohen Mauer gestützt, die sich bedenklich nach hinten neigte. Rechts lag die Straße. Ich würde sagen: die Hauptstraße, wenn es noch eine andere gegeben hätte. Aber man bemerkte nur einen kleinen Durchgang, der keine zehn Meter lang war und es doch noch fertiggebracht hatte, in zwei rechten Winkeln einen Bogen zu machen, um den Dorfplatz zu erreichen. Dieser war kleiner als ein Schulhof und lag im Schatten zweier Akazien und eines uralten Maulbeerbaums mit rissigem Stamm: auf der Suche nach Sonne versuchten sie, den Kirchturm unter sich zu lassen.

In der Mitte des Platzes plätscherte ein Brunnen vor sich hin. Er bestand aus einer hellen Steinmuschel, die wie ein Leuchtereinsatz einen rechteckigen Stein umschloß, aus dem das kupferne Brunnenrohr ragte.

Nachdem das Maultier ausgespannt war (denn der Wagen hätte ihm auf dem kleinen Platz nicht folgen können), führte François es an die Muschel. Das Tier trank gierig das frische Wasser und schlug mit dem Schweif seine Flanken.

Ein Bauer kam vorbei; er war hager aber sehr groß. Unter seinem vor Schmutz steifen Filzhut sah man zwei rote Augenbrauen, buschig wie Gerstenhalme. Seine kleinen, schwarzen Augen funkelten wie aus der Tiefe eines Tunnels. Ein breiter, roter Schnurrbart verbarg seinen Mund, und seine Wangen waren von acht Tage alten Stoppeln bedeckt. Als er an dem Maultier vorbeikam, spuckte er aus, sagte aber nichts. Dann entfernte er sich schwankend mit gesenktem Blick.

»Das ist aber ein unsympathischer Geselle«, sagte mein Vater.

»Sie sind nicht alle so«, sagte der Bauer. »Der da will mir übel, weil es mein Bruder ist.«

Das schien ihm ein plausibler Grund zu sein. Er zog das Maultier vom Brunnen fort, das ein paar Äpfel fallen ließ und seinen Mastdarm wie eine Tomate nach außen stülpte.

Ich glaubte, daß es daran sterben würde, aber mein Vater beruhigte mich:

»Das tut es aus hygienischen Gründen«, sagte er. »Es ist seine Art, sauber zu sein.«

Wir verließen das Dorf, nun begann der Zauber, und ich fühlte das Erwachen einer Liebe, die mein Leben lang dauern sollte.

Eine unermeßliche Landschaft erhob sich vor mir im Halbkreis bis in den Himmel. Schwarze Kiefernwälder, durchzogen von Tälern, erstarben wie Meereswogen am Fuß dreier felsiger Gipfel.

Um uns begleiteten die Kämme niedriger Hügel unsern Weg, der sich zwischen zwei Schluchten hinschlängelte. Ein großer, schwarzer Vogel stand regungslos am Himmel, und von allen

Seiten erklang wie aus einem Meer von Musik das metallische Zirpen der Grillen. Sie hatten es eilig zu leben, denn sie wußten, mit dem Abend käme der Tod.

Der Bauer zeigte uns die Gipfel, die am Horizont der Landschaft den Himmel stützten.

Links in der untergehenden Sonne glitzerte eine weiße Bergspitze auf einem riesigen, rötlichen Kegel.

»Der da«, sagte er, »das ist der Tête-Rouge, der Rotkopf.«

Zu seiner Rechten blinkte eine bläuliche Spitze, etwas höher als die erste. Sie bestand aus drei übereinanderliegenden Terrassen, die nach unten breiter wurden wie die drei Volants des Pelzumhangs von Mademoiselle Guimard.

»Und der da, das ist der Taoumé«, sagte der Bauer.

Während wir dieses Massiv bewunderten, fügte er hinzu:

»Man nennt ihn auch das Rohr.«

»Was bedeutet das?« fragte mein Vater.

»Das bedeutet, daß man ihn das Rohr nennt oder den Taoumé.«

»Aber woher kommen diese Namen?«

»Es kommt daher, daß er zwei Namen hat, aber niemand weiß, warum. Sie haben ja auch zwei Namen, genau wie ich.«

Zur Abkürzung dieser weisen Erklärung, die mir nicht ausreichend erschien, schlug er dem Maultier seine Peitsche um die Ohren. Eine Salve von Fürzen war die Antwort.

Rechts im Hintergrund, aber viel weiter entfernt, ragte ein Abhang in den Himmel, auf seinen Schultern trug er den dritten Felsgipfel, der die ganze Gegend beherrschte.

»Und das ist der Garlaban. Auf der anderen Seite, direkt zu seinen Füßen liegt Aubagne.«

»In Aubagne bin ich geboren«, sagte ich.

»Dann bist du ja von hier«, sagte der Bauer.

Ich betrachtete stolz meine Familie und dann mit einem Gefühl neuer Zärtlichkeit die erhabene Landschaft.

»Und ich«, sagte Paul ungeduldig, »ich bin in Saint-Loup geboren. Bin ich dann auch von hier?«

»Ein bißchen«, sagte der Bauer. »Ein bißchen schon, aber nicht ganz . . .«

Paul versteckte sich ärgerlich hinter mir. Und da er sich schon auszudrücken verstand, flüsterte er mir zu:

»Und der ist ein Dreckskerl!«

Man sah keinen Weiler, kein Gehöft, noch nicht einmal eine Hütte. Der Weg bestand nur noch aus zwei staubigen Streifen, zwischen denen wilde Gräser wucherten, die den Bauch des Maultiers kitzelten.

Auf dem Abhang, der sich rechts in die Tiefe senkte, überragten mächtige Kiefern ein dichtes Gestrüpp von Bergeichen, die nicht höher werden als ein Tisch, aber echte Eicheln tragen, wie Zwerge Menschenköpfe.

Über dem Tal türmte sich ein langgestreckter Hügel. Er hatte die Form eines Kriegsschiffes mit drei Kommandobrücken, eine über der anderen. Auf jeder wuchs ein Kiefernwald, getrennt durch steilabfallende, weiße Felsen.

»Und das«, sagte der Bauer, »sind die Felsen von Saint-Esprit.«

Bei diesem so eindeutig ›obskurantistischen‹ Namen zog mein Vater die eine Augenbraue in die Höhe, es war das Stirnrunzeln des Ungläubigen.

»Sind die Leute sehr bigott in dieser Gegend?«

»Es geht«, sagte der Bauer.

»Gehen Sie sonntags zur Messe?« fragte mein Vater.

»Das kommt darauf an . . . In der Dürrezeit gehe ich nicht hin, erst wenn es wieder regnet. Der liebe Gott soll nur wissen, woran er ist.«

Ich war stark in Versuchung, ihn darüber aufzuklären, daß es den lieben Gott nicht gab, wie ich aus sicherer Quelle wußte. Aber da mein Vater schwieg, hielt auch ich mich bescheiden zurück.

Plötzlich bemerkte ich, daß meine Mutter auf den hohen Absätzen ihrer Knopfstiefeletten nur mit Mühe gehen konnte. Ohne ein Wort zu sagen, lief ich zum Karren vor, und es gelang mir, einen kleinen Handkoffer, den man rückwärts unter die Gurte des Vehikels gestopft hatte, herauszuziehen.

»Was machst du denn da?« fragte sie ganz überrascht.

Ich stellte den Koffer auf die Erde und packte ihre Espadrillos aus. Sie waren nicht größer als meine eigenen. Sie lächelte mich zärtlich an und sagte:

»Mein großer Dummkopf, wir dürfen uns hier nicht aufhalten.«

»Warum nicht? Wir holen sie leicht wieder ein.«

Auf einem Stein am Wegrand wechselte sie die Schuhe. Paul war herbeigelaufen und sah zu. Die Angelegenheit schien ihm ziemlich gewagt, denn er schaute sich schamhaft nach allen Seiten um, ob auch niemand unsere Mutter in Strümpfen gesehen haben konnte.

Sie nahm uns bei der Hand, und im Laufschritt holten wir den Karren ein, auf dem ich das kostbare Köfferchen wieder verstaute. Wie klein sie jetzt war! Sie sah aus wie fünfzehn mit ihren rosigen Wangen, und ich bemerkte mit Vergnügen, daß ihre Waden voller wirkten.

Der Weg stieg beständig an, und wir näherten uns den Kiefernwäldern.

Links senkte sich der Hügel in schmalen Terrassen bis tief in ein grünes Tal.

Der Bauer sagte zu meinem Vater:

»Dieses Tal hat auch zwei Namen. Man nennt es Le Vala oder den Bach.«

»Oh«, sagte mein Vater freudig überrascht, »es gibt also einen Bach?«

»Das will ich meinen«, sagte François, »und was für einen schönen.«

Mein Vater wandte sich uns zu:

»Kinder, unten im Tal gibt es einen Bach!«

»Nur wenn es regnet, natürlich«, fügte der Bauer hinzu.

Die Terrassen dieses Tales waren von Olivenbäumen bewachsen, die man zu viert oder fünft im Kreis gepflanzt hatte. Sie neigten sich nach rückwärts, um Raum zu gewinnen für ihr Blätterdach, das einen einzigen Strauß bildete. Es gab auch Mandelbäume in zartem Grün und leuchtende Aprikosen.

Noch wußte ich die Namen all dieser Bäume nicht, aber ich liebte sie sogleich.

Zwischen ihnen war die Erde unbebaut und mit gelbbraunem Gras bedeckt, das der Bauer ›Baouko‹ nannte. Es sah aus wie getrocknetes Heu, aber das war seine natürliche Farbe. Im Frühling strengt es sich an, am allgemeinen Jubel teilzunehmen, und zeigt ein schwaches Grün. Aber trotz seines armseligen Aussehens ist es lebendig und kräftig wie alle nutzlosen Pflanzen.

Dort sah ich zum erstenmal dunkelgrüne Büschel, die wie Zwergoliven aus diesem Baoukogras auftauchten. Ich verließ die Straße und lief zu ihnen, um ihre feinen Blätter zu berühren. Ein unbekannter Geruch, herb und stark hüllte mich wie eine Wolke ein, stieg mir zu Kopf und drang bis in mein Herz. Es war Thymian, der auf dem Kies der Hochebene sproß. Diese Pflanzen waren zu meiner Begrüßung herunter gekommen, um den kleinen Schüler mit dem verheißungsvollen Parfüm des Virgil bekannt zu machen.

Ich riß einige Reiser ab und lief zum Wagen zurück; dabei hielt ich die duftenden Zweige an die Nase.

»Was ist denn das?« fragte meine Mutter.

Sie nahm die Blüten, atmete ihren Duft ein und erklärte:

»Frischer Thymian! Damit werden wir unser Wildragout würzen.«

»Ach, Thymian!« sagte François verächtlich. »Da ist mir Pèbre d'Ai* schon lieber. Das ist auch eine Art Thymian, hat aber Ähnlichkeit mit Pfefferminz – man kann es schwer beschreiben – ich werde es Ihnen einmal zeigen.«

Er sprach dann über Majoran, Rosmarin, Salbei und Fenchel. Damit müsse man den Bauch des Hasen füllen oder aber die Kräuter fein gekocht mit einem Stück fetten Speck verzehren.

Meine Mutter hörte interessiert zu. Ich roch an meinen geheiligten Zweigen und schämte mich.

Der Weg ging immer noch aufwärts, und überquerte von Zeit zu Zeit eine kleine Hochebene. Wenn man sich zurückwandte, sah man das langgestreckte Tal des Huveaune, das sich unter einem silbrigen Dunststreifen bis zum glitzernden Meer hinzog.

Paul trottete neben uns her und schlug mit einem Stein an die Stämmchen der Mandelbäume, aus denen Schwärme von Grillen zitternd vor Entrüstung flüchteten.

Nun kam noch eine letzte Steigung, genauso steil wie die erste. Das Maultier zog den schwankenden Karren ruckweise bergauf. Angefeuert durch eine Salve von Knüppelhieben, den rund gebogenen Rücken plötzlich entspannend, schüttelte das Maultier bei jedem Ruck den Kopf und zog den wackeligen Karren stoßweise bergauf, dessen hohe Ladung wie der Zeiger eines Metronoms hin und her schwankte und im Vorbeifahren Olivenzweige abriß. Aber einer erwies sich stärker als das Tischbein, das meinem verdutzten Vater polternd auf den brummenden Schädel fiel.

Während meine Mutter, um einer Beule vorzubeugen, ein Zweisousstück auf die blutunterlaufene Stelle legte, tanzte der kleine Paul laut lachend um uns herum. Ich hob das schuldige Tischbein auf und stellte fest, daß der Sprung sich leicht reparieren ließ. Mit dieser beruhigenden Mitteilung lief ich zu meinem Vater, der unter dem Druck der Münze mit dem Porträt Napoleons III. eine Grimasse schnitt.

* Pfefferkraut

Wir holten das Fuhrwerk ein, das auf der Höhe des Hanges in einem Wäldchen rastete, um dem geplagten Maultier etwas Ruhe zu gönnen. Es schnaufte hörbar und blies seine mageren Flanken auf, die aussahen wie Faßreifen in einem Sack. Lange Fäden durchsichtigen Speichels flossen an seiner Gummitrense herunter.

Nun zeigte mein Vater uns mit der linken Hand – denn er rieb immer noch seinen schmerzenden Kopf – auf dem Hügel vor uns ein kleines Haus, halb versteckt hinter einem großen Feigenbaum.

»Dort ist es«, sagte er. »Das ist die Bastide Neuve. Das ist unser Ferienhaus: der Garten auf der linken Seite gehört uns auch!«

Dieser Garten war von einem rostigen Gitter umgeben und mindestens hundert Meter breit.

Ich konnte nichts außer einem kleinen Hain von Mandeln und Oliven unterscheiden, die über dichtem Gestrüpp ihre wildwuchernden Zweige miteinander vermählten: aber diesen winzigen Urwald hatte ich in all meinen Träumen gesehen, und gefolgt von Paul, stürzte ich mich mit einem Freudenschrei hinein.

Zwischen dem Haus und dem großen Feigenbaum auf der Terrasse stand ein kleiner Rollwagen. Seine Pferde fraßen gierig Hafer aus den über ihren Backen aufgehängten Säcken.

Onkel Jules, in Hemdsärmeln, war mit dem Ausladen seiner Möbel beschäftigt, genauer gesagt, er balancierte sie vom Wagenrand auf den breiten Rücken des Fuhrmanns.

Tante Rose, die in einem Korbsessel auf der Terrasse saß, gab unserem Vetter Pierre die Flasche, der seine Begeisterung durch Strampeln kundtat.

Onkel Jules hatte ein rotes Gesicht und war lustiger als je zuvor: er sprach laut und seine R's rollten wie eine Kinderklapper. Auf einem runden Eisentischchen standen zwei leere Flaschen und eine noch halb voll mit Rotwein.

»Na, da seid ihr ja endlich!« rief der Onkel freudig überrascht. »Ich frragte mich schon, ob ihrr unterwegs vielleicht Schiffbrruch errlitten habt.«

Mein Vater sah ihn ziemlich kühl an.

»Auf jeden Fall habt ihr euch angenehm die Zeit vertrieben«, sagte er und zeigte auf die drei leeren Flaschen.

»Mein lieber Freund«, sagte der Onkel, »Sie müßten wissen, daß Wein für Schwerarbeiter eine ganz unentbehrliche Nahrung ist, und ganz besonders für Möbelträger. Das gilt natürlich nur für Naturweine, und diesen hier habe ich selbst gezogen. Übrigens, wenn Sie Ihre Möbel erst ausgeladen haben, werden Sie auch froh sein, einen Becher voll zu trinken.«

»Mein lieber Jules«, antwortete mein Vater, »ich nehme vielleicht einen Schluck, um Ihrem Weinbau die Ehre zu erweisen, keinesfalls aber werde ich einen Becher voll trinken, wie Sie mir vorschlagen. Ein Becher von diesem Wein enthält höchstwahrscheinlich zwei Deziliter reinen Alkohol, und ich bin nicht genügend an dieses Gift gewöhnt, um eine solche Dosis zu vertragen. Subcutan injiziert würde das genügen, um drei ausgewachsene Kettenhunde zu töten. Übrigens sehen Sie ja, in welchen Zustand der Alkohol diesen Mann dort versetzt hat!«

Er zeigte auf den Möbeltransporteur, der mit rotunterlaufenen Augen an seinem hängenden Schnauzbart zog und sich torkelnd und röchelnd dem Wagen näherte. Er nahm einen Nachttisch unter den einen Arm, zwei Stühle unter den anderen und wollte mit großem Schwung durch die Haustür. Aber er blieb eingezwängt zwischen den Türangeln stecken, und der Druck des Nachttischchens entlockte seinem dicken Wanst ein donnerndes Rülpsen.

Meine Mutter wandte sich lachend ab, und Tante Rose platzte laut heraus. Paul amüsierte sich königlich, aber ich lachte nicht, denn ich war darauf gefaßt, den Armen in seiner fatalen Lage in Todeskrämpfen unter Möbeltrümmern zusammenbrechen zu sehen.

Anstatt dem Unglücklichen zu Hilfe zu kommen (dessen geschwollene Leber ich mir vorstellen konnte) wurde Onkel Jules rot vor Zorn und sagte:

»Hat man Worrte! Zum Donnerrwetterr! Hat man Worrte? Sie sehen doch, daß diese Tür zu schmal ist ...«

»Das brauchen Sie mir nicht zu sagen«, erwiderte der Fuhrmann, vom Schluckauf geschüttelt, »aber ich habe sie ja nicht so schmal gemacht.«

»Der Herr hat ganz recht«, sagte mein Vater. »Er hat diese Tür nicht gemacht und sich selbst auch nicht. Da beide nicht zusammenpassen, besteht kein Grund, den Durchgang zu erzwingen. Übrigens sind eure Möbel ja ausgeladen und für meine brauche ich seine Hilfe nicht. Er ist sicher müde und da sein Arbeitstag zu Ende ist, wäre es besser, er würde in die Stadt zurückfahren.«

»Endlich ein Mann, der vernünftig spricht«, erklärte der Fuhrmann.

»Es ist fünf Uhr vorbei, ich bin Familienvater und obendrein habe ich noch einen Leistenbruch. Das glauben Sie vielleicht nicht, aber wenn Sie wollen, können Sie ihn sehen.«

»Sie sind ein Trunkenbold und ein Dummkopf«, sagte Onkel Jules. Der Mann mit dem Leistenbruch nahm eine drohende Haltung an:

»Ich weiß nicht, was mich daran hindert, Ihnen eins in die Fresse zu schlagen.«

Meine Tante und meine Mutter waren erschrocken aufgesprungen. Mein Vater trat dazwischen, aber der Betrunkene stieß ihn zurück, während er wiederholte:

»Ich weiß nicht, was mich hindert!«

Paul war blaß geworden und versteckte sich hinter dem Feigenbaum. Meine Augen suchten nach einem spitzen Stein. Da ertönte eine Stimme:

»Dreh dich etwas nach dieser Seite, dann wirst du sehen, mit was ich dich hindere.«

Es war François, der ganz ruhig näherkam, aber eine Taravelle, ein rundes Stück Holz, in der Hand hielt, die einzige Radspeiche des Karrens.

Der Fuhrmann drehte sich wütend um und schrie:

»Mit was? Mit was?«

»Mit Holz! Mit Holz!« antwortete François.

»Das ist wirklich stark!« sagte der Fuhrmann.

»Oh ja, sehr stark«, entgegnete François, der mit Kennermiene den Knüppel schwang. Dann wandte er sich an Onkel Jules:

»Haben Sie ihn bezahlt?«

»Noch nicht«, sagte der Onkel, »ich schulde ihm sieben Francs fünfzig.«

»Bezahlen Sie ihn«, sagte François.

Onkel Jules hielt dem Betrunkenen drei Silberstücke hin.

»Und das Trinkgeld?«

»Sie haben schon genug getrunken«, sagte mein Vater, »und glauben Sie mir, das tut Ihnen gar nicht gut.«

»Ihr seid eine Bande von Schweinehunden«, sagte der Möbeltransporteur.

»Marsch!« kommandierte François. »Steig auf deinen Kutschbock. Ich werde dir helfen umzudrehen.«

Er schaute ihn so drohend an, daß der Betrunkene plötzlich ganz sanft wurde.

»Du bist ein Kamerad«, sagte er, »du verstehst das Leben. Aber diese Bürger – oh la la! Mit ihrem Drecksnachttisch habe ich mir womöglich noch einen Magenriß zugezogen, und sowas will mir nicht einmal ein Trinkgeld geben! Aber das letzte Wort ist noch nicht gesprochen. Das wird schlimm enden, das wird sie teurer zu stehen kommen als die Steuern!«

Er suchte mühsam die Zügel zusammen; François hielt die Pferde fest am Halfter und ließ sie umdrehen. Als sie in gewünschter Richtung standen, holte er seine Peitsche vom Karren, und während der Fuhrmann mit erhobener Faust finstere Drohungen ausstieß, schlug François weitausholend und mit wilden Zurufen auf die Pferde ein: in einer Staubwolke unter Rädergerassel und Flüchen stob der Lastwagen davon, zurück in die Vergangenheit.

Nun begannen die schönsten Tage meines Lebens. Das Haus hieß die Bastide Neuve, aber es war schon seit ziemlich langer Zeit neu. Es war die Ruine eines ehemaligen Bauernhauses und vor dreißig Jahren von einem Herrn, der Zeltleinwand, Markisenstoffe und Besen verkaufte, renoviert worden. Mein Vater und mein Onkel bezahlten ihm gemeinsam eine Miete von achtzig Francs jährlich (das waren damals vier goldene Zwanzigfrancsstücke), was ihre Frauen übertrieben teuer fanden. Aber das Häuschen sah wie eine Villa aus, und es gab Pumpenwasser, das heißt, der tollkühne Besenfabrikant hatte eine große Zisterne bauen lassen, und das Reservoir an der Rückwand des Hauses war fast so hoch und breit wie das ganze Gebäude. Es genügte, einen kupfernen Hahn über dem Ausguß aufzudrehen, und schon floß frisches, klares Wasser heraus.

Das war ein außerordentlicher Luxus, und erst viel später begriff ich das Wunder dieses Wasserhahns. Vom Dorfbrunnen bis zu den weitentfernten Gipfeln des Etoile erstreckte sich das Land des Durstes. Im Umkreis von etwa zwanzig Kilometern traf man höchstens ein Dutzend Brunnen, von denen die meisten von Mai an ausgetrocknet waren. Dann gab es vielleicht noch drei oder vier ›Quellen‹, wo in der Tiefe kleiner Grotten aus einer Felsenspalte stille Tränen in einen Bart von Moos tropften.

Deshalb betrachtete jede Bäuerin, die zu uns in die Küche kam, um Eier oder Zuckererbsen zu bringen, mit erstauntem Kopfschütteln diesen blinkenden, fortschrittlichen Wasserhahn.

Zu ebener Erde war auch das große Eßzimmer (gut und gern vier Meter breit und fünf Meter lang), großartig mit einem echten Marmorkamin geschmückt. Eine im Bogen geschwungene Treppe führte zu den vier Zimmern im ersten Stock. Mit modernem Raffinement hatte man an den Fenstern dieser Zimmer zwischen Glas und Läden Rahmen angebracht, die man öffnen konnte und deren feines Metallgitter nachts die Insekten abhielt.

Die Beleuchtung bestand aus Petroleumlampen und – für den Notfall – Kerzen. Da wir aber fast alle Mahlzeiten auf der Terrasse unter dem Feigenbaum einnahmen, wurde meistens die Sturmlampe benutzt.

Die wunderbare Sturm- und Gewitterlampe! Eines Abends holte mein Vater sie aus einer großen Pappschachtel, füllte sie mit Petroleum und zündete den Docht an. Mandelförmig züngelte eine schmale Flamme empor, über die er einen gewöhnlichen Glaszylinder stülpte. Darüber kam eine eiförmige, durch ein vernickeltes Gitter gesicherte Kuppel. Das Ganze krönte ein metallener Deckel, der so etwas wie einen Windfang darstellte. In seinem durchlöcherten Rand fing sich die nächtliche Brise, um von der regungslosen Flamme angezogen in ihr zu vergehen. Wenn ich sie hell und ruhig wie eine ewige Lampe an einem Ast des Feigenbaumes brennen sah, vergaß ich darüber meine Käsesuppe und war entschlossen, mein Leben der Wissenschaft zu weihen. Noch heute erleuchtet diese schimmernde Mandel meine Kindheit. Als ich zehn Jahre später den Leuchtturm von Planier besuchte, war ich lange nicht so beeindruckt.

Genauso wie der Leuchtturm von Planier mit seinem Licht Kiebitze und Wachteln anlockt, zog unsere Lampe alle nächtlichen Insekten an. Sobald man die Lampe an ihrem Ast aufhängte, war sie von einem Schwarm fleischiger Schmetterlinge umgeben, deren Schatten auf dem Tischtuch tanzten. Von hoffnungsloser Liebe verbrannt, fielen sie dann gebraten in unsere Teller.

Es gab auch riesige Wespen, ›Cabridans‹ genannt, die wir mit unseren Servietten totschlugen. Dabei warfen wir immer sämtliche Gläser, ein paar Mal auch die Wasserkaraffe um. Hirschkäfer schossen aus der Nacht und ließen bei ihrem Aufprall die Lampe leise erklingen, ehe sie in die Suppenschüssel tauchten. Diese schwarzpolierten Käfer trugen eine gigantische, zweiarmige Zange vor sich her, die an den Seiten reliefartig gerippt war. Dieses wunderbare Werkzeug konnten sie, da es kein Gelenk besaß, zu gar nichts gebrauchen. Aber es eignete sich gut dazu, ein Zaumzeug aus Bindfaden daran zu befestigen, mit dem der gefangene Hirschkäfer mühelos das enorme Gewicht eines Bügeleisens über die Wachstuchdecke zog.

Der ›Garten‹ war ein altes, verwildertes Obstgehege, umgeben von einem Hühnerstallgitter, von dem der Zahn der Zeit das meiste abgenagt hatte. Aber der Name ›Garten‹ rechtfertigte die Bezeichnung ›Villa‹.

Außerdem hatte mein Onkel eine etwas töricht aussehende Bauernmagd zum ›Dienstmädchen‹ erhoben. Sie wusch am Nachmittag das Geschirr und manchmal auch die Wäsche, was ihr wiederum dazu verhalf, saubere Hände zu bekommen. Wir waren also dreifach wieder mit der oberen Klasse verbunden, der Klasse der vornehmen Bürger.

Vor dem Garten lagen spärlich mit Weizen und Gerste bebaute Felder, eingesäumt von tausendjährigen Olivenbäumen.

Hinter dem Haus bildeten die Kiefern dunkle Inseln auf dem weiten Hochland, das sich über Hügel, Täler und Hochebenen bis zur Kette der Sainte-Victoire ausdehnte. Die Bastide Neuve war das letzte Haus vor Beginn der Einöde, und man konnte vierzig Kilometer wandern, ohne etwas anderes als drei oder vier Ruinen mittelalterlicher Bauernhöfe und einige verlassene Schäferhütten anzutreffen.

Von den Spielen des Tages erschöpft, gingen wir früh schlafen: den kleinen Paul mußte man oft ins Bett tragen. Ich erfaßte ihn gerade im richtigen Moment, wenn er schlaff wie eine Stoffpuppe vom Stuhl fiel, einen angebissenen Apfel oder eine halb aufgegessene Banane in der Hand.

Jeden Abend, wenn ich mich niederlegte, beschloß ich, schon halb im Schlaf, in der Morgendämmerung aufzustehen, um keine Minute des wunderbaren nächsten Tages zu verlieren. Aber ich wachte immer erst gegen sieben Uhr auf, wütend und schlechtgelaunt, als ob ich den Zug versäumt hätte.

Wenn ich Paul aufweckte, drehte er sich erst brummend zur Wand. Aber wenn ich dann die hölzernen Läden zurückschlug, und der strahlende Tag durchs Fenster kam, der Gesang der Zikaden erklang und die Düfte der Hochebene das ganze Zimmer erfüllten, konnte er nicht widerstehen.

Unsere Kleider in der Hand liefen wir splitternackt hinunter.

Mein Vater hatte in der Küche am Wasserhahn einen langen Gummischlauch angebracht. Man zog ihn durchs Fenster, und sein kupfernes Mundstück reichte bis auf die Terrasse.

Erst bespritzte ich Paul, dann überschwemmte er mich. Durch diesen genialen Einfall meines Vaters war aus der verhaßten ›Toilette‹ ein Spiel geworden. Es dauerte so lange, bis meine Mutter aus dem Küchenfenster rief: »Genug! Wenn die Zisterne leer ist, müssen wir abreisen!« Nach dieser schrecklichen Drohung drehte sie unwiderruflich das Wasser ab.

Schnell verzehrten wir unsere Butterbrote, tranken den Milchkaffee, und das große Abenteuer begann.

Es war verboten, den Garten zu verlassen, aber man überwachte uns nicht. Meine Mutter hielt den Zaun für unübersteigbar, und meine Tante war die Sklavin unseres kleinen Vetters Pierre, mein Vater ging oft ins Dorf zum Einkaufen oder er botanisierte in den Hügeln, und Onkel Jules verbrachte jede Woche drei Tage in der Stadt, denn er bekam nur zwanzig Tage Ferien, und die hatte er auf zwei Monate verteilt.

So waren wir meistenteils uns selbst überlassen. Mit dem Messer in der Hand und mit gespitzten Ohren stiegen wir manchmal bis zu den ersten Kiefern hinauf. Aber diese Entdeckungsfahrten endeten oft mit wilder Flucht nach Hause, wenn wir unvermutet einer Riesenschlange, einem Löwen oder einem Höhlenbären begegneten.

Unser erstes Spiel war die Jagd auf Grillen, die singend den Saft aus den Mandelbäumen sogen. Die ersten entwischten uns, aber bald waren wir so geschickt, daß wir in großer Musikbegleitung heimkamen, denn wir brachten Dutzende von Grillen mit, die in unseren hüpfenden Hosentaschen weiter zirpten. Dann folgte der Schmetterlingsfang, Sphinxe mit zwei Schwänzen und großen weißen, blaugeränderten Flügeln, die einen silbrigen Staub auf der Hand zurückließen.

Einige Tage lang warfen wir den Löwen Christen vor, das heißt, wir schleuderten eine Handvoll kleiner Heuschrecken in das diamanten glitzernde Netz der schwarzsamtenen, gelbgestreiften Kreuzspinnen. In Sekundenschnelle umwickelten sie die Heuschrecken mit Seide, dann bohrten sie zartfühlend ein Loch in den Kopf des Opfers, den sie als genießerische Feinschmecker langsam aussaugten. Diese kindlichen Spiele unterbrachen wir nur, um uns mit Mandelgummi vollzustopfen. Onkel Jules warnte nachdrücklich vor diesem honigähnlichen, zuckersüßen Zeug, und behauptete, es würde uns noch die Därme zukleben.

Mein Vater, immer um den Fortschritt unseres Wissens besorgt, riet von all diesen nutzlosen Spielereien ab. Er empfahl uns, die Lebensgewohnheiten der Insekten genau zu beobachten und mit den Ameisen anzufangen, in denen er ›ein Musterbeispiel des guten Bürgers‹ erblickte.

Darum rissen wir am nächsten Morgen vor dem Haupteingang eines prächtigen Ameisenhaufens umsichtig Baouko und

Farnkräuter aus. Als der Platz im Umkreis von etwa zwei Metern schön sauber war, gelang es mir, während meine Mutter und meine Tante hinter dem Haus Mandeln pflückten –, unbemerkt in die Küche zu schlüpfen. Dort entwendete ich eine Flasche Petroleum und einige Zündhölzer.

Die nichtsahnenden Ameisen kamen und gingen in doppelten Reihen wie Hafenarbeiter auf einer Schiffsbrücke.

Erst vergewisserte ich mich, daß uns niemand sehen konnte, dann goß ich das Petroleum langsam in die Öffnung des Haupteingangs. Die Spitze der Ameisenkolonne geriet in fürchterliche Unordnung. Aus dem Innern des Baues eilten weitere Dutzende von Ameisen herbei, liefen ziellos umher, und die mit den großen Köpfen öffneten und schlossen ihre starken Kiefer, als suchten sie den unsichtbaren Feind. Jetzt schob ich einen Fidibus aus Papier in das Loch und Paul zündete ihn an, was er sehr geschickt machte. Eine rote, rauchende Flamme schoß hervor, und wir begannen unsere Studien.

Leider erwiesen die Ameisen sich als viel zu leicht brennbar. Augenblicklich von der Hitze verzehrt, verschwanden sie im Funkenregen. Dieses kleine Feuerwerk war recht unterhaltsam, aber viel zu kurz. Außerdem warteten wir nach der Vernichtung der externen Truppen vergeblich auf das Erscheinen der mächtigen, unterirdischen Legionen, besonders auf die rauchende Explosion der Königin, mit der ich stark gerechnet hatte. Aber keine Ameise zeigte sich mehr. Vor unseren Augen blieb nur ein kleiner, vom Feuer geschwärzter Trichter übrig, trostlos und einsam wie der Krater eines erloschenen Vulkans.

Indessen trösteten wir uns schnell über diesen Mißerfolg, als wir drei große ›Pregadious‹, Gottesanbeterinnen, erbeuteten, die auf den grünen Zweigen des Eisenkrautstrauches spazierten, und hervorragende Objekte für wissenschaftliche Beobachtungen waren.

Papa hatte uns nicht ohne eine gewisse freigeistige Genugtuung erzählt, daß die Gottesanbeterin eine grausame und mitleidlose Bestie sei, daß man sie als den Tiger unter den Insekten bezeichne und das Studium ihrer Gewohnheiten zum Interessantesten gehöre.

Also beschloß ich, sie zu studieren, das heißt: um einen Kampf zwischen den beiden stärksten Exemplaren zu entfesseln, stellte ich sie einander mit vorgestreckten Zangen gegenüber.

Wir konnten unsere Studien bald durch die Feststellung erweitern, daß diese Tiere erst ohne Zangen weiterlebten, dann ohne Füße und schließlich sogar noch mit halbem Kopf. Nach einer Viertelstunde dieser so entzückend kindlichen Belustigung bestand einer der Kämpfer nur noch aus Oberkörper, der, nachdem er Kopf und Rumpf des Gegners verschlungen hatte, ohne sich zu beeilen, die zweite Hälfte des Feindes angriff, die sich immer noch mit leichter Nervosität bewegte. Paul, der ein gutes Herz hatte, stahl die Tube mit Alleskleber (klebt sogar Eisen) um die beiden Hälften zu einem Ganzen zusammenzuleimen, dem wir dann großzügig die Freiheit schenken wollten. Diese edle Absicht wurde vereitelt, da es dem Bruststück gelang, die Flucht zu ergreifen.

Aber es blieb uns, in einem Glas gefangen, der dritte Tiger. Ich beschloß, ihn den Ameisen auszuliefern und infolge dieser glücklichen Eingebung genossen wir ein ganz reizendes Schauspiel.

Ich stülpte das Gefäß plötzlich um, so daß es mit seiner Öffnung direkt auf dem Haupteingang eines fieberhaft arbeitenden Ameisenhaufens stand. Der Tiger, der länger war als das Glas breit, saß aufrecht auf seinen Hinterfüßen. Sein zapfenförmiger Kopf erlaubte ihm, sich mit der Neugier eines Touristen nach allen Seiten umzusehen. Unterdessen kam eine Schar von Ameisen aus dem Tunnel und machte einen solchen Sturmangriff auf seine Beine, daß er die Ruhe verlor und zu tanzen anfing. Gleichzeitig schnappten seine Fangscheren nach rechts und links, wobei sie jedesmal eine Traube von Ameisen ergriffen, die er seinen Kiefern zuführte, aus denen sie, in zwei Hälften zerschnitten, herausfielen. Da das dicke Glas die Schönheit des Schauspiels beeinträchtigte und die unbequeme Stellung des Tigers seine Bewegungen hinderte, hielt ich es für meine Pflicht, das Gefäß zu entfernen. Die Gottesanbeterin fiel in ihre natürliche Lage zurück, mit angezogenen Fühlern und allen sechs Füßen auf dem Boden. Aber am Ende jedes Fußes hingen mit erstarrten Kiefern unerbittlich je vier Ameisen, die sich im Kies anklammerten. So von diesen Liliputanern überwältigt, konnte der Tiger sich ebensowenig bewegen wie Guliver.

Der Pregadiou griff mit seinen freigebliebenen Fängen immer wieder diese Festungen an und vernichtete ihre Besatzung. Aber noch ehe die in Stücke geschnittenen Ameisen aus seinen Zangen purzelten, hatten schon wieder andere ihren Platz eingenommen, und alles fing von neuem an.

Ich fragte mich, wie diese Situation – die bereits den Anschein eines Dauerzustandes hatte – sich wohl weiter entwickeln würde, als ich bemerkte, daß die Bewegungen seiner Fangzangen langsamer und seltener wurden. Ich schloß daraus, daß der Tiger infolge seiner wirkungslosen Taktik den Mut verlor und sie nun sicher ändern würde. Tatsächlich hörten seine Seitenangriffe nach wenigen Minuten ganz auf.

Sofort ließen die Ameisen von seinem Nacken, seinem Rumpf und seinem Rücken ab. Er blieb regungslos mit gefalteten Zangen sitzen, den Oberkörper beinahe aufrecht auf seinen sechs Beinen, die noch leise zitterten.

Paul sagte: »Er denkt nach.«

Seine Reflexionen schienen mir etwas lange zu dauern, und das Verschwinden der Ameisen machte mich stutzig. Also legte ich mich flach auf den Bauch; und da entdeckte ich die ganze Tragödie.

Unter dem dreiteiligen Schwanz des nachdenklichen Tigers hatten die Ameisen die natürliche Öffnung vergrößert, eine Reihe marschierte hinein, eine andere kam heraus, wie am Eingang eines großen Warenhauses vor Weihnachten. Jede war schwer beladen, und so räumten die fleißigen Hausfrauen das Innere der Gottesanbeterin aus.

Der unglückliche Tiger, noch immer reglos und beinahe in sich gekehrt, schien aufmerksam zu beobachten, was in seinem Innern vorging. Mangels Mimik und Sprachvermögen konnte er seiner Marter und Verzweiflung keinen Ausdruck geben, und sein Todeskampf blieb ungestaltet. Wir bemerkten erst, daß er tot war, als die Ameisen die Spitzen seiner Füße losließen und anfingen, die dünne Hülle, die seinen Körper umgeben hatte, zu zerstückeln. Sie sägten den Hals entzwei, schnitten den Rumpf in regelmäßige Scheiben, zerlegten die Füße und lösten elegant wie ein Küchenchef bei einem Hummer die schrecklichen Zangen aus den Gelenken. Dann wurde alles unter die Erde gebracht und im Innern irgendeiner Vorratskammer wohlgeordnet verstaut. Nur die schönen grünen Flügel, die ihn so stolz durch die Dschungel der Gräser getragen und Feind und Beute mit Schrecken erfüllt hatten, blieben auf dem Kies zurück. Von den Ameisen-Hausfrauen verachtet, gestanden sie traurig, daß sie nicht eßbar waren.

So endeten unsere Studien der Gebräuche der Gottesanbeterin und der Tüchtigkeit der fleißigen Ameisen.

»Das arme Tier«, sagte Paul, »es muß furchtbares Bauchweh gehabt haben.«

»Das geschieht ihm ganz recht«, sagte ich. »Es frißt die Heuschrecken und Grillen bei lebendigem Leibe und sogar die

Schmetterlinge. Papa hat es dir erzählt, es ist ein Tiger. Und das Bauchweh von Tigern – darauf pfeife ich!«

Gerade, als unsere entomologischen Studien anfingen uns zu langweilen, entdeckten wir unsere eigentliche Berufung.

Nach dem Mittagessen, wenn die afrikanische Sonne wie ein Feuerregen auf das sterbende Gras fiel, zwang man uns, eine Stunde ›auszuruhen‹. Im Schatten des Feigenbaums lagen wir auf den sogenannten ›transatlantischen Liegestühlen‹. Sie waren umständlich aufzumachen, klemmten einem grausam die Finger und hatten die unangenehme Eigenschaft, unter dem verdutzten Schläfer plötzlich zusammenzubrechen.

Diese Ruhestunde war uns eine Qual, und mein Vater verzukkerte als großer Pädagoge die bittere Pille und gab uns Fenimore Cooper und Gustave Aymard zu lesen.

Der kleine Paul hörte mit großen Augen und offenem Mund zu, wenn ich ihm ›Den letzten Mohikaner‹ vorlas. Es war eine Offenbarung für uns, und erst recht der ›Pfadfinder‹. Wir verwandelten uns in Indianer, Söhne der Wildnis, Bisonjäger, Erleger von Grizzlybären, Würger von Riesenschlangen, und Skalpierer von Bleichgesichtern.

Meine Mutter war bereit, ohne daß sie wußte zu welchem Zweck, ein altes Tischtuch und eine durchlöcherte Decke zusammenzunähen, und damit bauten wir im verwildertsten Teil des Gartens unser Wigwam auf.

Ich besaß einen echten Bogen, der über den Trödlerladen direkt aus der Neuen Welt zu uns gekommen war. Die Pfeile fabrizierte ich aus Schilfrohr und schoß sie aus sicherem Versteck im Gebüsch wild auf die Tür des Klosetts, das wie ein Schilderhäuschen am Ende des Gartenwegs stand. Dann stahl ich das ›spitze‹ Messer aus der Küchenschublade, faßte es nach Komantschen-Art zwischen Daumen und Zeigefinger an der Klinge und schleuderte es mit aller Kraft gegen den Stamm einer Kiefer . . . Paul pfiff durchdringend dazu, was die Gefährlichkeit dieser Waffenhandlung unterstrich.

Aber wir begriffen bald, daß der Krieg das einzige wirklich interessante Spiel ist, und daß wir keinesfalls demselben Stamme angehören konnten.

Ich blieb also Komantsche, und Paul wurde Bleichgesicht, was mir erlaubte, ihn täglich mehrmals zu skalpieren. Zur Vergeltung tötete er mich allabendlich mit einem Tomahawk aus Pappe.

Federschmuck, von meiner Mutter und meiner Tante angefertigt, und eine Kriegsbemalung aus Leim, Marmelade und farbiger Kreide trugen dazu bei, diesem Indianerleben eine geradezu bedrückende Echtheit zu verleihen.

Manchmal begruben die beiden feindlichen Stämme das Kriegsbeil und vereinten sich zum Kampf gegen die weißen Männer, die nichtswürdigen Yankees aus dem Norden. Wir verfolgten eingebildete Fußspuren, schlichen gebückt durchs hohe Gras und beobachteten den Wind; mit wildem Blick untersuchte ich einen Wollfaden, der an der goldenen Zitternadel eines Fenchelblattes hing. Wenn der Weg sich teilte, trennten wir uns schweigend... Um die Verbindung aufrechtzuhalten, ›ahmte ich den Schrei des Spottvogels so vollkommen nach, daß das Weibchen sich täuschen ließ‹. Paul antwortete ›mit dem Bellen des Coyotenhundes‹, ebenfalls ganz echt; aber in Ermangelung eines Coyoten bellte er wie der Metzgerhund, ein heimtückischer Köter, der manchmal nach unseren Hosenböden schnappte.

Ein andermal wurden wir von einer Trapperschar verfolgt, die ›das lange Gewehr‹ befehligte. Um den Feind irrezuführen, marschierten wir eine Weile rückwärts und ließen Fußspuren in entgegengesetzter Richtung zurück.

Dann, mitten in einer Lichtung, hielt ich Paul mit einer Handbewegung an, und in der großen Stille preßte ich mein Ohr auf die Erde. Ich lauschte mit wirklicher Unruhe auf das Nahen unserer Verfolger, denn aus der Tiefe der fernen Savanne hörte ich das Klopfen – meines Herzens.

Wenn wir nach Hause kamen, wurde das Spiel fortgesetzt.

Der Tisch war unter dem Feigenbaum gedeckt. Auf dem Sofa las mein Vater die eine Hälfte der Zeitung, Onkel Jules die andere.

Wir benahmen uns ernst und würdig, wie es den Häuptlingen eines großen Stamms zukommt, und ich sagte:

»Hugh!«

Mein Vater antwortete:

»Hugh!«

»Wollen die großen, weißen Häuptlinge ihre roten Brüder im steinernen Wigwam empfangen?«

»Die roten Brüder sind uns willkommen«, sagte mein Vater.

»Ihr Weg muß beschwerlich gewesen sein, denn ihre Füße sind voller Staub.«

»Wir kommen vom ›Verlorenen Fluß‹ und sind seit drei Monden unterwegs.«

»Alle Kinder des großen Manitu sind Brüder! Gern wollen wir unser bescheidenes Mahl mit den Häuptlingen teilen. Wir bitten sie nur, die geheiligten Bräuche der Weißen zu achten: sie mögen gehen und sich erst einmal die Hände waschen.«

Am Abend bei Tisch, unter der von Mücken umschwärmten Sturmlampe, ließ ich meine schwergewordenen Beine baumeln und lauschte im Angesicht meiner schönen Mutter den Gesprächen dieser weisen alten Männer.

Sie sprachen meistens über Politik. Mein Onkel zog ziemlich unfreundliche Vergleiche zwischen Monsieur Fallières, dem Präsidenten der Republik, und Ludwig XIV. Mein Vater antwortete mit der Beschreibung eines Kardinals, der krumm wie ein Fragezeichen geworden war, weil der König ihn in einen eisernen Käfig gesperrt hatte. Dann sprachen sie von einem gewissen Lagabèle, der das Volk ruinierte.

Ein andermal griff mein Onkel Leute an, die sich ›die Radikalen‹ nannten. Es war von einem radikalen Monsieur Comble die Rede, der sich schwer durchschauen ließ. Mein Vater behauptete, er sei ein bedeutender und ehrenhafter Mann, während der Onkel ihn als ›raffinierte Kanaille‹ bezeichnete und sich erbot, diese Meinung schriftlich niederzulegen. Er fügte hinzu, dieser Comble sei das Haupt einer Bande von Übeltätern, die sich ›die Freimaurer‹ nannten.

Darauf lenkte mein Vater das Gespräch umgehend auf eine andere Bande, die ›Jesuiten‹ hießen. Das seien entsetzliche ›Heuchler‹, die dem Volk mit ihrer Wühlarbeit den Boden unter den Füßen wegzögen. Nunmehr erhitzte sich Onkel Jules und forderte meinen Vater auf, die ›vielen Milliarden Francs der Kongregationen‹ zurückzuzahlen. Aber mein Vater, der sonst nicht am Geld hing, rief energisch: »Niemals! Niemals wird man so viele Reichtümer zurückgeben, die von eingeschüchterten Sterbenden noch auf dem Totenbett erpreßt wurden.«

In diesem Moment kamen meine Mutter und meine Tante mit Fragen nach der Reblaus in den Weinbergen von Roussillon oder bezüglich der Ernennung eines Lehrers für die Oberschule, und die Unterhaltung wechselte sofort den Ton.

Übrigens: das, was sie sagten, interessierte mich nicht.

Worauf ich lauerte, das waren die Worte: ich hatte eine Leidenschaft für Worte, und wie andere Leute Briefmarken sammeln, sammelte ich heimlich Worte in einem kleinen Heft.

Ich war verliebt in: *Granate*, *Rauch*, *filzig*, *wurmstichig* und vor allem: *Handkurbel;* es machte mir soviel Vergnügen, diese Worte zu hören, daß ich sie mir oft wiederholte, wenn ich allein war.

Gebrauchte der Onkel manchmal ganz neue Ausdrücke, die köstlich waren wie: *hellseiden*, *durchscheinend*, *filigran* oder grandios wie: *erzbischöflich* und *bevollmächtigt*, und tauchte auf seinem Redefluß eines dieser Schiffe mit drei Kommandobrücken auf, dann hob ich die Hand und bat um eine Erklärung, die er mir nie verweigerte. Da verstand ich zum erstenmal, daß Worte von edlem Klang immer ein schönes Bild enthalten.

Mein Vater und mein Onkel unterstützten diese Liebhaberei, die ihnen von guter Vorbedeutung schien, so daß sie mich eines Tages – ohne daß es in der Unterhaltung vorgekommen wäre – mit *antikonstitutionell* beschenkten, und mir offenbarten, das sei das längste Wort der französischen Sprache. Man mußte es mir auf einer alten Krämerrechnung aufschreiben, die ich noch in der Tasche hatte.

Mit großer Mühe schrieb ich es in mein Schulheft ab, und jeden Abend im Bett las ich es mir laut vor. Erst nach einigen Tagen konnte ich das Monstrum meistern und nahm mir vor, es anzuwenden, wenn ich durch Zufall eines Tages – am Ende aller Zeiten – wieder gezwungen sein würde, in die Schule zu gehen.

Ungefähr um den zehnten August wurden die Ferien einen ganzen Nachmittag lang von einem Gewitter unterbrochen, was – wie zu befürchten – eine Diktatstunde herbeiführte.

Onkel Jules saß auf einem Stuhl neben der Glastür und las die Zeitung. Paul – in einer Ecke zusammengekauert – spielte ganz allein Domino, das heißt, nach mancherlei Kopfzerbrechen und Selbstgesprächen setzte er die Steine zusammen, wie sie gerade kamen. Meine Mutter nähte am Fenster, mein Vater saß am Tisch, schärfte sein Federmesser auf einem schwarzen Stein und las eine unverständliche Geschichte vor. Manche Stellen wiederholte er zwei- oder dreimal.

Es war eine Moralpredigt von Lamennais, die das Abenteuer einer Weintraube schilderte.

Der Familienvater pflückte diese Weintraube in seinem Weinberg, aber er aß sie nicht: er brachte sie ins Haus, um sie der Mutter anzubieten. Diese war sehr gerührt und schenkte sie heimlich ihrem Sohn, der sie, ohne jemandem etwas davon zu sagen, seiner Schwester gab. Aber auch sie rührte die Weintraube nicht an; sie wartete nur auf die Rückkehr des Vaters, der, als er die Traube auf seinem Teller wiederfand, die ganze Familie in die Arme schloß und die Augen zum Himmel aufschlug.

Hier endete das Gleichnis von der Weintraube, und ich fragte mich, wer sie wohl schließlich aufgegessen hatte, als Onkel Jules seine Zeitung zusammenfaltete und mit ernster Stimme sagte:

»Das ist eine Geschichte, die du auswendig lernen müßtest.«

Ich war entrüstet über diesen unvermuteten Angriff und die Zumutung einer zusätzlichen Aufgabe und fragte:

»Warum?«

»Sag' mal, haben denn die Gefühle dieser schlichten Bauern dich nicht gerührt?«

Durch das Fenster sah ich den Regen strömen, der die Äste des Feigenbaumes schwarz lackierte, und nagte an meinem Federhalter.

Er drang weiter in mich:

»Warum, glaubst du, hat diese Weintraube in der ganzen Familie die Runde gemacht?«

Er sah mich an, und seine Augen strahlten vor Güte. Ich wollte ihm gern eine Freude machen und konzentrierte meine ganze Aufmerksamkeit auf dieses Problem, als ich blitzartig die Wahrheit erkannte:

»Weil sie mit Schwefel gespritzt war!«

Der Onkel sah mich starr an, knirschte mit den Zähnen und wurde rot vor Zorn. Er wollte sprechen, aber die Empörung verschlug ihm den Atem. Er stieß hintereinander mehrere gutturale Laute aus, war aber außerstande, ihnen einen sinnreichen Ausdruck zu verleihen. So hob er die Arme zum Himmel und sein Gesäß vom Stuhl und rief endlich in leidenschaftlicher Erregung:

»Schrrecklich! Schrrecklich! Schrrecklich!«

Diese drei Ausrufe ebneten den Weg, und er konnte endlich weitersprechen:

»Da habt ihr das Resultat einer Erziehung ohne Gott! Die grandiosen Wirkungen der Liebe verwechselt er mit Furcht vor Schwefel und Grünspan! Dieses Kind, das doch kein Monstrum ist, gibt ganz naiv eine monströse Antwort! Daran können Sie die Größe Ihrer ungeheuren Verantwortung ermessen, mein lieber Joseph!«

»Aber ich bitte Sie, mein lieber Jules«, rief meine Mutter, »das hat er doch nur zum Spaß gesagt!«

»Zum Spaß!« schrie der Onkel, »das wäre ja noch schlimmer! Ich ziehe es vor, zu glauben, daß er den Sinn meiner Frage nicht verstanden hat.«

Er wandte sich wieder an mich.

»Hör mir gut zu: Wenn du eine wundervolle Weintraube fändest, ganz besonders schön und groß – würdest du sie nicht deiner Mutter bringen?«

»Oh ja«, antwortete ich mit ehrlicher Überzeugung.

»Bravo«, sagte der Onkel, »diese Antwort kommt von Herzen!«

Und zu meinem Vater:

»Ich bin glücklich, festzustellen, daß er trotz des grauenhaften Materialismus, den Sie ihn lehren, in seinem Herzen das Gesetz Gottes entdeckt hat und die Traube für seine Mutter aufbewahren würde . . .«

Ich sah, daß er triumphierte, und kam meinem Vater schnell zu Hilfe:

»Aber die Hälfte würde ich unterwegs aufessen!«

Der Onkel wollte unzufrieden das Wort ergreifen, als mein Vater energisch einfiel:

»Und er hat recht! Wenn diese Leute so schöne Gefühle hätten, müßten sie einander auch das Salatherz, die Hühnerbrust und die Kaninchenleber überlassen. Und da die vollkommene Tugend notgedrungen unerschütterlich ist, würde dieser Kreislauf guter Bissen ein Leben lang dauern. Da die Unglücklichen nichtsdestoweniger gezwungen wären, sich zu ernähren, würden sie sich unterdessen um den Kopf der Ente, den Knochen des Koteletts und den Kohlstrunk streiten. Dank Marcel begreife ich jetzt, daß diese Geschichte vollkommener Blödsinn ist. In Wahrheit war euer Lamennais ein Heuchler, der wie alle Pfarrer zur Erbauung seiner Getreuen auf seine törichten Geschichten verfiel.«

Diesen Frontalangriff wollte der Onkel mit gesträubtem Schnurrbart ebenso scharf erwidern, als Tante Rose aus der Küche kam, wo sie ein Kaninchenragout zubereitete, denn sie hatte wohl bemerkt, daß der Ausbruch des Streites unmittelbar bevorstand. In der einen Hand schwenkte sie einen Salatkorb, in der anderen hielt sie eine schwarze Wachstuchkapuze. Fröhlich rief sie:

»Jules, es regnet kaum mehr! Such schnell noch ein paar Schnecken!«

Ohne ihm zu einer Antwort Zeit zu lassen, gab sie ihm den Gitterkorb, zog ihm die Kapuze bis zur Nase und erstickte die Unterhaltung wie mit einem Löschhütchen. So eingehüllt, war es schwer, eine Rede zu schwingen. Trotzdem versuchte der Onkel es mit einigen rollenden R's:

»Wirrklich sehrr trraurig, zu schrrecklich, das arrme Kind...«

Aber meine Tante drehte ihn lachend um sich selbst und schob ihn hinaus in den strömenden Regen. Dann schloß sie die Tür und sandte ihm durch das Glas eine Kußhand nach, deren Zärtlichkeit unmißverständlich war. Nun wandte sie sich zu uns und sagte plötzlich verärgert:

»Joseph, damit hättest du nicht anfangen dürfen.«

Onkel Jules, der den Regen liebte, kam erst nach einer Stunde vollkommen durchnäßt, aber vergnügt zurück.

Ein langer Schleimbart hing unter dem Salatkorb, der Onkel hatte Schnecken bis auf die Schultern, und der enorme Häuptling des Stammes versuchte mit vorgestreckten Hörnern vergeblich, sich auf der schwarzen Wachstuchkapuze zurechtzufinden.

Mein Vater spielte Flöte, meine Mutter hörte ihm zu und säumte Servietten; die kleine Schwester schlief mit dem Kopf auf den Ärmchen, und ich spielte Domino mit Paul. Der Onkel wurde mit Glückwünschen überschüttet, und von Lamennais war nicht mehr die Rede.

Aber beim Abendessen rächte er sich grausam.

Meine Mutter stellte das nach vielen Kräutern köstlich duftende Kaninchenragout auf den Tisch. Für gewöhnlich bekam ich – zur Belohnung für meinen Fleiß bei den Schulaufgaben – die Leber, und in der herrlich sämigen Sauce suchte ich sie zu erspähen.

Aber Onkel Jules sah sie früher als ich und spießte sie auf seine Gabel. Er hielt sie unter das Lampenlicht, untersuchte sie, beroch sie und sagte:

»Diese Leber ist herrlich gebraten. Sie ist gut und scheint zart und fett zu sein, wirklich ein ausgesuchter Bissen. Daher würde ich es mir zur Pflicht machen, sie jemandem anzubieten, wenn es an diesem Tisch nicht gewisse Leute gäbe, die sie für vergiftet halten könnten.«

Worauf er in sarkastisches Lachen ausbrach und vor meinen Augen die Leber verspeiste.

Gegen den fünfzehnten August wurde es offenbar, daß große Ereignisse sich vorbereiteten.

Eines Nachmittags, als ich auf einem kleinen Rasenhügel den Marterpfahl herrichtete, kam Paul angerannt, um mir eine ganz unglaubwürdige Neuigkeit mitzuteilen:

»Onkel Jules kocht!«

Ich war so überrascht, daß ich mein Unternehmen sofort im Stich ließ, um die mysteriöse Tätigkeit von Onkel Jules als Koch aufzuklären.

Er stand vor dem Herd und überwachte eine Bratpfanne, in der dicke, goldgelbe Plätzchen zischend in kochendem Fett bruzzelten. Ein schauderhafter Geruch erfüllte die Küche, und ich beschloß augenblicklich, von diesem Zeug nichts zu essen.

»Onkel Jules, was ist denn das?«

»Du wirst es heute abend erfahren«, sagte er.

Er faßte den Pfannenstiel und schwenkte die Pfanne mit einem kurzen Ruck, als ob er Kastanien springen lassen wollte.

»Essen wir sie heute abend?«

»Nein«, lachte der Onkel, »die essen wir bestimmt nicht, weder heute noch an irgendeinem anderen Abend.«

»Und warum kochst du sie dann?«

»Damit die kleinen Buben etwas zu fragen haben. Jetzt geht und spielt draußen weiter. Denn wenn ihr Spritzer von kochendem Fett ins Gesicht bekommt, wird es für den Rest eures Lebens aussehen wie ein Sieb. Also macht, daß ihr fortkommt!«

Als wir draußen waren, sagte Paul:

»Vom Kochen hat er keine Ahnung!«

»Ich glaube nicht, daß er etwas zum Essen kocht. Ich glaube, es ist ein Geheimnis. Ich werde Papa fragen.«

Aber Papa war nicht da, er machte mit seiner Frau einen Ausflug. Ohne uns – ein schmählicher Verrat!

Also hieß es bis zum Abend warten.

Den Nachmittag widmete ich der Dichtkunst. Ich komponierte das wundervolle Todeslied eines Komantschenhäuptlings (Worte und Musik)

Adieu Prärie,
Der Pfeil traf mich hie.
Mein rächender Arm ist erschlafft.
Doch unter dem Schmerz
Bleibt tapfer mein Herz,
Ein hehres Vorbild an Kraft.
Feiges Bleichgesicht!
Du bezwingst mich nicht,
Ich spotte deiner Tücke,
Denn deine Rache,
Über die ich lache,
Ist soviel wie der Stich einer Mücke.

Noch sieben oder acht ähnliche Strophen folgten. Ich ging in mein Zimmer und memorierte sie laut in der Stille und Einsamkeit.

Dann beschäftigte ich mich mit Pauls Kriegsbemalung und auch mit meiner eigenen. Schließlich ging ich, mit prächtigem Federschmuck gekrönt, die Hände auf dem Rücken gefesselt, zum Marterpfahl, an den Paul mich festband. Er stieß ein rauhes Geschrei aus, das indianische Verwünschungen ausdrückte, und tanzte grausam frohlockend um mich herum, während ich das Todeslied anstimmte.

Ich sang es mit solcher Überzeugung, mein ›höhnisches Lachen‹ gelang mir so gut, daß sich mein Henker, der etwas unruhig wurde, vorsichtig von mir entfernte.

Aber mein Triumph brach in der letzten Strophe durch:

Lebt wohl meine Brüder!
Ich seh euch nie wieder.
Leb wohl du mein Pferd und mein Zelt!
Um Trost meiner Mutter zu geben,
Berichtet ihr, daß soeben
Ihr Sohn verschied als ein Held.

Ich tremolierte so verzweifelt, daß es mich selbst erschütterte und die Tränen mir übers Gesicht liefen. Nun ließ ich mein Kinn auf die Brust sinken, schloß die Augen und starb.

Ich hörte ein herzzerreißendes Schluchzen und sah Paul davonlaufen. Er heulte laut:

»Er ist tot! Er ist tot!«

Mein Vater kam, um mich zu befreien, und ich sah wohl, daß er die größte Lust hatte, meine eingebildete Marter mit einer realen Ohrfeige zu ergänzen. Aber ich war stolz auf meinen Erfolg als Komödiant und nahm mir vor, die Darbietung nach dem Abendessen zu wiederholen. Um mir in der Küche die Hände zu waschen, ging ich durchs Eßzimmer. Dort wartete eine herrliche Überraschung auf mich.

Papa und Onkel Jules hatten den Eßtisch in seiner ganzen Länge ausgezogen und mit einem groben Sackleinen bedeckt. Auf der großen Tischfläche waren die köstlichsten Sachen ausgebreitet. Da gab es zunächst mehrere Reihen Patronenhülsen, und jede Reihe hatte eine andere Farbe: Rot, Gelb, Blau, Grün.

Dann graue Leinensäckchen, nur faustgroß, aber schwer wie Steine. Jedes hatte eine große, schwarze Nummer: 2, 4, 5, 7, 9, 10.

Ferner stand da so etwas wie eine kleine Waage mit nur einer Schale, und an den Tisch war ein seltsamer Kupferapparat geschraubt, der eine Kurbel mit einem hölzernen Knopf als Griff hatte. Und schließlich thronte in der Mitte die Schüssel mit dem Gericht, das Onkel Jules gekocht hatte.

»Hier könnt ihr jetzt sehen, was ich heute morgen gekocht habe«, sagte er. »Das ist eine fette Ladung!«

»Was willst du damit machen?« fragte Paul.

»Patronen füllen«, sagte mein Vater.

»Wirst du denn auf die Jagd gehen?« fragte ich.

»Jawohl!«

»Mit Onkel Jules?«

»Jawohl!«

»Hast du denn ein Gewehr?«

»Jawohl!«

»Und wo ist es?«

»Das wirst du gleich sehen! Jetzt wasch dir erstmal die Hände – die Suppe ist aufgetragen!«

Während des Essens unter dem Feigenbaum war eine leidenschaftliche Unterhaltung im Gang.

Mein Vater, Kind der Städte und Gefangener der Schule, hatte noch nie ein Tier getötet. Aber Onkel Jules hatte seit seiner Kinderzeit gejagt, und er machte kein Geheimnis daraus.

Von der Suppe an war von nichts anderem mehr die Rede.

»Was glauben Sie, werden wir in den Hügeln finden?« fragte mein Vater.

»Ich habe mich im Dorf erkundigt«, sagte der Onkel.

»Man hat Ihnen bestimmt falsche Auskünfte gegeben«, entgegnete mein Vater. »Die Bauern sind eifersüchtig auf ihr Wild.«

Der Onkel lächelte schlau.

»Natürlich!« sagte er. »Aber ich habe ihnen nicht verraten, daß wir jagen wollen! Ich habe nur gefragt, was für Wild sie uns verkaufen könnten!«

»Das ist aber hinterlistig!« sagte mein Vater.

Ich bewunderte diesen Scharfsinn, aber er schien mir mit unseren Prinzipien unvereinbar.

»Und was haben sie Ihnen angeboten?«

»Zuerst nur kleine Vögel.«

»Ganz kleine?« fragte meine Mutter enttäuscht.

»Nun ja«, sagte der Onkel. »Diese Barbaren töten alles, was herumfliegt.«

»Doch keine Schmetterlinge?« sagte Paul.

»Nein, die Schmetterlinge, die sind den kleinen Buben vorbehalten.

»Aber sie töten sogar Grasmücken!«

»Das Land ist unfruchtbar hier«, sagte mein Vater. »Was kann man ohne Wasser schon ernten? Im allgemeinen sind sie wirklich sehr arm, und die Jagd gibt ihnen zu leben. Die großen Vögel verkaufen sie, und die kleinen essen sie!«

»Am Spieß, zum Beispiel Feigenfresser«, sagte der Onkel.

»Auf jeden Fall verbiete ich dir strengstens, Kanarienvögel zu töten!« rief die Tante.

»Weder Kanarienvögel noch Papageien, das kann ich dir schwören ... Aber Weißschwänze und Fettammern ...«

»Fettammern schmecken köstlich«, sagte die Tante.

»Und Krammetsvögel?« fragte der Onkel augenzwinkernd.

»Oh ja!« sagte meine Mutter. »Joseph kann sie am Spieß braten. Letztes Jahr zu Weihnachten haben wir welche gegessen.«

»Wenn ich einen Krammetsvogel kriege, esse ich ihn ganz und gar auf«, sagte Paul begeistert, »nur den Schnabel nicht.«

»Und dann glaube ich, daß wir mit Kaninchen rechnen können«, sagte der Onkel.

»Oh ja!« sagte ich. »Die gibt es sogar in der Nähe des Hauses. Neben dem großen Mandelbaum haben sie ihr Klosett. Es ist ganz voll Mist.«

»Keine solchen Worte bei Tisch«, sagte meine Mutter streng.

»Und dann«, fuhr der Onkel fort, »stöbern wir sicher Rebhühner auf. Wenn wir Glück haben, sogar rote Rebhühner.«

»Ganz rote?« fragte Paul.

»Nein, kastanienbraune, mit schwarzem Hals, roten Ständern und schönen, roten Federn an den Flügeln und am Schwanz.«

»Das gibt einen Indianerkopfschmuck!«

»Außerdem«, sagte der Onkel, »hat man von Hasen gesprochen.«

»François versicherte mir doch, daß es hier keine gibt«, sagte mein Vater.

»Bieten Sie ihm nur sechs Francs für das Stück, und Sie werden sehen, wie viele Hasen er bringt. Er verkauft sie für fünf Francs im Gasthof von Pichauris! Ich hoffe, unsere Flinten werden uns den Kummer ersparen, bares Geld dafür bezahlen zu müssen.«

»Das wäre großartig«, sagte mein Vater.

»Ich gestehe allerdings, mein lieber Joseph, daß man dazu ein guter Schütze sein muß. Aber es gibt noch etwas Besseres: das königliche Wild in den Schluchten des Taoumé!«

»Und was ist das?«

»Raten Sie!«

»Elefanten!« jubelte Paul.

»Nein«, sagte der Onkel. Aber als er die Enttäuschung des kleinen Bruders sah, fügte er hinzu: »Es ist natürlich nicht ausgeschlossen, daß es auch Elefanten gibt, aber ganz genau weiß ich es nicht! Nun, Joseph, denken Sie ein bißchen nach: was ist das seltenste, schönste und argwöhnischste Wild? Was ist der Traum des Jägers?«

Ich unterbrach:

»Welche Farbe hat es?«

»Braun, Rot und Gold.«

»Fasanen«, rief mein Vater.

Aber der Onkel schüttelte verneinend den Kopf und setzte hinzu: »Nein! ... Der Fasan ist ja ganz schön, das gebe ich zu – aber dumm, und wenn er auffliegt, so leicht zu treffen wie ein Kinderdrachen. Außerdem vom Standpunkt des Feinschmeckers ist sein Fleisch hart und ohne Geschmack; um ihn einigermaßen genießbar zu machen, muß man ihn hängen lassen, bis er Hautgout hat, also verfault ist. Nein, der Fasan ist kein königliches Wild.«

»Also, was ist es dann?« fragte mein Vater.

Der Onkel stand auf, kreuzte die Arme und sagte:

»Die Bartavelle!«*

Er sprach das Wort langsam aus und betonte jede Silbe mit verklärten Augen. Doch blieb die erwartete Wirkung aus, denn mein Vater fragte:

»Was ist das?«

Der Onkel war keineswegs fassungslos.

»Sehen Sie«, sagte er mit Genugtuung, »dieses Wild ist so selten, daß nicht einmal Joseph davon gehört hat! Nun, die Bartavelle oder das Steinhuhn ist das Königsrebhuhn und mehr König als Rebhuhn, denn es ist so groß und leuchtend rot, daß es fast ein Birkhahn sein könnte! Es lebt in felsigen, hochgelegenen Tälern – aber es ist auch so mißtrauisch wie ein Fuchs – die Kette hat immer zwei Wachtposten, und es ist sehr schwierig, sich ihr zu nähern.«

»Ich weiß, wie man es machen muß«, sagte Paul. »Ich würde auf dem Bauch kriechen wie eine Schlange, ohne zu atmen.«

»Das ist eine gute Idee«, sagte der Onkel, »sobald wir Bartavellen sehen, holen wir dich.«

»Haben Sie schon viele geschossen?« fragte meine Mutter.

»Nein«, sagte der Onkel bescheiden. »Ich habe in den Pyrenäen mehrere gesehen, aber ich hatte nie Gelegenheit, eine zu erlegen.«

»Aber wer hat Ihnen gesagt, daß es in dieser Gegend Bartavellen gibt?«

»Ich weiß es von Mond des Parpaillouns, dem alten Wilderer.«

Ich fragte:

»Ist das ein Aristokrat?«

»Ich glaube nicht«, sagte mein Vater, »denn der Name bedeutet: Edmond von den Schmetterlingen.«

Dieser Name entzückte mich, und ich nahm mir vor, den geheimnisvollen Herrn zu besuchen.

»Hat er welche gesehen?«

»Er hat letztes Jahr eine getötet. Er hat sie in die Stadt gebracht. Man hat ihm *zehn Francs* dafür bezahlt.«

»Mein Gott«, sagte meine Mutter und faltete die Hände. »Wenn ihr pro Tag eine bringen würdet, das käme mir wie gerufen!«

»Das ist also nicht nur der Traum des Jägers«, sagte mein Vater, »es ist auch der Traum der Hausfrau! Sprechen Sie nicht mehr von den Bartavellen, mein lieber Jules: ich werde heute

* Provençalischer Name der Felsenrebhühner

nacht von ihnen träumen, und meine liebe Frau wird noch ihren Verstand darüber verlieren!«

»Was mich ängstigt«, sagte Tante Rose, »ist, daß es hier auch Wildschweine geben soll, wie der Bauer behauptete.«

»Wildschweine?« fragte meine Mutter beunruhigt.

»Na ja, Wildschweine . . .«, sagte der Onkel lächelnd. »Aber regt euch nicht auf, bis hierher werden sie nicht kommen. Im Hochsommer, wenn die Quellen von Sainte-Victoire ausgetrocknet sind, dann lassen sie sich manchmal in der kleinen Grotte von Mûrier blicken; das ist der einzige Brunnen in der Umgebung, der nicht austrocknet. Letztes Jahr hat Baptistin dort zwei getötet.«

»Aber das ist ja entsetzlich«, sagte meine Mutter.

»Ganz und gar nicht«, versicherte Joseph. »Das Wildschwein greift den Menschen nicht an. Im Gegenteil, es flieht ihn, und man kann es nur mit großer Mühe aufstöbern.«

»Wie die Bartavellen!« rief Paul.

»Es sei denn«, sagte der Onkel ernst, »man verwundet es!«

»Und Sie glauben, daß es einen Menschen töten kann?«

»Ich hatte einen Freund«, rief der Onkel, »einen Jagdfreund – der Malbousquet hieß. Er war ein alter Holzfäller, der bei der Arbeit durch einen Unglücksfall einen Arm verloren hatte. Da er die Axt nicht mehr handhaben konnte, verlegte er sich aufs Wildern.«

»Mit einem Arm?« fragte Paul.

»Oh ja . . . mit einem Arm! Und ich sage dir, er traf immer! Jeden Tag brachte er Rebhühner, Hasen und Kaninchen mit, die er im Schloß heimlich dem Koch verkaufte. Eines Tages stand Malbousquet plötzlich einem Wildschwein gegenüber – das Tier war noch nicht einmal besonders groß, genau siebzig Kilo, denn wir haben es nachher gewogen –, kurz und gut: Malbousquet konnte nicht widerstehen. Er schoß und hat das Tier getroffen; aber es besaß noch die Kraft, ihn anzugreifen, umzuwerfen und in Stücke zu reißen. Jawohl, in Stücke«, wiederholte mein Onkel. »Als wir ihn fanden, sahen wir zuerst mitten auf dem Weg eine grüngelbe Schnur, ungefähr zehn Meter lang: das waren die Eingeweide von Malbousquet.«

Meine Mutter und meine Tante stießen ein entsetztes »Oh!« aus, während Paul lachte und in die Hände klatschte.

»Jules«, sagte meine Tante, »du solltest vor den Kindern nicht solche scheußlichen Geschichten erzählen.«

»Im Gegenteil«, sagte mein Vater, der in allen Katastrophen einen erzieherischen Wert sah, »das ist eine ausgezeichnete Lehre für sie. Nun wißt ihr, daß Wildschweine gefährliche Tiere sind; wenn ihr also zufällig einem begegnet, dann klettert so schnell ihr könnt auf den nächsten Baum.«

»Joseph«, sagte meine Mutter, »du mußt mir versprechen, daß du auch auf den nächsten Baum klettern wirst, ohne auch nur ein einziges Mal zu schießen . . .«

»Das wäre ein schöner Anblick!« rief der Onkel. »Ich habe Ihnen doch gesagt, daß Malbousquet keine Bleikugeln hatte. Aber wir haben welche.«

Er öffnete die Schublade und holte eine Handvoll Patronen heraus, die er auf den Tisch legte.

»Sie sind länger als die anderen, weil ich die doppelte Füllung Pulver hineingegeben habe. Damit ist das Tier erledigt. Vorausgesetzt natürlich«, und er wandte sich zu meinem Vater, »daß man nicht versäumt, auf die linke Schulter zu zielen. Passen Sie gut auf, Joseph . . . ich sage: die linke!«

»Aber wenn es so schnell fortläuft, daß man nur mehr seinen Hintern sieht, was muß man dann tun?« fragte Paul.

»Nichts einfacher als das, und es wundert mich, daß du nicht selbst darauf kommst.«

»Man zielt auf seine linke Hinterbacke?«

»Man denkt nicht daran«, sagte der Onkel. »Man braucht nur zu wissen, daß Wildschweine gern Trüffeln fressen . . .«

»Was hat das damit zu tun?« fragte meine Mutter neugierig.

»Sehen Sie, Augustine, Sie beugen sich nach links und rufen, so laut Sie können, nach links natürlich: ›Ah! die schönen Trüffeln!‹. Dann dreht sich das verführte Wildschwein um seine eigene Achse, wendet sich nach links und präsentiert Ihnen seine linke Schulter.«

Meine Mutter und ich lachten laut, mein Vater lächelte, und Paul erklärte:

»Das erzählst du nur, um uns zum Lachen zu bringen!«

Aber Paul lachte nicht, denn er war seiner Sache nicht ganz sicher.

Dieses Weidmannsessen hatte sehr viel länger gedauert als gewöhnlich. Es war neun Uhr, als wir vom Tisch aufstanden, um mit der Herstellung der Patronen zu beginnen. Ich wurde zur Mitarbeit zugelassen, denn ich hatte darauf hingewiesen, daß man ›viel dabei lernen könne‹.

»Eine halbe Stunde, länger nicht«, sagte meine Mutter und trug Paul in unser Zimmer hinauf. Er war schon halb im Schlaf und stammelte nur schwache Proteste.

»Zuerst müssen wir die Waffen genau untersuchen«, sagte mein Onkel.

Aus dem Büfett, hinter den Tellern, holte er ein schönes Etui aus dunkelrotem Leder (ich war tief beschämt, daß ich es nicht längst entdeckt hatte) und entnahm ihm ein sehr hübsches Gewehr, das ganz neu aussah. Die Läufe waren mattschwarz, der Abzug vernickelt, und auf dem geschnitzten Kolben war in das gelackte Holz der Hahn eingelassen.

Mein Vater nahm die Waffe, drehte sie nach allen Seiten und ließ ein bewunderndes Pfeifen hören.

»Das ist das Hochzeitsgeschenk meines älteren Bruders«, sagte der Onkel. »Ein Sechzehnkaliber Perkussionsgewehr von Verney-Carron.«

Er nahm es wieder an sich und ließ den Verschluß spielen. Die Waffe öffnete sich mit einem melodischen ›Klick‹, und der Onkel sah durch ihren Lauf nach der Lampe.

»Gut eingefettet«, sagte er, »aber morgen sehen wir alles noch genauer nach.«

Er drehte sich nach meinem Vater um:

»Und wo ist Ihr Gewehr?«

»In meinem Zimmer.«

Er ging hinaus, um es zu holen.

Ich ahnte nicht, daß er eine Flinte besaß, und war entrüstet, daß er ein so schönes Geheimnis für sich behalten hatte. Ungeduldig erwartete ich seine Rückkehr und versuchte, nach dem Geräusch seiner Schritte und dem Umdrehen des Schlüssels zu erraten, wo er das Gewehr versteckt hatte. Aber mein Lauern war umsonst, und ich hörte ihn eilig die Treppe wieder herunterkommen.

Er brachte ein großes, gelbes Etui mit, das er – ohne mein Wissen – beim Trödler gekauft haben mußte, denn mehrere Schrammen verrieten sein Alter, und der durchschimmernde weiße Grund ließ erkennen, daß es aus Pappe war.

Er öffnete diese kümmerliche Schachtel und sagte mit etwas verlegenem Lachen:

»Dieses Gewehr wird neben einer so hochmodernen Waffe eine traurige Figur machen, aber es stammt von meinem Vater.«

Nachdem er so den veralteten Schießprügel in ein respektables Familienandenken umgewandelt hatte, zog er die drei Teile einer riesigen Flinte aus dem Kasten.

Der Onkel nahm sie und setzte sie mit der Gewandtheit eines Zauberers zusammen. Dann betrachtete er die Waffe in ihrem ganzen Ausmaß und rief:

»Heiliger Himmel! Das ist kein Gewehr, das ist eine Donnerbüchse!«

»Das ist nicht ausgeschlossen«, sagte mein Vater, »aber es scheint, daß sie gut schießt.«

»Das ist durchaus möglich«, sagte der Onkel.

Der Kolben war nicht geschnitzt, und von seinem Lack war nichts mehr übrig. Der Abzug war nicht vernickelt, und die zwei Hähne waren so groß, als wären sie geschmiedet. Ich fühlte mich gedemütigt.

Onkel Jules öffnete den Lauf und prüfte ihn nachdenklich.

»Wenn es nicht ein unbekanntes Kaliber aus früherer Zeit ist, möchte ich es für einen Zwölfer halten.«

»Ja, es ist ein Zwölfer«, bestätigte mein Vater. »Ich habe immer Patronen für Kaliber zwölf gekauft.«

»Mit Zündnadel, wohlverstanden?«

»Jawohl.«

Aus einer Schachtel reichte er dem Onkel einige Patronenhülsen. Auf ihrem kupfernen Boden trat ein kleiner Nagel ohne Kopf hervor. Der Onkel ließ eine der Hülsen in den Lauf gleiten.

»Er ist etwas ausgeleiert«, sagte er, »aber es ist tatsächlich ein Zwölfer-Zündnadelgewehr, ein seit langem überholtes System und nicht ungefährlich.«

»Inwiefern gefährlich?« fragte meine Mutter.

»Minimal«, sagte der Onkel, »aber trotz allem ist Gefahr dabei. Sehen Sie, Augustine, wenn der Hahn auf diesen kleinen Nagel schlägt, entzündet sich das Pulver. Aber der kleine Nagel steht nach außen vor und ist ungeschützt; er kann aus Versehen einen Stoß bekommen.«

»Wie zum Beispiel?«

»Zum Beispiel, wenn der Jäger eine solche Patrone fallen läßt und sie auf die Zündnadel fällt, kann sie vor seinen Füßen explodieren.«

»Es wäre aber nicht tödlich«, sagte Joseph beruhigend, »und außerdem wird es mir nicht passieren, eine Patrone fallen zu lassen.«

»Ich habe einmal einen merkwürdigen Unfall miterlebt«, sagte der Onkel. »Ich war noch sehr jung, als man Zündnadelgewehre benutzte. Der Vorsitzende unseres Jagdklubs, ein Herr Bénazet (er sprach den Namen aus wie Bénazette) war so dick, daß man ihn bei Nacht und von weitem für ein Faß halten konnte. Man mußte zwei Patronengürtel zusammennähen, um daraus einen für ihn zu machen. Eines Tages, nach einem guten Jagdfrühstück, rutschte er aus und fiel von der obersten Stufe die Treppe hinunter, mit seinem riesigen Patronengürtel um den Bauch, der mit diesen altmodischen Patronen gespickt war. – Nun, es war, als ob ein Feuerwerk abgebrannt würde, und ich bedauere, Ihnen sagen zu müssen, daß er daran gestorben ist...«

»Joseph«, sagte meine Mutter, die ganz blaß geworden war, »wir kaufen ein anderes Gewehr, oder du gehst nicht auf die Jagd!«

»Aber ich bitte dich«, sagte mein Vater lachend, »erstens habe ich nicht die geringste Ähnlichkeit mit einem Faß, und dann wird man mich auch nie zu einem ›guten Jagdfrühstück‹ im Land der großen Weinbauern einladen. Ich bin überzeugt, daß der Unfall des Herrn Bénazet zunächst einmal eine Rotweinfontäne hochschießen ließ.«

»Das ist anzunehmen«, sagte Onkel Jules und lachte, »und ich kann Sie beruhigen, Augustine, denn dieser Unfall ist wirklich einzig in seiner Art.« Er stand ungestüm auf und schulterte das Zwölf-Kaliber.

Meine Mutter rief mir zu:

»Du bleibst, wo du bist! Rühr dich nicht vom Fleck!«

Der Onkel wiederholte fünf- oder sechsmal das gleiche Manöver, prüfte den Schwerpunkt, die Hahnspannung und die Patronenkammer. Schließlich fällte er sein Urteil.

»Diese Flinte ist sehr alt und wiegt drei Pfund zuviel. Aber sie liegt gut in der Hand, und man trägt sie bequem auf der Schulter. Meiner Meinung nach ist es eine vortreffliche Waffe.«

Mein Vater lächelte glücklich und sah stolz von einem zum anderen, als der Onkel hinzufügte:

»Vorausgesetzt, daß sie nicht explodiert.«

»Was?« sagte meine Mutter entsetzt.

»Fürchten Sie nichts, Augustine. Wir werden alles vorsichtig ausprobieren. Die ersten Schüsse lösen wir mit Bindfaden. Wenn es explodiert, hat Joseph zwar kein Gewehr mehr – aber sein rechter Arm und die Augen sind gerettet.«

Er besah sich die hintere Lauföffnung noch einmal und sagte:

»Möglich, daß das Gewehr unter einer schweren Ladung sein Kaliber ändert und zur Entenflinte wird. Nun, morgen werden wir Bescheid wissen. Jetzt wollen wir die Munition vorbereiten.«

Er kommandierte:

»Erst einmal alles Feuer im Haus löschen! Diese Petroleumlampe ist schon gefährlich genug!«

Er wandte sich zu mir und fügte hinzu:

»Man spaßt nicht mit dem Pulver!!«

Meine Mutter erschrak, lief in die Küche und goß einen Topf Wasser auf die noch glimmende Glut im Herd. Unterdessen vergewisserte sich mein Vater, daß die Kupferlampe undurchlässig und solide aufgehängt war.

Nachdem diese Vorsichtsmaßregeln ergriffen waren, setzte der Onkel sich meinem Vater gegenüber an den Tisch.

Meine Tante, für die das gefährliche Zeremoniell nichts Neues mehr war, ging auf ihr Zimmer, um dem kleinen Pierre die Flasche zu geben, und kam nicht mehr herunter.

Meine Mutter hatte sich in zwei Meter Entfernung vom Tisch auf einen Stuhl gesetzt.

Ich blieb zwischen ihren Knien stehen und dachte, daß mein Körper sie auf diese Weise vor einer Explosion schützen würde.

Nun nahm mein Onkel eine der Weißblechflaschen und kratzte vorsichtig den Gummistreifen ab, der den Verschluß dicht hielt. Ein winziges, schwarzes Schnürchen sah aus dem Korken hervor: das faßte er geschickt mit Daumen und Zeigefinger und zog daran den Korken heraus.

Nun neigte er den Flaschenhals über ein weißes Blatt Papier, und eine Messerspitze schwarzer Puder kam heraus. Ich näherte mich hypnotisiert.

Das also war das Pulver, diese schreckliche Substanz, die schon so viel Tiere und Menschen getötet, so viel Häuser in die Luft gesprengt und Napoleon bis nach Rußland getrieben hatte ... Man hätte meinen können, es wäre ein bißchen geschabte Kohle, Schwarzpulver, nichts weiter ...

Mein Onkel ergriff einen dicken, kupfernen Fingerhut, der an einem kleinen Holzgriff befestigt war.

»Das ist das Lotmaß«, erklärte er, »um die Ladung abzumessen. Es ist in Gramm und Dezigramm unterteilt, was eine ausreichende Meßgenauigkeit ermöglicht.«

Er füllte den kleinen Behälter bis zum Rand und leerte ihn

dann auf die Waagschale; sie senkte sich, hob sich langsam und blieb im Gleichgewicht stehen.

»Es ist nicht feucht«, sagte er, »es hat das rechte Gewicht, es glänzt, es ist ein tadelloses Pulver.«

Nun begann die Füllung der Patronen, eine Arbeit, bei der mein Vater half. Auf das Pulver füllte er eine Schicht der von Onkel Jules gekochten, fetten Vorladung, darauf das Blei, darauf noch einmal die gekochte Masse; dann wurde das Ganze mit einem runden Stückchen Pappe bedeckt, auf dem eine große, schwarze Zahl die Größe der Patrone angab.

Dann wurden die Patronen eingefaßt: der kleine Apparat mit der Handkurbel bearbeitete den oberen Rand der Hülse, der sich zu einem Wulst verdickte und die mörderische Kapsel endgültig verschloß.

»Ist Kaliber sechzehn größer als Kaliber zwölf?« fragte ich.

»Nein«, sagte der Onkel, »es ist etwas kleiner.«

»Warum?«

»Ja«, sagte mein Vater, »warum bezeichnen die kleineren Nummern die größeren Kaliber?«

»Das ist kein schwer zu lösendes Rätsel«, sagte der Onkel mit überlegener Miene, »aber es ist gut, daß Sie mich danach fragen. Kaliber sechzehn ist ein Gewehr, für das man aus einem Pfund Blei sechzehn Kugeln anfertigen kann. Für das Kaliber zwölf ergibt das gleiche Quantum nur zwölf Kugeln. Und wenn es ein Gewehrkaliber eins gäbe, würde man einpfündige Kugeln damit abfeuern.«

»Eine sehr einleuchtende Erklärung«, sagte mein Vater. »Hast du alles verstanden?«

»Ja«, sagte ich. »Je mehr Kugeln man aus einem Pfund machen kann, um so kleiner sind sie. Also ist die Mündung kleiner, wenn das Gewehr eine höhere Nummer hat.«

»Rechnen Sie ein Pfund zu fünfhundert Gramm?«

»Ich glaube nicht«, sagte der Onkel. »Man muß hier mit dem alten Gewicht von vierhundertachtzig Gramm pro Pfund rechnen.«

»Großartig«, sagte mein Vater plötzlich sehr interessiert.

»Warum?«

»Weil ich da eine Fundgrube von Aufgaben für die Mittelstufe entdecke: ›Ein Jäger, der über siebenhundertsechzig Gramm Pulver verfügte, konnte daraus vierundzwanzig Kugeln für sein Gewehr herstellen. Wenn man weiß, daß früher das

Pfund zu vierhundertachtzig Gramm gerechnet wurde, und daß die Nummer des Kalibers zugleich die Zahl der Kugeln angibt, die man mit einem Pfund Blei herstellen kann, welche Kalibernummer hat dann sein Gewehr?‹«

Diese pädagogische Erfindung beunruhigte mich etwas, da ich fürchtete, sie könne auf Kosten meiner Spiele an mir ausprobiert werden. Aber die Überlegung, daß mein Vater von seiner neuen Leidenschaft viel zu begeistert war, als daß er seine Ferien geopfert hätte, um mir meine zu verderben, beruhigte mich wieder.

Und in der Folge stellte sich heraus, daß meine Vermutung richtig war.

Der Abend endete mit der Aufstellung eines ganzen Bataillons farbiger Patronen, in Reih und Glied wie Zinnsoldaten. Das alles hatte mich lebhaft interessiert.

Trotzdem fühlte ich mich irgendwie verlegen und unbefriedigt, ohne daß ich hätte sagen können, warum.

Erst als ich meine Socken auszog, kam ich der Sache auf den Grund.

Den ganzen Abend hatte Onkel Jules wie ein Gelehrter und Professor gesprochen, während mein Vater, er, der doch Mitglied der Prüfungskommission war, wie ein ahnungsloser Schüler aufmerksam zugehört hatte.

Das beschämte und demütigte mich.

Am nächsten Morgen, als meine Mutter mir den Milchkaffee eingoß, gestand ich ihr meinen Kummer.

»Bist du damit einverstanden, daß Papa auf die Jagd geht?«

»Nicht so sehr«, antwortete sie. »Es ist ein gefährliches Vergnügen.«

»Hast du Angst, daß er mit seinen Patronen die Treppe hinunterfällt?«

»Oh nein, das nicht«, sagte sie. »So ungeschickt ist er nicht. Immerhin, dieses Pulver ist heimtückisch.«

»Mir gefällt es aus einem anderen Grund nicht.«

»Und warum nicht?«

Ich überlegte einen Moment, den ich dazu benutzte, einen gehörigen Schluck Milchkaffee zu trinken, ehe ich antwortete:

»Hast du nicht bemerkt, wie Onkel Jules mit ihm spricht? Daß er immerzu nur herumkommandiert, und daß er es ist, der die ganze Zeit redet?«

»Das tut er aus Freundschaft und um den Vater zu belehren.«

»Ich sehe nur, er ist gewaltig zufrieden, daß er mehr versteht als Papa. Und das gefällt mir gar nicht. Papa schlägt ihn immer beim Boule- und Damespiel und auch beim Domino. Aber ich weiß bestimmt, daß er hier verlieren wird. Ich finde es dumm, wenn man ein Spiel spielt, das man nicht kann. Ich spiele nie Fußball, weil meine Beine noch zu klein sind und die anderen mich auslachen würden. Ich spiele Klicker, Fangen oder Mühle, weil ich da fast immer gewinne.«

»Aber mein großer Dummer, die Jagd ist ja kein Wettspiel! Es ist ein Spaziergang mit einem Gewehr in der Hand, und wenn es Papa Vergnügen macht, wird es ihm gut tun, selbst wenn er kein Wild erlegt.«

»Wenn er nichts schießt, dann finde ich es ekelhaft – jawohl ekelhaft! Und ich werde ihn nicht mehr lieben!«

Ich war nahe daran zu weinen, aber mit Hilfe eines Butterbrotes schluckte ich meine Tränen hinunter. Meine Mutter sah es und umarmte mich:

»Du hast nicht so ganz unrecht«, sagte sie. »Es ist wahrscheinlich, daß Papa zuerst weniger Glück haben wird als Onkel Jules. Aber in einer Woche ist er sicher ebenso geschickt, und du wirst sehen, in vierzehn Tagen ist er es, der dem Onkel Ratschläge gibt!«

Sie log nicht, um mich zu trösten: sie hatte Vertrauen. Sie war ihres Josephs so sicher. Aber ich verzehrte mich vor Angst, wie es die Kinder unseres verehrten Präsidenten der Republik tun würden, wenn er ihnen eröffnete, daß er als Radrennfahrer an der Tour de France teilnehmen wolle.

Der nächste Tag wurde noch peinlicher.

Während wir die Gewehre reinigten, deren einzelne Teile auf dem Tisch ausgebreitet lagen, sang Onkel Jules von neuem das Heldenlied seiner Jagderfolge.

Er erzählte, daß er in den Weinbergen und Kiefernwäldern seines heimatlichen Roussillon Dutzende von Hasen, Hunderte von Rebhühnern und die Kaninchen zu Tausenden erlegt habe, gar nicht zu reden von den ›seltenen Stücken‹!

»Eines Abends kam ich unverrichteter Dinge nach Haus; ich war wütend, weil ich Schuß auf Schuß zwei Hasen verfehlt hatte.«

»Warum?« fragte Paul mit großen Augen und offenem Mund.

»Ich kann es wahrhaftig nicht sagen! Auf jeden Fall war ich beschämt und mutlos. Gerade als ich ziemlich ratlos von einem Gesträuch hinüber auf die Weinberge von Brouqueyrol wechsele, was sehe ich?«

»Ja, was sehe ich?« fragte Paul atemlos.

Ich schrie: »Eine Bartavelle!«

»Nein«, sagte der Onkel. »Es flog nicht und war auch viel größer. Was sehe ich? frage ich noch einmal. – Einen riesigen Dachs, der schon eine ganze Reihe von Weinstöcken abgefrrressen hatte! Ich lege an, ich ziele ...«

Es war immer dieselbe Geschichte und trotzdem jedesmal neu.

Der Onkel schoß (in weiser Voraussicht hatte er beide Läufe geladen!), und das getroffene Tier verlängerte die endlose Liste seiner Opfer.

Mein Vater hörte sich die Aufzählung dieser Ruhmestaten an, aber er sagte nichts. Folgsam wie ein Lehrling putzte er den Lauf seiner Flinte mit einer runden Bürste, die an einem langen Stiel befestigt war, während ich melancholisch den Abzug und den Bügel blankrieb.

Gegen Mittag wurden die Gewehre wieder zusammengesetzt, eingefettet und abgerieben, und Onkel Jules erklärte:

»Heute nachmittag probieren wir sie aus!«

Onkel Jules' Jagd-Feuilletons wurden während des ganzen Essens weiter vorgetragen und erstreckten sich mit einem Bericht über Gemsenjagd bis in die Pyrenäen.

»Ich nehme das Fernrohr – und was sehe ich?«

Paul vergaß darüber zu essen, so daß meine Mutter und meine Tante den erfolgreichen Jäger nach dem Tod zweier Gemsen baten, sein Epos zu unterbrechen, was er als große Schmeichelei auffaßte.

Ich benutzte diese Pause geschickt, um eine persönliche Frage einzuflechten.

Vom Beginn der Vorbereitungen an hatte ich nie daran gezweifelt, daß man mich auf die Jagd mitnehmen würde. Aber weder mein Vater noch mein Onkel hatten es ausdrücklich zugesagt, und ich hatte nie gewagt, eine direkte Frage zu stellen, aus Angst vor einer kategorischen Ablehnung. Deshalb versuchte ich es nun auf Umwegen.

»Und der Hund?« fragte ich. »Braucht ihr keinen Hund?«

»Es wäre schon gut, einen zu haben«, sagte der Onkel. »Aber wo sollen wir hier einen dressierten Jagdhund herbekommen?«

»Kann man denn keinen kaufen?«

»Natürlich«, sagte mein Vater. »Aber der würde mindestens fünfzig Francs kosten.«

»Das ist ja der reine Wahnsinn!« rief meine Mutter.

»Durchaus nicht«, sagte Onkel Jules. »Wenn man für fünfzig Francs einen guten Jagdhund kaufen könnte, würde ich keinen Moment zögern. Aber für den Preis bekommt man höchstens einen Bastard, der die Spur des Hasen verliert und uns vor ein Rattenloch führt. Ein gut dressierter Hund kostet mindestens an die achtzig Francs, ja manchmal werden bis zu fünfhundert dafür bezahlt.«

»Und was würden wir mit dem Tier anfangen, wenn die Zeit der Jagd vorbei ist?« fragte meine Tante.

»Wir müßten ihn für die Hälfte des Preises wieder verkaufen«, sagte der Onkel und fügte hinzu, »übrigens ist es immer gefährlich, einen Hund zu halten, wenn ein Baby im Haus ist.«

»Ja, das ist wahr«, sagte Paul, »er könnte den kleinen Vetter auffressen!«

»Das glaube ich nicht, aber er könnte ihn, ohne es zu wollen, mit einer Krankheit anstecken.«

»Mit Mandelentzündung!« schrie Paul. »Ich weiß, was das ist! Aber ich hatte sie nicht von einem Hund, sondern von der Zugluft.«

Ich gab das Thema auf. Ein Hund kam also nicht in Frage. Das bedeutete, daß sie mit mir rechneten, um das erlegte Wild aufzufinden. Man hatte es zwar nicht gesagt, aber es lag auf der Hand: eine feierliche Versprechung war überflüssig, noch dazu vor Paul, der die Absicht geäußert hatte, von weitem mit Watte in den Ohren an der Jagd teilzunehmen: ein unhaltbarer Vorschlag, der meinen eigenen Ansprüchen erheblich schaden konnte.

Ich schwieg also klug.

Nach dem Essen hielten die Erwachsenen ihren Nachmittagsschlaf. Wir benutzten diese Zeit, um den Grillen Gleitflügel anzulegen; das heißt, wir steckten den armen Sängerinnen, die plötzlich verstummten, einen Blattstiel ins Hinterteil und warfen sie dann in die Luft. Sie flogen nun wie der Zufall es wollte, und wir lachten herzlich über ihre extravaganten Zickzackkurse.

Gegen drei Uhr rief uns mein Vater.

»Kommt hierher und bleibt hinter uns stehen! Wir probieren die Flinten aus!«

Onkel Jules hatte die Donnerbüchse an zwei parallel laufende starke Äste gebunden. Nun nahm er einen Bindfaden, dessen Ende am Abzug befestigt war und den Schuß auslösen sollte. In zehn Schritt Entfernung blieb er stehen.

Meine Mutter und meine Tante kamen angelaufen und zwangen uns, noch weiter wegzugehen.

»Achtung!« rief der Onkel. »Ich habe doppelt geladen und werde beide Schüsse gleichzeitig abgeben. Wenn die Flinte explodiert, wird der Knall uns ganz hübsch die Ohren zerreißen!«

Die ganze Familie verkroch sich hinter Olivenbäumen, aber jeder riskierte ein Auge.

Nur die heroischen Männer blieben barhäuptig stehen.

Der Onkel zog an der Schnur: eine scharfe Detonation erschütterte die Luft, dann lief mein Vater zu der angebundenen Waffe.

»Sie hat sich gut gehalten!« rief er und schnitt vergnügt die Stricke entzwei.

Der Onkel öffnete den Hinterlader und prüfte ihn sorgfältig.

»Tadellos!« erklärte er schließlich. »Kein Riß, nicht die kleinste Erweiterung. Augustine, ich garantiere für Josephs Sicherheit. Sein Gewehr ist so widerstandsfähig wie ein Artilleriegeschütz.«

Als die Frauen sich beruhigt entfernten, sagte er leise zu meinem Vater:

»Trotzdem darf man nicht übertreiben. Ich kann Ihnen selbstverständlich bestätigen, daß die Waffe vor dieser Probe in tadellosem Zustand war. Doch es kommt vor, daß sie im Gebrauch ihre Zuverlässigkeit einbüßt – dieses Risiko muß man in Kauf nehmen. Jetzt werden wir die Kartuschen ausprobieren.«

Er zog eine Zeitung aus der Tasche, entfaltete sie und ging mit großen Schritten auf das Klosetthäuschen am Ende der Irisallee zu.

»Hat er Bauchweh?« fragte Paul.

Aber der Onkel betrat das Häuschen nicht; mit vier Reißnägeln befestigte er das Zeitungsblatt an der Tür und kam dann zu meinem Vater zurück.

Er lud seine Flinte mit einer einzigen Patrone: »Achtung!« sagte er.

Er legte an, zielte eine Sekunde und schoß.

Paul, der sich die Ohren zugehalten hatte, floh ins Haus.

Die beiden Jäger näherten sich der Zeitung. Sie war von vielen Löchern durchbohrt und sah aus wie ein Sieb.

Onkel Jules untersuchte sie lange und schien zufrieden.

»Sehr gut gestreut für einen Schuß aus dreißig Metern Entfernung! Ausgezeichnet!«

Er zog eine zweite Zeitung aus seiner Tasche, nahm sie auseinander und sagte:

»Jetzt sind Sie an der Reihe, Joseph.«

Während er die neue Zielscheibe an der Tür befestigte, lud Joseph sein Gewehr. Meine Mutter und meine Tante erschienen angelockt von dem ersten Schuß wieder auf der Terrasse. Paul, halb versteckt hinter dem Feigenbaum, die Finger in den Ohren, wagte einen vorsichtigen Blick.

Der Onkel lief im Trab zurück und sagte: »Los!«

Mein Vater zielte.

Ich zitterte vor Angst, daß er die Tür verfehlen könne! Das wäre die endgültige Demütigung gewesen und hätte ihn meiner Ansicht nach verpflichtet, die Jagd aufzugeben.

Er schoß. Der Knall war furchtbar, und seine Schulter zuckte heftig. Doch schien er weder aufgeregt noch überrascht und ging ruhig auf die Zielscheibe zu – ich kam ihm zuvor.

Der Schuß hatte die Mitte der Tür getroffen, und Bleisplitter umgaben die Zeitung von allen Seiten.

Triumphierender Stolz erfüllte mich, und ich wartete darauf, daß der Onkel seine Bewunderung ausdrückte.

Er ging auf die Tür zu, sah sich die Zielscheibe an und sagte nur:

»Das ist kein Gewehr, das ist eine Gießkanne.«

»Der Schuß hat genau in die Mitte getroffen«, sagte ich energisch.

»Durchaus nicht schlecht geschossen«, gab er zu. »Aber ein fliegendes Rebhuhn ist etwas anderes als eine feststehende Tür. Jetzt probieren wir die Patronen mit den Nummern vier, fünf und sieben aus.«

Jeder gab noch drei Schuß ab, und danach erfolgte jeweils die Besichtigung und Kritik durch den Onkel.

Schließlich rief er:

»Für die letzten Schüsse werden wir das stärkste Schrot nehmen. Halten Sie den Kolben fest, Joseph, ich habe anderthalb Füllungen geladen. Und Sie, meine Damen, verstopfen Sie sich die Ohren, denn es wird ein Donnergetöse geben.«

Sie schossen beide zu gleicher Zeit; der Lärm war betäubend. Die Tür des Häuschens krachte in allen Fugen.

Dann gingen sie hin und lachten, zufrieden mit sich selbst.

»Onkel«, fragte ich, »hätte das genügt, um ein Wildschwein zu töten?«

»Aber gewiß – vorausgesetzt, daß es getroffen worden wäre!«

»In die linke Schulter?«

»Natürlich!«

Er riß die übereinandergehefteten Zeitungen von der Tür. Ich sah etwa zwanzig Bleikügelchen, die tief im Holz steckten.

»Das ist hartes Holz«, stellte er fest. »Sie sind nicht durch die Tür gedrungen. Hätten wir Kugeln gehabt ...!!«

Zum Glück hatten sie das nicht, denn durch die mißhandelte Tür hörten wir eine zaghafte Stimme fragen:

»Darf ich jetzt herauskommen?«

Es war das Dienstmädchen.

Der Tag des Jagdbeginns rückte näher, und im Haus sprach man von nichts anderem mehr.

Nach der langen Reihe epischer Schilderungen war der Onkel nun bei technischen Erläuterungen angekommen. Um vier Uhr nach der Siesta sagte er:

»Joseph, ich werde Ihnen jetzt den Schuß des Königs auseinandersetzen, der auch zugleich der König der Schüsse ist. Vor allem hören Sie mir gut zu: Sie sind hinter einer Hecke verborgen, und Ihr Hund läuft im Kreis um die Weinstöcke. Wenn er seine Sache gut macht, werden die Rebhühner direkt auf Sie zukommen. Nun gehen Sie einen Schritt zurück, legen aber noch nicht an, weil das Wild Ihre Flinte sonst sehen würde und Zeit hätte, die Flucht zu ergreifen. Sobald die Vögel ins Blickfeld kommen, legen Sie an und zielen: doch ehe Sie hart und trocken abdrücken, heben Sie die Mündung etwa zehn Zentimeter höher, senken, während Sie schießen, den Kopf und machen einen krummen Rücken ...«

»Warum?« fragte mein Vater.

»Weil Ihnen, wenn Ihr Schuß gut gezielt ist, ein kiloschwerer Vogel mit einer Fluggeschwindigkeit von sechzig Kilometern in der Stunde mitten ins Gesicht klatschen würde. – Jetzt gehen wir zur Praxis über. Marcel, hol mir mein Gewehr.«

Ich rannte ins Eßzimmer und kam langsam mit der kostbaren Waffe zurück, die ich mit respektvoller Vorsicht trug.

Der Onkel öffnete immer zuerst die Schwanzschraube, um sich zu vergewissern, daß das Gewehr nicht geladen war. Dann stellte er sich im Garten hinter eine Hecke; mein Vater, Paul und ich postierten uns im Halbkreis um ihn herum. Der Onkel, mit zusammengezogenen Brauen, gespitzten Ohren und krummem Rücken tat, als sähe er durch die Blätter, nicht etwa auf den öden, steinigen Gartenweg, sondern auf die leuchtend goldenen Weinstöcke von Roussillon. Plötzlich bellte er zweimal kurz und scharf. Dann blies er mächtig durch seine weichen Lippen und täuschte so den Flügelschlag einer Kette Rebhühner vor. Jetzt machte er den bewußten Schritt zurück und sah aufmerksam über den Rand der Hecke in den Himmel. Dann legte er schnell an, drückte mit einem kurzen Ruck ab und schrie: »Bum! Bum!« Worauf wir alle vier den Kopf einzogen und unbeweglich mit geschlossenen Augen stehenblieben, gefaßt auf den Aufprall eines kiloschweren Vogels mit einer Geschwindigkeit von sechzig Kilometern in der Stunde.

Der Onkel erlöste uns und rief »Plum-Plum!«, denn zwei Rebhühner waren hinter uns zu Boden gefallen. Er suchte sie einen Augenblick mit den Augen und hob zuerst das eine, dann das zweite auf; denn bei seinen Demonstrationen schoß er nur ›Dubletten‹. Dann pfiff er seinem Hund, und kehrte mit dem schweren Schritt des ermüdeten Jägers zurück, um sich im Schatten der Bäume auszuruhen. Mein Vater sagte nachdenklich:

»Das scheint gar nicht so leicht zu sein.«

»Nein, es braucht Übung. Wie ich gestehen muß, habe ich noch nie gehört, daß einem Anfänger gleich der erste Schuß gelungen wäre ... Aber wenn Sie Talent haben – was ich noch nicht beurteilen kann – so ist es durchaus möglich, daß Sie nächstes Jahr ... Versuchen Sie es auf jeden Fall schon jetzt!«

Und mein Vater nahm das Gewehr und wiederholte folgsam die Pantomime des Onkels.

Manchmal nahm er mich morgens mit in das Tal von Rapon. Der Weg war von einer Weidenhecke eingefaßt. Dort wiederholten wir ganz im geheimen den Königsschuß. Ich spielte die Rolle des Rebhuhns. Im Augenblick des Auffliegens warf ich mit aller Kraft einen Stein über die Hecke, und mein Vater versuchte ihn mit seiner schußbereit angelegten Flinte zu verfolgen ...

Bei der Kaninchenjagdprobe rollte ich, ohne ihm vorher etwas zu sagen, eine alte verschimmelte Kugel durch das Gras, die ich im Garten als Überrest eines verlorenen Kegelspiels gefunden hatte.

Ein andermal mußte ich mich im Gestrüpp verstecken und die Augen schließen. Da lauschte ich nun mit gespitzten Ohren auf das leiseste Knacken. Plötzlich legte er mir die Hand auf die Schulter und fragte: »Hast du mich kommen hören?«

Mit diesem peinlich genauen und demütigen Fleiß bereitete sich mein Vater auf den Jagdbeginn vor – so daß ich zum erstenmal in meinem Leben an seiner Allmacht zweifelte und meine Befürchtungen nur noch größer wurden.

Schließlich dämmerte der Morgen des Tages vor dem großen Ereignis.

Zuerst probierten sie ihre Jagdkleidung. Papa hatte ein blaues Barett gekauft, das ihm meiner Ansicht nach ausgezeichnet stand, braune Ledergamaschen und hohe Stiefel mit geflochtenen Hanfsohlen. Onkel Jules trug eine Baskenmütze, Schnürstiefel und eine sehr einfallsreiche Jacke, über die ich einige Worte sagen muß, denn es war wirklich ein bemerkenswertes Kleidungsstück.

Als meine Mutter es zum erstenmal sah, erklärte sie:

»Das ist keine Jacke: das sind dreißig zusammengenähte Taschen!« Die Jacke hatte Taschen bis zum Rücken. Ich stellte später fest, daß dieser Reichtum seine Nachteile hatte.

Wenn mein Onkel irgend etwas in seinen Taschen suchte, tastete er erst den Stoff ab, dann das Futter, dann beides zugleich, bis er das gewünschte Objekt erkennen konnte. Am schwersten war herauszubekommen, durch welche Öffnung er bis zu ihm vordringen konnte.

So passierte es, daß eine kleine Amsel, die in diesem Labyrinth vergessen worden war, sich erst nach vierzehn Tagen durch einen abscheulichen Gestank bemerkbar machte. Tante Roses empfindliche Nase entdeckte sie in ihrem Schlupfwinkel. Ein trauriger, gelber Schnabel hatte das Futter durchbohrt. Der Onkel inspizierte noch mehrere Taschen und fand ein Kaninchenohr, zerdrückte Weinbergschnecken und einen alten Zahnstocher, der sich schmerzlich unter seinen Nagel bohrte . . . Um die Vogelleiche herauszuholen, mußte man zur Schere greifen.

Immerhin machte die Jacke bei der Anprobe großen Eindruck und schien reiche Beute zu versprechen.

Die Betrachtung vor dem Spiegel nahm kein Ende, und die Jäger schienen sich gut zu gefallen. Doch während sie sich noch von allen Seiten bewunderten, zogen ihnen ihre Frauen die Sachen wieder aus, um einige Knöpfe fester zu nähen.

Nun wurden die Gewehre noch einmal geölt und abgerieben, und ich erhielt den ehrenvollen Auftrag, die Patronentaschen zu füllen und sie an den ledernen Gurten zu befestigen.

Dann studierten sie die Generalstabskarte mit der Lupe.

»Wir steigen hinter dem Haus bis nach Redouneou hinauf; hier ist es«, sagte der Onkel und piekte eine Nadel mit schwarzem Kopf an die bezeichnete Stelle. »Auf dem Weg dahin werden wir nicht viel zu sehen bekommen. Vielleicht Drosseln oder Amseln.«

»Das wäre schon sehr interessant«, sagte mein Vater.

»Das sind Bagatellen«, sagte der Onkel. »Unser Wild – geben wir uns da keinen Illusionen hin – ist natürlich nicht die Bartavelle, wohl aber das Rebhuhn, das Kaninchen und der Hase. Ich glaube, das alles findet man in der Gegend von Escaouprès, wenigstens hat Mond des Parpaillouns mir das versichert. Also, gehen wir von Redouneou hinunter nach Escaouprès und dann wieder hinauf bis zum Fuß des Taoumé! Wir gehen rechts um den Berg herum, um die Quelle von Mûrier zu erreichen. Dort essen wir gegen halb eins. Später ...«

Aber das folgende hörte ich nicht mehr, da ich über meinen Plan nachdenken mußte.

Es war jetzt unbedingt nötig, eine offene Frage an sie zu richten, um die Bestätigung meiner Teilnahme an der morgigen Jagd zu erhalten – einer Teilnahme, die mir im Hinblick auf das gleichgültige Verhalten meiner Umgebung nicht mehr so sicher schien.

Von *meiner* Kleidung hatte man nicht gesprochen – man dachte wohl, daß ich für einen Jagdhund passend angezogen war?

Eines Morgens hatte ich zu unserem Dienstmädchen gesagt, daß ich schon ungeduldig auf die Jagderöffnung wartete. Die Person hatte gelacht und geantwortet:

»Bilde dir nur nicht ein, daß sie dich mitnehmen!«

Blöde Antwort einer dummen Gans, es konnte mir nur leid tun, daß ich mit ihr gesprochen hatte. Was mich vielmehr beunruhigte, war eine gewisse Verlegenheit bei meinem Vater, der mehrmals bei Tisch – ohne jede Veranlassung – gesagt hatte, daß der Schlaf für Kinder unersetzlich sei, für alle Kinder, ohne Ausnahme, und daß es sehr gefährlich sei, sie schon um vier Uhr zu wecken. Der Onkel hatte ihm zugestimmt und sogar Beispiele von Knaben angeführt, die rachitisch oder lungenkrank geworden waren, weil man sie täglich zu früh aufstehen ließ.

Ich hatte gedacht, daß diese Reden an die Adresse von Paul gerichtet waren, um ihn darauf vorzubereiten, daß er von der Jagd ausgeschlossen sein würde. Trotzdem ließen diese Gespräche in mir einen unangenehmen Eindruck und lästige kleine Zweifel zurück. Ich nahm all meinen Mut zusammen.

Erst mußte Paul entfernt werden.

Er war gerade vor der Tür, damit beschäftigt, den Bauch einer Grille zu kratzen, die vor Vergnügen sang oder vielleicht auch vor Schmerzen heulte.

Ich reichte ihm das Schmetterlingsnetz und verriet ihm, daß ich am Ende des Gartens einen verwundeten Kolibri gesehen hätte, den er leicht fangen könne. Diese Nachricht regte ihn riesig auf. Er ließ die Grille los und sagte: »Da gehen wir schnell hin!«

Ich antwortete, daß ich unmöglich mitkommen könne, da ich ein Seifenbad nehmen sollte.

Ich wollte dadurch sein Mitleid erregen, und ihm gleichzeitig Angst machen, daß ihm die gleiche Behandlung zugedacht sei. Ich erreichte genau, was ich wünschte, denn zu dem Kolibri hingezogen und durch das drohende Bad geängstigt, riß er mir das Netz aus der Hand und verschwand unter den Ginsterbüschen.

Ich kam gerade ins Haus zurück, als Onkel Jules die Karte zusammenfaltete und sagte:

»Zwölf Kilometer in den Hügeln, das ist nicht übermäßig viel, aber immerhin ein ziemlicher Spaziergang.«

»Ich werde euch das Essen tragen«, sagte ich mutig.

»Was für ein Essen?« fragte der Onkel.

»Unseres! Ich werde zwei Brotbeutel nehmen und die Eßsachen tragen.«

»Aber wohin denn?« sagte mein Vater. Diese Frage verschlug mir den Atem, denn ich merkte, daß er so tat, als ob er mich nicht verstanden hätte. Ich kämpfte verzweifelt.

»Auf die Jagd«, sagte ich. »Ich habe kein Gewehr, also ist es ganz selbstverständlich, daß ich euch das Essen trage. Euch würde das nur stören, und wenn ihr es in die Jagdtaschen steckt, bleibt zu wenig Platz für das Wild. Und außerdem kann ich ganz lautlos gehen. Ich habe die Rothäute gut studiert und kann schleichen wie ein Komantsche. Der Beweis ist, daß ich Grillen fange, soviel ich will. Und dann sehe ich meilenweit, und neulich war ich es, der euch auf den Sperber aufmerksam gemacht hat, und auch dann konntet ihr ihn nicht gleich entdecken; und dann habt ihr keinen Hund, und wenn ihr Rebhühner schießt, könnt ihr sie nicht wiederfinden, aber ich bin klein und kann durchs Gebüsch kriechen; und während ich sie suche, könnt ihr weiter jagen, und dann ...«

»Komm her«, sagte mein Vater.

Er legte seine große Hand auf meine Schulter und sah mir in die Augen. »Du hast gehört, was Onkel Jules gesagt hat: zwölf Kilometer in den Hügeln! Deine Beine sind noch viel zu klein für einen so großen Weg.«

»Sie sind klein, aber fest! Fühl doch mal«, sagte ich, »sie sind hart wie Holz!«

Er prüfte meine Waden.

»Ja, wirklich, du hast kräftige Muskeln.«

»Und dann bin ich leicht. Ich habe keinen so großen Hintern wie Onkel Jules und deshalb bin ich auch nie müde.«

»Oho«, sagte Onkel Jules, glücklich, der Unterhaltung eine andere Wendung geben zu können. »Ich schätze es nicht, wenn man sich erlaubt, meinen Hintern zu kritisieren.«

Ich ließ mich auf keine Diskussion darüber ein, sondern bohrte weiter.

»Die Heuschrecken sind auch nicht dick und springen trotzdem weiter als du. Und Onkel Jules wurde immer von seinem Vater mit auf die Jagd genommen, als er erst sieben Jahre alt war. Und ich bin mehr als achteinhalb, und dabei sagt er, daß sein Vater streng war. Also ist es eine Ungerechtigkeit! Und wenn ihr mich nicht mitnehmt, dann werde ich krank. Mir ist jetzt schon ganz schlecht ...«

Darauf drehte ich mich zur Wand, legte den Kopf auf die Arme und weinte laut. Mein Vater wußte nicht, was er sagen sollte, und streichelte mir das Haar.

Meine Mutter kam herein und nahm mich, ohne ein Wort zu sagen, auf den Schoß. Ich war auf dem Gipfel der Verzweiflung. Zuerst, weil mir der Jagdbeginn als der Aufbruch ins Abenteuer erschien, in die weite, unbekannte Heide, die ich schon so lange vor mir sah. Und vor allem, weil ich meinem Vater bei seiner Prüfung beistehen wollte. Ich würde ins Gebüsch kriechen und ihm Wild zutreiben. Wenn er ein Rebhuhn verfehlte, wollte ich sagen: »Ich habe es fallen sehen!« und triumphierend einige Federn zeigen, die ich im Hühnerstall aufgehoben hatte, um so sein Vertrauen zu stärken. Aber das konnte ich natürlich nicht sagen, und meine enttäuschte Liebe brach mir das Herz.

»Ihr habt ihm auch viel zu viel davon erzählt«, sagte meine Mutter vorwurfsvoll.

»Es wäre gefährlich ihn mitzunehmen, noch dazu am ersten

Tag«, sagte mein Vater. »Es werden noch andere Jäger in den Hügeln sein! Er ist klein, und in den Sträuchern könnte man ihn für ein Wild halten!«

»Aber ich sehe doch die Jäger!« rief ich unter Schluchzen. »Und wenn ich sie anrufe, werden sie ja begreifen, daß ich kein Kaninchen bin!«

»Nun gut, ich verspreche dir, daß du in zwei oder drei Tagen mitkommen darfst, wenn ich schon etwas mehr Übung habe und wir nicht so weit gehen.«

»Nein! Nein! Gerade am ersten Tag will ich dabei sein!«

Und da zeigte Onkel Jules sich groß und edel.

»Ich mische mich da vielleicht in etwas, das mich nichts angeht«, sagte er. »Aber meiner Meinung nach hat Marcel verdient, die Jagd mit uns zu eröffnen. Also weine nicht mehr! Er wird unser Essen tragen, wie er vorgeschlagen hat, und wird in zehn Schritt Entfernung von den Gewehren brav hinter uns hergehen.«

Er wandte sich an meinen Vater:

»Abgemacht, Joseph?«

»Wenn Sie einverstanden sind, habe ich natürlich nichts dagegen.«

Meine Dankbarkeit ergoß sich in einem neuen Tränenstrom, der mich fast erstickte. Meine Mutter streichelte mir den Kopf und küßte meine nassen Augen. Ich aber sprang auf meinen Onkel zu, kletterte an ihm empor und drückte seinen großen Kopf an mein heftig schlagendes Herz.

»Beruhige dich! Beruhige dich!« sagte mein Vater.

Nach zwei gutgezielten Küssen, die ich dem Onkel gab, sprang ich zu Boden und küßte meinem Vater die Hand. Die Arme zum Himmel emporgestreckt, vollführte ich einen wilden Freudentanz, hüpfte zum Schluß auf den Tisch und warf allen Anwesenden ungezählte Kußhände zu.

»Nur Paul darf nichts davon erfahren«, sagte ich. »Er ist noch zu klein und könnte den langen Weg nicht mitmachen.«

»Nanu«, sagte mein Vater, »willst du deinen kleinen Bruder anlügen?«

»Ich werde ihn nicht anlügen, ich werde ihm nur nichts davon erzählen.«

»Aber wenn er davon anfängt?« sagte meine Mutter.

»Dann muß ich ihn anlügen, weil es zu seinem Besten ist.«

»Er hat recht«, sagte mein Onkel. Dann sah er mir fest in die Augen und fügte hinzu:

»Du hast da etwas sehr Wichtiges gesagt; versuche, es nicht zu vergessen: *es ist erlaubt, Kinder anzulügen, wenn es zu ihrem Besten ist.*«

Er wiederholte: »Vergiß das nicht!«

Aber da kam Paul, recht beschämt, daß er den verwundeten Vogel nicht gefunden hatte, und die Unterhaltung wurde plötzlich abgebrochen.

Meine Freude war so groß, daß ich beim Abendessen, trotz des Zuredens meiner Mutter, keinen Bissen hinunterbrachte. Erst als der Onkel von dem sprichwörtlich guten Appetit der Jäger als von einem Charakteristikum ihrer Zunft gesprochen hatte, verschlang ich mein Kotelett und verlangte zum zweitenmal Kartoffeln.

»Was ist das plötzlich?« fragte mein Vater.

»Ich sammle Kräfte für morgen!«

»Was willst du denn morgen unternehmen?« fragte der Onkel im Ton liebevoller Neugier.

»Morgen ist doch Jagdbeginn!«

»Aber doch nicht morgen!« rief er aus, »... morgen ist doch Sonntag! Glaubst du wirklich, es ist erlaubt, am Tag des Herrn die Tiere des lieben Gottes zu töten? Und dann die Messe – wann willst du zur Messe gehen? Allerdings«, fügte er hinzu, »ihr seid ja eine Familie von Ungläubigen! Daher kommt es, daß das Kind die verrückte Idee hat, man könne die Jagd an einem Sonntag eröffnen.«

Ich war sehr bestürzt.

»Aber wann ist es dann?«

»Am Montag ... also übermorgen.«

Das war eine betrübliche Nachricht, denn der Wartetag würde eine lange Pein sein. Was war da zu machen? Ich fügte mich mißmutig, aber ohne ein Wort zu sagen. Und da der Onkel erklärt hatte, er falle vor Müdigkeit gleich um, gingen wir alle zu Bett.

Als meine Mutter den kleinen Paul zugedeckt hatte, kam sie zu mir, um mir den Gutenachtkuß zu geben, und sagte:

»Morgen, wenn du deine Pfeile fabrizierst, werde ich die neuen Indianerkostüme fertig nähen. Und als Nachtisch gibt es Aprikosentorte mit Schlagsahne.«

Ich begriff, daß sie mir das alles sagte, um meine Enttäuschung zu mildern, und küßte ihr zärtlich die Hand.

Kaum war sie hinausgegangen, fing der kleine Paul zu reden

an. Ich konnte ihn nicht sehen, denn sie hatte das Kerzenlicht ausgeblasen. Seine kleine Stimme war ruhig und kalt.

»Ich wußte es ja, daß sie dich nicht zur Jagderöffnung mitnehmen würden. Ich wußte es ganz genau!«

Ich antwortete heuchlerisch:

»Ich habe sie nie gebeten, mich mitzunehmen. Die Eröffnungsjagd, das ist nichts für Kinder.«

»Du bist ein großer Lügner! Ich habe gleich gemerkt, daß das mit dem Kolibri nicht stimmte. Darum bin ich schnell zurückgekommen, habe mich ans Fenster gestellt und alles gehört, was ihr gesagt habt. Und wie du geweint hast! Du hast sogar versprochen, mich anzulügen. Aber ich mache mir gar nichts daraus, auf die Jagd zu gehen. Wenn richtig geschossen wird, habe ich zuviel Angst. Aber trotzdem bist du ein Lügner, und Onkel Jules ist ein noch größerer Lügner als du.«

»Warum?«

»Weil es doch morgen ist! Ich weiß es! Mama hat heute nachmittag Tomatenomelette gemacht und es zusammen mit einer großen Wurst und rohen Koteletts, Brot und einer Flasche Wein in die Brotbeutel gepackt. Und die Brotbeutel sind im Wandschrank in der Küche versteckt, damit du sie nicht siehst! Sie wollen schon in aller Früh fortgehen, und du kannst sehen wo du bleibst!«

Diese Enthüllung war vernichtend. Aber ich weigerte mich, daran zu glauben.

»Also wagst du zu behaupten, daß Onkel Jules lügt? Ich habe ihn in der Uniform eines Sergeanten gesehen. Und außerdem hat Onkel Jules einen Orden.«

»Ich sage dir, daß sie morgen gehen. Und jetzt halt den Mund, denn ich will schlafen.«

Die kleine Stimme verstummte, und ich lag von Zweifeln gequält mit offenen Augen im nächtlichen Dunkel.

Hat man das Recht zu lügen, wenn man Sergeant ist? Bestimmt nicht! Sergeant Bobillot* war der Beweis.

Aber dann erinnerte ich mich, daß Onkel Jules nie Sergeant gewesen war, und daß ich in meiner Verwirrung ihn erst dazu gemacht hatte. Außerdem gab es in seiner Vergangenheit die dunkle Geschichte vom Borély-Park!

Als ich damals seinen Schwindel entdeckte, was hatte er gemacht? Er hatte ganz einfach gelacht, ohne die geringste Verlegenheit.

* Held der französischen Expeditionsarmee im Tongking-Krieg 1882-1885

Ich versuchte, diese schon sehr weit zurückliegende Schwindelei zu entschuldigen und zu bagatellisieren, als eine schreckliche Erinnerung mir zum Bewußtsein kam.

Heute nachmittag, als ich dummerweise gesagt hatte, man müßte Paul anlügen, weil es zu seinem Besten sei, hatte Onkel Jules den Ball aufgefangen und das ausdrücklich gebilligt, um seine verbrecherische Komödie im voraus zu rechtfertigen.

Ich war außer mir über diesen Verrat! Und mein Vater, der nichts gesagt hatte! Mein Vater, als stummer Mitverschworener in einem Komplott gegen seinen kleinen Sohn ... Und Mama, meine liebe Mama, die gedacht hatte, mich mit Schlagsahne zu trösten ... Mein trauriges Schicksal rührte mich plötzlich so sehr, daß ich leise zu weinen anfing. Von weitem gesellte die Silberflöte der Nachteule sich meiner Verzweiflung.

Dann überkamen mich Zweifel: Paul war manchmal ein kleiner Teufel; konnte er nicht diese ganze Geschichte erfunden haben, um sich für den Kolibristreich zu rächen?

Das ganze Haus schien zu schlafen; ich stand leise auf und brauchte länger als eine Minute, um die Tür zu öffnen ... Unter den Türritzen der anderen Zimmer sah ich keinen Lichtschein. Auf bloßen Füßen stieg ich die Treppe hinunter: keine Stufe knarrte. Das Mondlicht half mir, in der Küche eine Kerze und Zündhölzer zu finden. Vor der Tür des schicksalhaften Küchenschranks zögerte ich einen Augenblick. Hinter seiner toten Holzwand würde entweder die Schurkerei des Onkels oder die Falschheit von Paul offenbar werden – so oder so erwartete eine tiefe Enttäuschung mein Herz.

Langsam drehte ich den Schlüssel; ich drückte gegen die Tür, der Türflügel gab nach, ich schlüpfte in den großen Wandschrank und hob die Kerze hoch: da waren sie, die beiden großen Beutel aus gelbem Leder mit ihren Netztaschen – bis zum Bersten gefüllt, und auf jeder Seite ragte ein Flaschenhals heraus. Auf einem Regal neben den Beuteln standen die zwei Patronentaschen, die ich selbst hergerichtet hatte. Was für ein Fest bereitete sich vor! Ich war erbost und fest entschlossen, mit ihnen zu gehen, auch gegen ihren Willen!

Leichtfüßig wie eine Katze stieg ich wieder in mein Zimmer hinauf und machte meinen Plan.

Vor allen Dingen mußte ich die Augen offenhalten. Wenn ich einschlief, war ich verloren. Nie im Leben war ich von selbst um vier Uhr früh aufgewacht. Also, ja nicht einschlafen!

Zweitens mußte ich meine Kleider zurechtlegen, die ich nach

meiner Gewohnheit im ganzen Zimmer verstreut hatte. In der Dunkelheit auf allen Vieren kriechend, erwischte ich meine Socken und stopfte sie in meine Sandalen.

Nach ziemlich langem Suchen fand ich mein Hemd unter Pauls Bett. Ich legte es zusammen mit meiner Hose auf das Fußende meines Bettes. Stolz auf den gefaßten Entschluß kroch ich wieder in die Federn und versuchte mit aller Kraft, die Augen offenzuhalten. Paul schlief friedlich.

Jetzt antworteten zwei Käuzchen einander in regelmäßigen Abständen. Eines nicht weit vom Fenster entfernt, wahrscheinlich auf dem Mandelbaum. Die Stimme des anderen war schwächer, aber meiner Ansicht nach viel melodischer und kam aus dem Tal. Ich dachte, es wird wohl die Frau sein, die ihrem Mann antwortet.

Ein schmaler Mondstrahl, der durch das Loch im Fensterladen schimmerte, ließ das Wasserglas auf meinem Nachttisch blinken. Das Loch war rund, der Strahl war flach. Ich nahm mir vor, meinen Vater nach der Ursache dieses Phänomens zu fragen.

Plötzlich rumorten die Siebenschläfer auf dem Speicher, tanzten eine Sarabande, die mit wilden Sprüngen und schrillem Geschrei endete. Dann trat wieder Stille ein, und ich hörte durch die Wand nur noch das Schnarchen von Onkel Jules, das friedliche und regelmäßige Schnarchen eines braven Mannes oder eines hartgesottenen Sünders. »Meiner Meinung nach«, hatte er gesagt, »hat Marcel verdient, die Eröffnungsjagd mitzumachen.« Der fliegende Hirsch hatte vollkommen recht: die Bleichgesichter sind doppelzüngig!

Er hatte die Unverfrorenheit besessen, mich ›zu meinem Besten‹ anzulügen. War es zu meinem Besten, mich in Verzweiflung zu stürzen? Mich, der ihn so zärtlich umarmt hatte? Ich schwor ihm feierlich ewige Rache!

Dann dachte ich an den stummen Verrat meines Vaters. Ich gelobte mir jedoch, diesen grausamen Zwischenfall mit Stillschweigen zu übergehen, und dann sah ich mich auf einem schmalen Pfad zwischen dornenlosen Sträuchern schreiten, die meine nackten Beine streichelten. Ich trug ein Gewehr von der Länge einer Angelrute, das in der Sonne blitzte. Mein Hund – ein rotweiß gefleckter Spaniel – lief mit der Nase am Boden voraus. Von Zeit zu Zeit bellte er klagend, und es klang genau wie der melodische Schrei des Käuzchens. Ein anderer Hund antwortete von weither. Plötzlich erhob sich ein riesiger Vogel, er hatte einen Storchenschnabel, aber es war eine Bartavelle!...

Sie flog mir direkt entgegen, in blitzschnellem, mächtigem Flug. Jetzt den Königsschuß! Ich machte den Schritt zurück, ich legte an, der kleine, trockene Knall löste sich und – plum! fiel mir in einer Federwolke die Bartavelle vor die Füße. Ich hatte keine Zeit, sie aufzuheben, denn ein anderer Vogel kam mir entgegen: zehnmal, zwanzigmal glückte der Königsschuß, zur Bestürzung von Onkel Jules, der mit einem schrecklichen Lügnergesicht aus dem Dickicht kam. Trotzdem bot ich ihm Schlagrahm an, überließ ihm alle meine Bartavellen und sagte zu ihm: »Man hat das Recht, Erwachsene anzulügen, wenn es zu ihrem Besten ist.« Danach streckte ich mich unter einem Baum aus und wollte gerade einschlafen, als mein Hund kam und mir ins Ohr flüsterte: »Hörst du! Sie gehen ohne dich weg!«

Sofort war ich hell wach. Paul stand an meinem Bett und zog mich sachte an den Haaren.

»Ich habe sie gehört«, sagte er. »Sie sind an der Tür vorbeigekommen. Sie haben gehorcht. Ich habe Licht durchs Schlüsselloch gesehen. Nachher sind sie auf Zehenspitzen hinuntergegangen.«

In der Küche lief das Wasser. Ich umarmte Paul und zog mich leise an. Der Mond war schlafen gegangen, es war stockfinstere Nacht. Tastend fand ich meine Kleider.

»Was wirst du machen?« fragte Paul.

»Ich gehe mit ihnen.«

»Aber sie wollen dich nicht.«

»Ich werde ihnen den ganzen Vormittag wie ein Indianer von weitem folgen. Mittags wollen sie an einer Quelle essen. Dort werde ich mich zeigen. Wenn sie mich nach Hause schicken, sage ich, daß ich mich verirren würde. Dann werden sie es nicht wagen.«

»Vielleicht bekommst du eine Ohrfeige!«

»Macht nichts! Ich habe schon oft welche bekommen, manchmal für nichts und wieder nichts.«

»Wenn du dich im Gebüsch versteckst, hält Onkel Jules dich vielleicht für ein Wildschwein und schießt auf dich. Für ihn wäre das die gerechte Strafe, nur wärst du dann tot!«

»Mach dir um mich keine Sorgen!«

Mit einer diskreten Anlehnung an Fenimore Cooper fügte ich hinzu:

»Die Kugel, die mich trifft, ist noch nicht gegossen!«

»Und Mama, was soll ich ihr sagen?«

»Ist sie mit ihnen unten?«

»Ich weiß nicht ... Ich habe nichts gehört.«

»Ich werde ihr einen Zettel auf den Küchentisch legen.«

Vorsichtig und ohne die Läden zu berühren, öffnete ich das Fenster. Ich kletterte auf die Fensterbank und guckte durch das Mondloch.

Der Tag dämmerte. Über den Hochebenen, die noch im Dunkel lagen, schimmerte rosa und blau der Gipfel des Taoumé. Auf jeden Fall war der Hügelpfad bereits genau zu erkennen. Sie konnten mir nicht mehr entkommen.

Ich wartete. Das Wasser in der Küche lief nicht mehr.

»Und wenn du einem Bären begegnest?« flüsterte Paul.

»Man hat hier noch nie welche gesehen.«

»Vielleicht versteckt er sich. Paß gut auf! Nimm das spitze Messer aus der Küchentischschublade mit.«

»Das ist eine gute Idee! Ich werde es mitnehmen.«

In der Stille hörten wir Schritte von eisenbeschlagenen Stiefeln. Dann ging die Haustür auf und schloß sich wieder.

Ich lief schnell ans Fenster und stieß die Läden leise zurück. Die Schritte kamen ums Haus herum. Die zwei Verräter erschienen und schlugen den Weg zum Kiefernwald ein. Papa trug sein Barett und die ledernen Gamaschen, Onkel Jules die Baskenmütze und die hohen Schnürstiefel. Trotz ihres schlechten Gewissens sahen sie wunderbar aus und marschierten eilig, als wollten sie mir entfliehen.

Ich küßte Paul, der sich sofort wieder schlafen legte, und ging hinunter. Schnell zündete ich die Kerze an und riß ein Blatt Papier aus meinem Heft.

»*Meine liebe kleine Mama. Sie haben mich schließlich doch noch mitgenommen! Hab keine Angst! Heb mir etwas Schlagrahm auf! Ich schicke dir zweitausend Küßchen.*«

Den Zettel legte ich weithin sichtbar auf den Küchentisch. Dann steckte ich ein Stück Brot, zwei Stangen Schokolade und eine Orange in meinen Beutel, nahm den Griff des spitzen Messers fest in die Hand und folgte der Spur der Schützen.

Ich sah und hörte nichts mehr von ihnen, aber für einen Komantschen war es ein Kinderspiel, sie wiederzufinden.

Ich lief schnell den Abhang hinauf bis an den Rand des Kiefernwaldes: es kam mir vor, als ob ich über mir auf den Steinen das Geräusch von Schritten hörte. Hart am Dickicht entlang setzte ich meinen Weg fort. Am Ende des ersten Kiefernwaldes erreichte ich schließlich eine Ebene: dort hatte man früher Wein gebaut. Jetzt war es ein Dickicht von Rosmarin, Sumach und Wacholder, alles niedrige Büsche, über die ich von weitem Barett und Baskenmütze erkennen konnte. Sie hatten das Gewehr auf der Schulter und gingen in schnellem Tempo, bis sie vor einer großen Kiefer haltmachten: die Baskenmütze ging links am Abhang hinunter, während das Barett den Weg geradeaus weiterverfolgte; es tauchte abwechselnd auf und unter wie jemand, der vorsichtig auf den Zehenspitzen einen Fuß vor den andern setzt. Ich begriff, daß die Jagd angefangen hatte ... Mein Herz schlug schneller ... Ich hielt den Atem an und wartete.

Plötzlich entlud sich ein scharfer Knall, dessen Echo auf seinem Weg ins Tal von den Felswänden widerhallte. Ich lief zur nächsten Kiefer und kletterte erschrocken hinauf. Rittlings setzte ich mich auf einen starken Ast und wartete ängstlich auf das Erscheinen des verwundeten Wildschweins, desselben vielleicht, das die zehn Meter Eingeweide des einarmigen Wilderers abgehaspelt hatte.

Da sich nichts zeigte, fürchtete ich, es könnte gerade drauf und dran sein, meinem Vater den Bauch aufzuschlitzen, und ich bat den lieben Gott – falls es ihn gab – das Wildschwein doch lieber auf meinen Onkel zu lenken, der an das Paradies glaubte und infolgedessen sicher hoffnungsvoller sterben würde.

Aber die Baskenmütze erschien links von mir über einem Wacholderstrauch: ihr Besitzer schwang einen schwarzen Vogel, etwa taubengroß, in der Luft und rief: »Eine schöne Amsel!« Das Barett tauchte aus einem Ginsterbusch auf und eilte herbei. Sie schienen etwas zu verabreden, dann trennten sie sich wieder.

Ich ließ mich zur Erde hinuntergleiten und ging mit mir zu Rate. Sollte ich unten im Tal hinter ihnen herschleichen? Die hohen Sträucher würden mich hindern, die Jagd zu beobachten und außerdem konnte ich – wie mein Vater gesagt hatte – von einer verirrten Kugel getroffen werden.

Wenn ich ihnen hingegen am Grat entlang bis ans Ende der Felsen folgte, konnte ich, hinter den Pistazien verborgen, alles sehen, ohne gesehen zu werden. Außerdem wenn sie wirklich ein Wildschwein anschossen, wäre ich vor ihm sicher, ja, ich konnte das Biest vielleicht sogar töten, wenn ich einige Felsbrocken hinunterwarf. Ich lief also quer durch den Wald von Zwergeichen, die meine Waden zerkratzten, durch Wacholder und Ginster. Auf der Hochebene machte ich erst einen Umweg, verschwand wieder im Gebüsch und gelangte auf die steile Berghöhe.

Sie befanden sich in einem von blauen Felsen umgebenen Tal, durch das in der Regenzeit ein Bach lief, von dem jetzt nur das ausgetrocknete Bett zu sehen war. Es gab nur wenige Bäume, aber hohe Sträucher, die ihnen bis zum Gürtel reichten. Mein Vater ging auf meiner Seite in halber Höhe des Hanges; sein Gewehr vor sich, den Kolben unter dem Ellbogen, die rechte Hand am Abzug und die linke am Verschluß, stieg er gebückt und vorsichtig über das Gebüsch.

Schön war er anzusehen – schön und gefährlich – und ich war stolz auf ihn. Auf dem gegenüberliegenden Hang ging der Onkel den Parallelweg. Von Zeit zu Zeit blieb er stehen, hob einen Stein auf, warf ihn ins Tal hinunter und wartete einige Sekunden. Ich sah alles ganz deutlich, besser als wenn ich bei ihnen gewesen wäre.

Nach dem dritten Stein flog ein großer Vogel aus dem Gebüsch wie ein Pfeil auf die Jäger zu. Der Onkel legte mit einer ans Wunderbare grenzenden Schnelligkeit an, zielte und schoß: der Vogel sackte ab wie ein Stein, hinter ihm in der Sonne flatterten einige Federn zu Tal.

Mein Vater sprang im Laufschritt über die dornigen Büsche, hob das Wild auf und zeigte es von weitem dem Onkel, der herüberschrie: »Das ist eine Schnepfe! Stecken Sie sie in Ihren Beutel, und gehen Sie wieder auf Ihre Linie zurück, zwanzig Meter hoch am Hang.«

Diese Geschicklichkeit, diese Kaltblütigkeit, diese Meisterschaft begeisterten mich. Mein Zorn verrauchte: ein Buffalo Bill hat das Recht, zu lügen!

Sie setzten ihren Marsch fort, und als sie an meinem Beobachtungsposten vorbeigegangen waren, zog ich mich vorsichtig zurück. Auf der weiten, steinigen Hochebene beschrieb ich wieder einen großen Bogen, um ihnen meinerseits zuvorzukommen. Die Sonne strahlte zwei Meter über dem Horizont und der Lavendel, den ich im hastigen Lauf zertrat, duftete in der frischen Morgenluft.

Als ich ihnen weit voraus zu sein glaubte, lenkte ich meinen Schritt wieder zum Felsen und sah plötzlich ein goldgelbes Huhn mit roten Schwanzfedern vor mir herlaufen. Die Aufregung lähmte mich: ein Rebhuhn! Es war ein Rebhuhn! Es lief so schnell wie ein Wiesel und verschwand in einem großen

Wacholderstrauch. Blindlings folgte ich ihm durch die dornenlosen Zweige. Aber schon kamen die roten Federn von der anderen Seite, denn das Huhn war nicht allein; ich sah zwei andere, dann vier, dann ein ganzes Dutzend . . . ich schwenkte nach rechts, um sie gegen die Felsen zu treiben, und dieses Manöver glückte; aber sie flogen nicht auf, als wäre es ihnen, da ich ja unbewaffnet war, nicht der Mühe wert. Da nahm ich Steine und warf sie vor mir her. Ein riesiger Lärm erschreckte mich, es klang, als ob eine Ladung Steine aus einem Lastwagen gekippt würde. Eine Sekunde lang erwartete ich, ein Monstrum aus dem Dickicht brechen zu sehen, aber dann begriff ich, daß die Kette aufflog, erst in Richtung der Felsen, um dann im Tal zu verschwinden.

Als ich am Rand des Steilhangs ankam, fielen fast gleichzeitig zwei Schüsse. Ich sah meinen Vater, der geschossen hatte und nun den Gleitflug der schönen Rebhühner beobachtete. Ohne den leisesten Flügelschlag schwebten sie durch die Morgenluft. In diesem Augenblick hob sich die Baskenmütze aus dem Ginster und über ihr das Gewehr. Gelassen zielte sie: das erste Rebhuhn schwankte nach links und fiel losgelöst vom Himmel. Die übrigen wandten sich nach rechts. Das Gewehr beschrieb einen Viertelkreis, der zweite Schuß knallte, und ein weiteres Huhn schlug fast senkrecht herunter. Ich jauchzte vor Freude. Die beiden Jäger fanden nach kurzem Suchen, etwa fünfzig Meter voneinander entfernt, die Beute und schwangen sie in die Höhe. Mein Vater rief bravo; während er das Huhn in seinen Beutel steckte, sah ich ihn in die Höhe springen und fieberhaft die leeren Patronenhülsen aus seinem Gewehr nehmen: ein schöner Hase, der zwischen seinen Beinen durchgelaufen war, wartete das Ende dieser Manipulation nicht ab, sondern verschwand mit erhobenem Schwanz und gespitzten Ohren im Gebüsch . . . Der Onkel rang die Hände zum Himmel: »Unglücklicherr! Soforrt wiederr laden! Wenn man geschossen hat, soforrt wiederr laden!!!«

Mein Vater breitete zerknirscht die Arme aus und lud.

Während dieser Unternehmung stand ich aufrecht am Felsrand, aber die von den Rebhühnern hypnotisierten Jäger hatten mich nicht gesehen. Ich begriff meine Unvorsichtigkeit. Einige Schritte zurück verbargen mich wieder.

Ich war bestürzt über unsern Mißerfolg, der für mich die Ausmaße einer Katastrophe annahm. Zweimal war der Königsschuß daneben gegangen und um ihn zu verhöhnen, hatte der Hase meinen Vater zu einem kleinen Luftsprung gezwungen, ehe er ihm den Hintern zeigte. Es war von niederschmetternder Komik.

Ich suchte ihn zu entschuldigen: da er unmittelbar unter dem Felsen stand, hatte er keine Zeit gehabt, die Rebhühner kommen zu sehen, während der Onkel wie auf dem Anstand zielen konnte.

Außerdem kannte er seine Flinte noch nicht, und der Onkel hatte gesagt, das sei das wichtigste ... Und dann war es sein erster Versuch, das erste Jagdfieber. Deshalb hatte er nicht rechtzeitig daran gedacht, ›soforrt‹ wieder zu laden. Aber zum Schluß mußte ich zugeben, daß dieser Zwischenfall all meine Befürchtungen bestätigte. Ich beschloß, nie mit irgend jemand darüber zu sprechen und vor allem nicht mit ihm.

Was würde jetzt geschehen? Würde ihm ein ehrenvoller Schuß gelingen? Ihm, meinem Vater, der letzten Instanz bei der Abschlußprüfung, dem Meister im Boulespiel, der auch schon beim Damespiel im Kreis von Sachverständigen gegen den berühmten Raphael gewonnen hatte – würde er geschlagen nach Hause zurückkommen neben dem mit Rebhühnern und Hasen wie das Schaufenster eines Ladens dekorierten Onkel? Nein! Nein! Soweit durfte es nicht kommen! Ich würde ihm den ganzen Tag auf dem Fuße folgen und ihm soviel Vögel, Kaninchen und Hasen zutreiben, daß er schließlich etwas treffen mußte.

An eine Kiefer angelehnt, wo die kleinen, schwarzen Hügelgrillen im Duft des warmen Harzes trockenes Schilf sägten, stellte ich diese Überlegungen an und kaute nervös an einem Rosmarinhalm. Die Hände in den Taschen und mit gesenktem Kopf setzte ich meinen Marsch fort. Von fern klang dumpf ein Flintenschuß und riß mich aus meinen Gedanken. Ich rannte an den Felsrand. Die Jäger waren schon weit weg, am Ende des Tals, das in ein felsiges Plateau mündete ... Ich rannte, um sie einzuholen, sah aber, daß sie nach rechts abschwenkten und in einem Kiefernwäldchen verschwanden, direkt am Fuß des Taoumé, der sich nun vor mir erhob.

Ich beschloß, ins Tal hinunterzusteigen und ihren Spuren zu folgen. Aber der Felsen fiel mindestens hundert Meter steil ab, und ich sah nirgends einen Kamin. Also entschloß ich mich, zurückzugehen und so den Weg zu finden, den sie eingeschlagen hatten, als ich sie verließ: aber seitdem waren wir schon über eine Stunde gegangen. Ich rechnete aus, daß ich – im Laufschritt – etwa zwanzig Minuten brauchen würde, um diesen Ausgangspunkt wiederzufinden. Dann müßte ich das ganze Tal noch einmal durchqueren, wo ich schlecht laufen konnte wegen der stacheligen Ginsterbüsche, die sich bis über meinen Kopf erhoben; also noch einmal eine gute halbe Stunde. Und wo würden sie währenddessen sein? Ich setzte mich auf einen Stein, um über die Lage nachzudenken.

Mußte ich also unverrichteter Dinge nach Hause zurückkehren? Ohne den geringsten Zweifel würde ich Pauls Hochachtung verlieren, und meine Mutter würde mich mit demütigender Zärtlichkeit trösten. Es blieb natürlich der Ruhm eines mutigen Versuchs und einer gefährlichen Rückkehr, die ich dann in meinem Bericht noch ausschmücken könnte. Aber hatte ich das Recht, Joseph im Stich zu lassen? Sollte er ganz allein mit seiner lächerlichen Flinte und kurzsichtig hinter seinen Brillengläsern gegen den König der Jäger kämpfen? Nein! Dieser Verrat an ihm wäre sehr viel schlimmer als seiner an mir.

Das Problem war also, sie wiederzufinden. Würde ich mich in dieser Bergeinsamkeit nicht verirren?

Verächtlich wies ich diese kindische Angst zurück. Man mußte nur kaltes Blut bewahren und die Entschlossenheit des echten Komantschen. Da sie den Berg von links nach rechts umgangen hatten, mußte ich sie auf jeden Fall treffen, wenn ich geradeaus marschierte. Ich sah das Bergmassiv des Taoumé prüfend an. Es war gewaltig und die Entfernung, die ich zurücklegen mußte, beträchtlich. Ich nahm mir vor, mit meinen Kräften zu sparen und wie die Indianer in leichtem Trab zu laufen; auf Zehenspitzen, die Ellbogen am Körper, die Hände auf der Brust gekreuzt, die Schultern zurückgebogen und den Kopf gesenkt; alle hundert Meter auszuruhen, um auf die Geräusche des Waldes zu lauschen und dabei dreimal ruhig und tief zu atmen.

Mit einer ganz und gar indianischen Entschlossenheit machte ich mich auf den Weg.

Der Hang, der sich nun vor mir erhob, war nicht schwer zu bezwingen. Der Grund unter meinen Füßen bestand aus einer riesigen, blauschimmernden Kalksteinplatte, zerfurcht von Rissen, in denen Thymian und Lavendel blühten. Dann und wann wuchs ein gotisch gestreckter Wacholderstrauch auf dem kahlen Gestein oder eine Kiefer, deren dicker, knotiger Stamm in seltsamem Gegensatz zu der Magerkeit des kleinen Bäumchens stand, das nicht größer war als ich. Man sah, daß die ausgehungerte Pflanze seit Jahren einen wilden Kampf mit dem harten Stein kämpfte, und daß sie oft tagelang geduldig auf einen einzigen Wassertropfen warten mußte. Zu meiner Linken ragte der Gipfel des Taoumé auf, der sich so mit Himmel vollgesogen hatte, daß sein blasses Blau verwaschen wirkte. Ich trottete in der vor Hitze vibrierenden Luft an seiner linken Flanke entlang. Alle hundert Meter blieb ich nach Indianerweise stehen und holte aus voller Brust dreimal tief Atem.

Nach ungefähr zwanzig Minuten stand ich plötzlich direkt unter dem Gipfel, und die Landschaft veränderte sich. Eine wilde Schlucht teilte die felsige Hochebene. Zwischen zwei eingestürzten Blöcken ragten große Kiefern und hohe Sträucher. Es war leicht, in die Schlucht hinunterzuklettern, aber auf der anderen Seite wieder hinaufzukommen, erwies sich als unmöglich. Die Entfernung hatte mich über die Höhe getäuscht. Ich ging also weiter am Fuß der steilen Wand entlang, überzeugt, irgendwo einen Kamin zu finden.

Der Trab des Indianerhäuptlings wurde aber oft durch wildwuchernde Clematis und die Wirrnis einer Unmenge von Pistazienbäumchen verlangsamt. Die kleinen, spitzigen Blätter der Zwergeichen, die am Rande vier symmetrische Stacheln haben, setzten sich beim Laufen auf den Zehenspitzen in meinen Sandalen fest. Von Zeit zu Zeit blieb ich stehen, streifte sie ab und klopfte sie an den Felsen aus.

Ständig scheuchte ich mit meinen Schritten Vögel auf, oder sie strichen über meinen Kopf hinweg. Ich konnte keine zehn Meter weit sehen. Das Dickicht der Bäume und die hohen Wände der Schlucht verbargen mir den Rest des Weltalls.

Eine unbestimmte Unruhe ergriff mich: darum holte ich das spitze Messer aus meinem Beutel und nahm es fest in die Hand. Die Luft war ruhig, und der würzige Duft der Hügel erfüllte wie ein unsichtbarer Dunst die tiefe Schlucht. Thymian, Lavendel und Rosmarin mischten sich mit dem Geruch des goldgelben Harzes, dessen lange, unbewegliche Tränen wie Glas auf dem lichten Schatten der schwarzen Baumrinde glänzten. Ich marschierte lautlos in der Stille dieser Einsamkeit, als auf einmal ein paar Schritte von mir entfernt erschreckender Lärm losbrach.

Es war eine Kakophonie von verliebten Trompetentönen, herzzerreißenden Seufzern und verzweifelten Schreien. Die geheimnisvollen Dissonanzen waren beklemmend wie ein Alpdruck; die rasch aufeinanderfolgenden Echos vervielfältigten und erweiterten sich und hallten durch die Schlucht.

Ich blieb zitternd und starr vor Angst wie angewurzelt stehen. Der Spektakel hörte unvermittelt auf, aber die unbewegliche Stille erschien mir jetzt noch schrecklicher. In diesem Moment brachte hinter mir ein Hase, der auf der Höhe des Felsens lief, einen Stein ins Rollen; er fiel auf einen Kaninchenbau aus blauen Kieseln, der fächerförmig wie ein Balkon am steilen Abhang hing. Die Kiesel setzten sich in Bewegung und hagelten mit unheilvollem Lärm bis zu meinen eingesunkenen Füßen nieder. Da sprang der unglückliche Indianerhäuptling auf wie ein erschrecktes Tier und kletterte auf eine Kiefer, deren Stamm er an sein Herz drückte, als wäre sie seine Mutter. Ich atmete tief und horchte in die Stille. Wie gern hätte ich das Zirpen einer Grille gehört – aber es war keine in der Nähe.

Um mich herum waren die Äste undurchdringlich. Unten auf dem trockenen Reisig sah ich die Klinge meines Messers blitzen. Gerade wollte ich geräuschlos von meiner Kiefer heruntergleiten, da brach die bedrohliche Kakophonie von neuem los, heftiger noch als das erstemal. Von Panik erfaßt, stieg ich fast auf die Spitze der Kiefer und konnte ein leises Schluchzen nicht mehr zurückhalten. Da sah ich auf einmal auf den höchsten Ästen einer abgestorbenen Eiche ein Dutzend Vögel mit funkelndem Gefieder: ihre Flügel waren leuchtend blau mit weißen Streifen, Hals und Steiß hellbraun, der Schwanz blauschwarz und der Schnabel kanariengelb. Ohne den geringsten Grund und wie zum Vergnügen heulten, schrien, seufzten sie und miauten mit zurückgeworfenem Kopf wie die Teufel. Jetzt packte mich der Zorn, ich hob mein Messer auf, dann einen scharfen, flachen Stein, und lief damit zu der Eiche, auf der die verrückten Vögel saßen. Doch beim Geräusch meiner Schritte flog die ganze Bande auf und davon und verlegte ihre lächerliche Katzenmusik auf eine Kiefer hoch in den Felsen.

Ich setzte mich auf das glühende Geröll unter dem Vorwand, meine Sandalen wieder auszuleeren, in Wirklichkeit aber, um mich von dem Schrecken zu erholen. Dann verspeiste ich eine Stange Schokolade.

Nun horchte ich lange in Richtung der Hügel – nichts wie tödliche Stille war zu vernehmen. Wie war das möglich? Kein einziger Jäger am Tag der Eröffnung? Erst später sollte ich erfahren, daß die Bewohner der Gegend sich an diesem Tag niemals blicken lassen, da sie es unter ihrer Würde finden, mit ›Genehmigung der Behörden‹ in den Wäldern ihrer Heimat zu jagen, und den Eifer der Landpolizei von Aubagne fürchten, der an diesem Tag besonders groß ist.

Ich sah zurück, um die Länge des zurückgelegten Weges abzuschätzen. Da erblickte ich hoch oben in Himmelsnähe einen unbekannten Berg, dessen Grat sich über mindestens fünfhundert Meter hinzog. Es war der Taoumé, aber da ich immer nur seine Vorderfront gesehen hatte, erkannte ich ihn nicht wieder. So wird der erste Astronom, der die andere Seite des Mondes sieht, glauben, er habe ein neues Gestirn entdeckt.

Ich war zuerst fassungslos, dann überfiel mich Angst. Nochmals spähte ich nach allen Seiten, fand aber keinen Anhaltspunkt. So entschloß ich mich, nach Hause zurückzugehen, das heißt, in die Nähe unseres Hauses, denn um das Gesicht zu wahren, würde ich mich nicht zeigen. Am Rand des Kiefernwaldes würde ich die Rückkehr der Jäger abwarten und mit ihnen zusammen heimkommen.

Ich ging also zurück, woher ich gekommen war, was mir ein Leichtes schien, aber ich hatte nicht mit der Tücke des Objekts gerechnet.

Wege, die man hinter sich läßt, benutzen die Gelegenheit, um sich zu verändern. Der Pfad, der erst nach rechts abbog, hat es sich anders überlegt und geht bei der Rückkehr nach links.

Erst führte er einen kleinen Abhang hinunter, jetzt steigt er in die Höhe wie ein Schuttberg, und die Bäume spielen Verstecken.

Indessen, da ich mich mitten in einer Schlucht befand, gab es nur eine Möglichkeit: ich mußte auf halbem Weg umkehren und den Hohlweg, durch den ich heruntergekommen war, wieder hinaufklettern, ohne mich um das verhexte Gelände zu kümmern.

Mit meinem Messer in der Hand ging ich Schritt für Schritt zurück. Als alter Komantsche suchte ich eifrig meine Spuren: einen Fußabdruck, einen verschobenen Stein am Weg, einen abgebrochenen Zweig. Ich sah nichts und dachte an die wunderbare Klugheit des kleinen Däumlings, des genialen Erfinders einer vorsorglich hinterlassenen Fährte. Es war zu spät, seinem Beispiel zu folgen.

Plötzlich kam ich an eine Art Kreuzung. Das Tal teilte sich in drei Schluchten, die sich wie Krähenfüße bis hinauf zu dem geheimnisvollen Gipfel hinzogen ... Ich hatte beim Abstieg die beiden anderen nicht bemerkt ... wie war das möglich? Ich überlegte, während ich nacheinander die drei Hohlwege betrachtete. Dann wurde mir plötzlich klar, daß die Sträucher ja viel höher waren als ich selbst und daß ich beim Abstieg immer nur geradeaus den Weg, den ich ging, verfolgt hatte, und der war schwierig genug gewesen. Aber welchen Weg sollte ich jetzt gehen? Vernünftigerweise hätte ich einsehen müssen, daß ich den ersten Abhang auf der linken Seite hinuntergeklettert war, da ich von der Hochebene aus die beiden anderen nicht überquert hatte. Aber der unglückliche Komantschenhäuptling verlor die Richtung, er ließ sich auf die Erde fallen und weinte.

Trotzdem begriff ich schnell die beschämende Sinnlosigkeit meiner Verzweiflung: man mußte etwas unternehmen und sofort wie ein Mann handeln; und vor allem wieder zu Kräften kommen, denn trotz der unglaublichen Härte meiner Wadenmuskeln spürte ich eine beunruhigende Müdigkeit.

Am Beginn des einen Hohlwegs wuchs eine immergrüne Steineiche mit sieben oder acht Stämmen, die einen Kreis bildeten; ihr dunkelgrünes Geäst erhob sich über einer Insel von Büschen aus dornengespicktem Ginster und Zwergeichen. Dieses Dickicht von stachligem Grün schien undurchdringlich, aber ich erhob mein Messer zum Tomahawk und bahnte mir einen Weg.

Nach einer anstrengenden Viertelstunde und zerschunden von Dornen, deren tausend Stiche fiebrig brannten, gelang es mir, diesen Verteidigungsgürtel zu sprengen. In der Tiefe zwischen den Stämmen war ein mit Baouko bewachsener Grasplatz, dort richtete ich mich mit einem stärkenden Gefühl der Geborgenheit ein: ich war unsichtbar, und andererseits war einer der Stämme schnell zu erklettern, ein unschätzbarer Vorteil für den Fall, daß ein angeschossenes Wildschwein mir nach dem Leben trachtete. Ich streckte mich im weichen Gras aus und verschränkte die Arme im Nacken. Durch den Wipfel der Steineiche sah man ein Stück Himmel und genau in der Mitte einen Raubvogel, der beinahe regungslos das Land überwachte.

Ich stellte mir vor, daß dieser Geier – oder war es ein Condor – vielleicht im selben Augenblick meinen Vater und meinen Onkel beobachtete, wie sie auf einem Feuer aus Rosmarinzweigen ihre Koteletts brieten, denn die Sonne stand im Zenit.

Nachdem ich einige Minuten ausgeruht hatte, öffnete ich meinen Beutel und aß heißhungrig mein Brot und die Schokolade. Aber ich hatte nichts zu trinken mitgenommen, und meine Kehle war ganz ausgetrocknet.

Ich hatte große Lust, die Orange zu verzehren, aber ein Komantsche sorgt für schlechte Zeiten vor, und ich steckte sie wieder in den Beutel, denn ich konnte mir ja ein anderes Labsal verschaffen: ich wußte – von Gustave Aymard – daß es genügt, einen Kiesel zu lutschen, um sich angenehm erfrischt zu fühlen. Die vorsorgliche Natur hatte in dieser quellenarmen Gegend mit Kieselsteinen nicht gespart; ich wählte einen runden, glatten – groß wie eine Kichererbse – und schob ihn nach bewährtem Beispiel unter meine Zunge.

Der rechte Pfad erhob sich steil zum Himmel. Ungefähr fünfhundert Meter vor mir staute sich sanft abfallendes Geröll, das mir sicher helfen würde, auf die Hochebene zu steigen. Von dort konnte ich dann endlich die ganze Landschaft überblicken, vielleicht das Dorf und sogar unser Haus sehen. Ich faßte neuen Mut, und gemächlich begann ich den Aufstieg.

Diese Schlucht war genau wie die andere ein Dickicht von Sträuchern, besonders Sadebäume und Rosmarin. Die Pflanzen hier schienen älter als alle, die ich bisher gesehen hatte; ich bewunderte einen Busch, der so hoch und breit war, daß er wie eine gotische Kapelle aussah, und Rosmarinstauden, die größer waren als ich. Wenig Leben gab es in dieser Einöde. Eine Grille zirpte matt, und drei oder vier himmelblaue Fliegen folgten mir unermüdlich und brummten wie schlechtgelaunte Erwachsene.

Plötzlich glitt ein Schatten über das Buschholz. Ich hob den Kopf und sah den Condor. Er war vom Zenit heruntergekommen und kreiste majestätisch. Die Spannweite seiner Flügel war sicher zweimal so groß wie die meiner ausgebreiteten Arme. Er entfernte sich nach links. Ich dachte, er sei aus bloßer Neugierde heruntergekommen, um einen Blick auf den Eindringling zu werfen, der es gewagt hatte, sich in seinem Königreich zu zeigen. Aber ich sah ihn in einer großen Kurve auf meiner rechten Seite wieder auftauchen und stellte mit Schrecken fest, daß er einen Kreis zog, dessen Mittelpunkt ich war, und daß dieser Kreis immer enger und niedriger wurde.

Da fiel mir der ausgehungerte Geier ein, der eines Tages einem verwundeten Pfadfinder, der am Verdursten war, durch die Wüste folgte. *Diese Raubvögel ziehen oft tagelang hinter dem erschöpften Wanderer her und warten geduldig, bis er zusammenbricht. Dann reißen sie blutige Fleischfetzen aus seinem noch zuckenden Körper.*

Ich holte mein Messer vor – das ich unvorsichtigerweise wieder in meinen Beutel gesteckt hatte – und schärfte es ostentativ an einem Stein. Es kam mir vor, als ob der Todeskreis des Vogels sich nicht mehr tiefer senkte. Um der Bestie zu beweisen, daß ich noch nicht am Ende meiner Kräfte war, führte ich einen wilden Indianertanz auf, dem ich ein höhnisches Gelächter folgen ließ. Die Echos der Schlucht gaben es so gewaltig wieder, daß es mich selbst erschreckte ... Aber dieser fleischgierige Räuber ließ sich nicht einschüchtern und nahm seinen fatalen Rundflug wieder auf. Ich suchte mit den Augen – die er mir mit seinem gebogenen Schnabel aushacken wollte – eine Zuflucht. Welches Glück! Zwanzig Meter vor mir öffnete sich die Felswand in einem Spitzbogen. Ich hielt mein Messer in die Höhe, und während ich den Vogel mit angsterstickter Stimme beschimpfte, suchte ich in höchster Not das rettende Obdach zu erreichen ... Kerzengerade ging ich weiter mitten durch die Ginster- und Rosmarinbüsche; die stachligen Zwergeichen zerkratzten mir die Beine, und unter meinen Füßen rollten die Kieselsteine der Hochebene. Bis zu dem Schlupfwinkel waren es noch zehn Schritte – zu spät! Der Mörder stand jetzt reglos etwa zwanzig oder dreißig Meter über meinem Kopf. Ich sah seine riesigen Flügel schwanken, und sein vorgestreckter Hals bedrohte mich. Plötzlich tauchte er mit der Schnelligkeit eines fallenden Steines in die Tiefe. Wahnsinnig vor Angst schützte ich meine Augen mit den Armen und warf mich laut schreiend auf den Bauch unter einen Ginsterbusch. Im gleichen Augenblick brach ein entsetzlicher Lärm los: nur wenige Meter von mir entfernt flog eine Kette erschreckter Rebhühner auf, und ich sah den Raubvogel, wie er sich in weitem, kühnem Flug wieder in die Lüfte schwang. In seinen Krallen hielt er ein zitterndes Rebhuhn, hinter dem eine Schleppe verzweifelter Federn vom Himmel flatterte.

Ich zwang mich nur mit Mühe, nicht kläglich zu schluchzen. Wie verächtlich wäre das dem ›Edelmütigen Herzen‹ erschienen! Obwohl die Gefahr vorüber war, versteckte ich mich in der Felsspalte und versuchte, meine Fassung wiederzufinden.

Es war eine Höhle in Zeltform, gerade so hoch wie ich und etwa zwei Meter breit. Ich trat ein paarmal fest auf das Gras, das den Boden bedeckte, setzte mich gegen die Felswand und überdachte meine Lage.

Ich begriff jetzt, daß der Geier nie die Absicht gehabt hatte, mich anzugreifen, sondern die Rebhühner verfolgte, diese unglücklichen Vögel, die lange Zeit vor mir geflohen waren und aus Furcht vor dem fliegenden Mörder, der ihnen auflauerte, nicht gewagt hatten aufzusteigen ... Diese Erkenntnis beruhigte mich über den weiteren Gang der Dinge: Der Geier würde nicht zurückkommen.

Dann beglückwünschte ich mich, daß ich zur Stillung meines Durstes einen so glatten und runden Kieselstein gewählt hatte, denn wie ich feststellte, hatte ich ihn in meiner Verwirrung verschluckt.

Die Haut auf meiner rechten Wange ›zog‹ mich. Ich rieb sie etwas mit der Hand und blieb mit dem Daumen kleben. Als die blauen Vögel mir solche Angst einjagten und ich die Kiefer umarmte, hatte ich mich mit Harz beschmiert. Aus Erfahrung wußte ich, daß dagegen ohne Öl oder Butter nichts zu machen war. Man mußte also das Ziehen und die Empfindung, eine Wange aus Pappe zu haben, geduldig ertragen. Aber wenn man ein Komantschenhäuptling sein will, darf man solche Lappalien gar nicht erwähnen.

Viel beunruhigender war der Zustand meiner Beine. Sie waren von langen, roten Streifen geritzt, die sich wie die Drähte eines Gitters kreuzten, und eine große Anzahl feiner Dornen steckte in der Haut. Geduldig riß ich einen nach dem anderen mit den Nägeln heraus. Dann suchte ich – da die vielen kleinen Wunden heftig brannten – einige heilende Kräuter. Man weiß, daß Heilkräuter, die man im Gebirge findet, jede Wunde schnell vernarben lassen, aber ich mußte mich in der Wahl der Pflanzen geirrt haben, denn nach einer kräftigen Abreibung mit Thymian und Rosmarin fühlte ich einen so brennenden Schmerz, daß ich unter Wehgeschrei von einem Fuß auf den anderen hüpfte. Um mich zu stärken, aß ich umgehend die eine Hälfte der Orange auf, was mir sehr gut tat.

Nun versuchte ich, auf die Hochebene zu steigen, aber die Überwindung des Gerölls war viel schwerer, als ich gedacht hatte, und ich bemerkte, daß Geröll eine natürliche Neigung hat zu rollen. Immer, wenn ich auf allen Vieren gerade unter dem Gipfel angekommen war, rutschte ich auf diesem beweglichen Kieselsteinteppich wieder zurück. Schon zweifelte ich an meinem Erfolg, als ich einen gangbaren Kamin entdeckte, zu eng für einen Mann, aber für mich gerade recht.

Wahrhaftig, ich erreichte die Hochebene! Sie war weit und nur ganz wenig bewaldet. Immer wieder Zwergeichen, Rosmarin, Wacholder, Ginster, Raute und Lavendel. Immer wieder die ärmlichen Kiefern auf knotigen Stämmen, gebogen in Richtung des Mistrals. Dazu die großen flachen, blauen Steine. Ich schaute am Horizont entlang: Ich war von Hügeln umgeben, die ein weiter Kranz von unbekannten Bergen säumte.

Ich beschloß, mich erst einmal zu orientieren. Mein Vater hatte hundertmal gesagt: ›Wenn du nach Sonnenaufgang schaust, dann ist der Sonnenuntergang hinter dir. Links von dir ist Norden, rechts von dir Süden. Das ist ganz einfach.‹

Ja, ganz einfach, natürlich! Aber wo war der Sonnenaufgang? Ich sah nach der Sonne, sie stand nicht mehr in Himmelsmitte, und da ich wußte, daß Mittag schon vorbei war, konnte ich mir ungefähr vorstellen, wo sie untergehen würde.

Ich drehte ihr also den Rücken zu, streckte die Arme aus und versicherte mir selbst mit lauter Stimme: »Rechts von mir ist Süden. Links von mir ist Norden.«

Aber dann ging mir auf, daß meine glorreiche Feststellung ohne einen Anhaltspunkt gar nichts nützte. In welcher Richtung lag unser Haus? Dieser verdammten Schluchten wegen hatte ich mehrere Umwege machen müssen ... Ich war vollkommen niedergeschlagen und von einer so tiefen und verzweifelten Mutlosigkeit, daß ich mich zu einem Spiel entschloß.

Ich fing an, Steine zu schleudern, so wie es die Hirten machen, die Faust in die Hüfte gestemmt. Auf dieser Hochebene gab es eine wunderbare Auswahl dünner, vollkommen flacher Steine in allen Größen. Sie flogen, um sich selbst rotierend, mit erstaunlicher Leichtigkeit durch die Luft. Je mehr ich meine Technik vervollkommnete, desto weiter flogen sie. Der zehnte schlug in einen Ginsterbusch, aus dem plötzlich eine wunderschöne, grüne Eidechse, lang wie mein Arm, hervorschoß ... Sie glitt wie ein schmaler Smaragd dahin und verschwand in einem Wacholderstrauch ... Ich lief ihr nach, in jeder Hand einen Stein. Den ersten warf ich, um die Eidechse zu erschrecken. Im selben Augenblick sah ich aus dem dichten Grün eine sonderbare Kreatur aufschnellen: groß wie eine Feldratte, die einen Sprung von mindestens fünf Metern machte, um auf einem flachen Felsblock zu landen. Dort blieb sie nur den Bruchteil einer Sekunde, der mir genügte festzustellen, daß sie wie ein Liliputkänguruh aussah, mit unproportioniert langen Hinterbeinen, die so schwarz und glatt wie Hühnerbeine waren, während ihr Körper in einem hellen Pelz steckte, aus dem spitze, ganz gerade Ohren herausragten. Ich erkannte in ihr eine Springmaus, denn Onkel Jules hatte mir einmal eine beschrieben. Sie schnellte mit der Leichtigkeit eines Vogels wieder in die Höhe und erreichte mit drei Sprüngen einen kleinen Wald von Zwergeichen. Umsonst versuchte ich, sie einzuholen, sie war nirgends mehr zu erblicken. Doch als ich sie verfolgte, entdeckte ich eine Art kegelförmige Hütte aus platten, sehr sinnreich verteilten Steinen. Jede Reihe der kreisförmig angeordneten Steine wurde gegen die Mitte zu um eine Fingerbreite enger, so daß die mit jeder Lage Steine engeren Kreise sich nach oben zusammenschlossen. Es blieb eine tellergroße Öffnung, die mit einem schönen, flachen Stein bedeckt war. Der Anblick dieses Zufluchtsortes erinnerte mich an meine trostlose Lage. Die Sonne sank am Horizont, und diese Schäferhütte würde mir vielleicht das Leben retten . . .

Ich betrat sie nicht sofort. Jeder Präriekenner weiß, daß eine verlassene Hütte manchmal einen Sioux oder Apatschen verbirgt, der den Tomahawk bereit hält, um dem arglosen Fremdling den Kopf zu zerschmettern . . . Außerdem konnte ich auf eine Schlange oder giftige Spinnen treffen.

Also steckte ich einen langen Kiefernzweig durch das Loch, das als Eingang diente, bewegte ihn nach allen Seiten hin und her, während ich einige finstere Drohungen hinein rief. Nichts wie Schweigen war die Antwort. Immer noch auf eine Falle gefaßt, untersuchte ich dann das Innere der Hütte. Es war nichts zu entdecken außer einem Lager aus Heu, auf dem wohl ein Jäger geschlafen hatte.

Nun schlüpfte ich in das Hüttchen, wo ich mich kühl und geborgen fühlte. Dort konnte ich zumindest die Nacht verbringen und war vor den nächtlichen Raubtieren, die im Dunkeln die Beute anschleichen, wie zum Beispiel dem Puma oder dem Leoparden, geschützt. Allerdings bemerkte ich voll Unruhe, daß das Eingangsloch keine Tür hatte! – Sofort faßte ich den Plan, eine genügende Anzahl flacher Steine zu sammeln und den Eingang durch eine kleine Mauer zu sichern, wenn die Stunde gekommen war, mich in meiner Festung zu verschanzen. Ich gab also meine Trapperrolle und die Verschlagenheit des Komantschen auf und wappnete mich mit der tapferen Geduld Robinsons.

Erstes Mißgeschick: es gab keinen einzigen flachen Stein in der Nähe der Hütte. Wo hatte der Hirt seine Bausteine gefunden?

Durch einen Geistesblitz wurde mir klar, daß er sie da, wo jetzt keine mehr waren, hergenommen hatte. Ich brauchte nur in der weiteren Umgebung zu suchen, was ich mit Erfolg auch tat ...

Während ich dieses Baumaterial herbeischleppte und mir die Hände blutig riß, dachte ich: Im Augenblick ist noch niemand beunruhigt. Die Jäger vermuten mich zu Hause, und meine Mutter vermutet mich bei den Jägern. Aber welche Katastrophe, wenn sie zurückkommen! Mama wird vielleicht in Ohnmacht fallen! Auf jeden Fall wird sie weinen.

Daraufhin fing ich selbst zu weinen an und drückte einen Stein, der ganz platt war aber so schwer wie ich selbst, fest gegen meinen Bauch.

Gern hätte ich wie Robinson ›ein leidenschaftliches Gebet zum Himmel gesandt‹ und um Unterstützung der Vorsehung gebeten. Aber ich kannte keine Gebete. Und die Vorsehung, die es nicht gibt, die aber alles weiß, hatte nicht viel Grund, sich meiner anzunehmen.

Doch hatte ich gelegentlich sagen hören: ›Hilf dir selbst, so hilft dir Gott‹, und überzeugt, daß mein Mut soviel wert war wie ein Gebet, setzte ich weinend meinen Steintransport fort. »Ganz bestimmt werden sie sich auf die Suche machen«, dachte ich, »sie werden die Bauern alarmieren, und nach Einbruch der Nacht werde ich einen langen Zug mit brennenden Harzfackeln zu mir heraufsteigen sehen.« Dazu wäre es natürlich notwendig, auf dem höchsten Felsen ein Feuer anzuzünden.

Zum Unglück hatte ich keine Zündhölzer. Und was den Indianerbrauch betraf, durch Aneinanderreiben zweier Holzstückchen ohne die geringste Schwierigkeit trockenes Moos in Brand zu setzen, so hatte ich es zwar oft versucht, aber nicht einmal mit Pauls Hilfe, der sich die Lungen ausblies, auch nur das kleinste Fünkchen zustande gebracht. Ich hielt meinen Mißerfolg für endgültig. Wahrscheinlich gab es dieses speziell amerikanische Holz und diese besondere Art von Moos hier nicht. Die Nacht würde also schwarz und schrecklich sein – vielleicht die letzte Nacht meines Lebens.

So weit war es also durch meinen Ungehorsam und durch Onkel Jules' Verrat gekommen.

Da erinnerte ich mich eines von meinem Vater oft wiederholten Satzes, den ich mehrere Male abschreiben mußte, wenn er mir Schreibunterricht gab: *Man braucht nicht zu hoffen, um zu handeln, noch Erfolg zu haben, um auszuharren.*

Er hatte mir den Sinn ausführlich erklärt und mir gesagt, daß es der schönste Satz der französischen Sprache sei.

Ich wiederholte ihn mir mehrmals, und wie durch eine magische Formel fühlte ich, wie ich ein kleiner Mann wurde. Ich war beschämt, daß ich geweint hatte, beschämt über meine Verzweiflung. Ich hatte mich in den Hügeln verirrt. Was war schon dabei? Seit meinem Aufbruch von zu Hause war ich fast immer steile Hänge hinaufgestiegen. Ich brauchte sie nur wieder hinunterzuklettern, dann würde ich sicher ein Dorf finden oder wenigstens eine gangbare Straße.

Mit Bedacht verzehrte ich die zweite Hälfte der Orange, und dann ging ich mit schmerzenden Waden und wunden Füßen den schmalen Pfad hinunter, der von der Hochebene abwärts führte.

Ich sagte mir nochmals den Zaubersatz vor und sprang über Ginster und Wacholder. Zu meiner Rechten rötete die Sonne sich hinter Wolkenschleiern; sie sahen aus wie Schleifen auf Konfektschachteln, die Tanten zu Weihnachten verschenken.

So lief ich länger als eine Viertelstunde, erst leicht wie eine Springmaus, dann wie eine Ziege, dann wie ein Kalb und dann stand ich still, um zu verschnaufen. Als ich zurückblickte, stellte ich fest, daß ich mindestens einen Kilometer zurückgelegt hatte und daß ich die drei in die unendliche Hochebene versunkenen Schluchten nun nicht mehr sehen konnte.

Statt dessen glaubte ich, gegenüber auf der Seite des Sonnenuntergangs den Rand eines Tales zu unterscheiden. Gelassen wie ein Spaziergänger ging ich darauf zu, um mich etwas zu erholen, ehe ich wieder zu laufen anfing.

Ja, es war wirklich ein Tal, das sich immer mehr vertiefte, je näher ich kam. Vielleicht war es das Tal, durch das ich schon heute früh gewandert war.

Ich bog die Pistazien und den Ginster auseinander; er war so hoch wie ich. Ich hatte noch etwa fünfzig Meter bis zum Rand des Felsens, da hallte ein Schuß, dann, zwei Sekunden später, noch einer! Er kam aus der Tiefe. Ich rannte ihm entgegen, ganz außer mir vor Freude, als ein Schwarm riesiger Vögel aus dem Tal aufstieg, direkt auf mich zu.

Aber der Führer der Kette schlug plötzlich um, seine Flügel schlossen sich, er streifte einen Wacholderstrauch und fiel schwer zu Boden. Ich bückte mich, um ihn aufzuheben, als ich von einem heftigen Anprall halb erschlagen in die Knie ging: Ein zweiter Vogel war gegen meinen Kopf geprallt, und ich war einen Moment ganz betäubt. Ich rieb kräftig meinen dröhnenden Kopf; da sah ich, daß meine Hand voll Blut war. Ich dachte, es sei mein Blut und wollte gerade wieder in Tränen ausbrechen, als ich bemerkte, daß es die Vögel waren, die bluteten, und das beruhigte mich sofort.

Ich packte sie beide an den Ständern, die noch schwach zitterten.

Es waren Rebhühner, aber ihr Gewicht überraschte mich. Sie waren so groß wie Truthähne, und so hoch ich auch die Arme hob, ihre Schnäbel berührten immer noch die Erde.

Da hüpfte mir das Herz in der Brust: Bartavellen! Königsrebhühner! Ich trug sie an den Rand des Felsens – vielleicht war das eine Dublette von Onkel Jules?

Aber selbst wenn nicht er das Wild erlegt hatte, der Jäger, der die Bartavellen suchte, würde mir sicher einen guten Empfang bereiten und mich nach Hause bringen! Ich war gerettet!

Als ich mich mühevoll durchs Dickicht arbeitete, hörte ich eine tiefe Stimme, deren rollende ›R's‹ die Echos zurückrollten: es war die Stimme von Onkel Jules, die Stimme des Heils, die Stimme der Vorsehung!

Durch die Äste konnte ich ihn sehen. Das Tal war ziemlich weit, kaum bewaldet und nicht sehr tief. Onkel Jules kam von der gegenüberliegenden Seite und rief ärgerlich:

»Aber nein, Joseph, aber nein! Sie durften nicht schießen! Sie flogen auf mich zu. Ihre Schießerei für nichts und wieder nichts hat sie vertrieben!«

Dann hörte ich die Stimme meines Vaters, den ich nicht sehen konnte, denn er stand direkt unter dem Felsen:

»Ich war in guter Schußlinie, und ich glaube, daß ich eines getroffen habe!«

»Ach, hören Sie doch auf«, sagte Onkel Jules verächtlich, »vielleicht würden Sie eines getroffen haben, wenn Sie gewartet hätten, bis es weiterflog! Aber Sie hatten den Ehrgeiz, den Königsschuß abzugeben und nicht nur einen, sondern gleich zwei! Heute früh haben Sie schon ein Rebhuhn, das drauf und dran war, Selbstmord zu begehen, verfehlt, und jetzt versuchen Sie sich auch noch an Bartavellen, und an Bartavellen, die auf mich zuflogen!«

»Ich gebe zu, daß ich mich zu sehr beeilt habe«, sagte mein Vater schuldbewußt, »aber trotzdem ...«

»Trotzdem«, sagte der Onkel schneidend, »trotzdem haben Sie die Königsrebhühner verfehlt – obwohl sie so groß sind wie

Kinderdrachen und obwohl sie mit einer Gießkanne schießen, die ein ganzes Bettlaken durchlöchern könnte. Und am traurigsten ist, daß diese einmalige Gelegenheit sich nicht wiederholen wird! Wenn Sie mich nur hätten machen lassen, dann wären sie jetzt in unserer Jagdtasche!«

»Ich sehe ein, daß es unrecht war«, sagte mein Vater. »Aber trotzdem, ich habe gesehen, wie die Federn flogen ...«

»Ich auch!« höhnte der Onkel. »Ich habe auch gesehen, wie die Federn flogen, schöne Federn, mit denen die Königsrebhühner in einer Geschwindigkeit von sechzig Kilometern in der Stunde davonflogen, bis hinauf in die Felsen, wo sie nicht schlecht auf uns pfeifen werden.«

Ich war nun schon ganz nah gekommen, und ich sah den armen Joseph. Unter seinem schiefgerutschten Barett kaute er nervös an einem Rosmarinhalm und schüttelte traurig den Kopf. Da stieg ich auf einen Felsenvorsprung über dem Tal, und den Körper angespannt wie einen Bogen, schrie ich aus voller Kehle:

»Er hat sie getroffen! Alle beide! Er hat sie getroffen!«

Und mit meinen kleinen, blutigen Fäusten, die vier goldfarbige Flügel hielten, hob ich im Angesicht der untergehenden Sonne den Ruhm meines Vaters hoch zum Himmel empor.

Der Überbringer einer guten Nachricht, selbst wenn es ein Verbrecher wäre, wird nie schlecht empfangen.

Mein Vater sah mit strahlendem Lächeln zu mir herauf. Er sagte nur:

»Alle beide, Jules, alle beide!«

Dann kam die Situation ihm plötzlich zum Bewußtsein, und er rief: »Was machst denn du dort oben?«

Aber seine Stimme drückte nichts anderes als freudige Überraschung aus.

Ich warf die Vögel einen nach dem anderen dem Sieger vor die Füße und ließ mich in die Schlucht hinuntergleiten. Als ich auf dem Grund des Tales angekommen war, machte ich schnell einen kleinen Sprung zur Seite, denn ein Steinhagel prasselte hinter mir herab.

Unterdessen bewunderte mein Vater seine Bartavellen und suchte mit zitternder Hand die Stelle, an der der tödliche Schuß sie getroffen hatte.

»Was machst du denn hier um sechs Uhr abends und so weit

von zu Hause fort?« fragte Onkel Jules mich streng. »Du weißt wohl nicht, daß man sich hier leicht verirren kann?«

»Das ist es ja gerade! Ich habe mich verirrt«, sagte ich. »Ich werde euch alles erzählen, aber erst müßt ihr mir etwas zu trinken geben. Ich komme um vor Durst seit heute früh ...«

»Wieso?« rief mein Vater. »Warst du denn zum Essen nicht zu Hause?«

»Nein, ich bin von weitem hinter euch hergelaufen. Ich werde dir alles erklären, aber gib mir zu trinken! Ich habe eine ganz geschwollene Zunge ... Ich kann kaum sprechen ...«

»Es ist nur noch Weißwein da«, sagte der Onkel.

Und er füllte einen kleinen Becher.

»Nur einen Schluck«, sagte mein Vater. »Du kannst dann zu Hause trinken.«

Ich gehorchte, und dann erzählte ich meine Odyssee. Ganz stolz eröffnete ich ihnen, daß ich es war, der ihnen die ersten Rebhühner zugetrieben hatte.

»Es war mir aufgefallen«, sagte der Onkel, »daß da oben jemand sein mußte. Aber ich dachte, es sei ein Jäger. Dein Ungehorsam hat sich also gelohnt, ich entschuldige dich nicht, aber ich muß es anerkennen.«

»Und die Königsrebhühner!« sagte mein Vater. Er blies in ihre Federn, um ihr Fleisch zu bewundern. »Ohne ihn hätten wir sie nie wiedergefunden, ja, wir hätten sie nicht einmal gesucht! Und ich wäre unverrichteter Dinge und ohne Ehren nach Hause zurückgekommen.«

»Ich hätte dir die Amseln als Beute überlassen«, sagte mein Onkel großzügig.

»Das wäre nur eine fromme Lüge gewesen!«

»Eine Jagdlüge zählt nicht«, sagte der Onkel, »es ist nicht einmal der Mühe wert, sie zu beichten!«

Wir saßen alle drei auf großen Steinen.

»Was hast du denn da im Gesicht?« fragte mein Vater plötzlich, als ob er aus einem Traum erwache.

»Nichts Schlimmes. Es ist nur Harz.«

Und dann erzählte ich von meinem heimlichen Aufbruch, von dem Zettel, den ich für meine Mutter zurückgelassen hatte, von meinem Plan, an der Quelle von Mûrier mit ihnen zusammenzutreffen, und die schreckliche Geschichte von dem Condor. Der Onkel ließ den Raubvogel zu einem Sperber zusammenschrumpfen und erklärte, daß er schon im Alter von zehn Jahren zwei Sperber mit Steinen getötet habe.

Gekränkt sprach ich weder von meinen Ängsten und meiner Einsamkeit noch von meiner Verzweiflung und beschloß, diese ergreifende Geschichte für meine empfindsame Mutter und meinen aufmerksamen Bruder aufzusparen.

Übrigens hörte mein Vater mir kaum zu, er war mit den Königsrebhühnern beschäftigt, trocknete das Blut, das aus ihrem Schnabel floß und band die langen, roten Flügel zusammen.

Der Onkel stand auf:

»Mein lieber Joseph«, sagte er, »ich glaube, es ist Zeit, nach Hause zu gehen; meine Füße haben genug, für den ersten Tag reicht es mir!« Mir reichte es auch! Ich konnte mich kaum mehr aufrecht halten!

Mein Vater sah mich zärtlich an und strich mir übers Haar. Dann entlud er sein Gewehr und gab es mir.

»Nimm das!« sagte er.

Respektvoll ergriff ich die siegreiche Waffe.

Dann öffnete er seine Jagdtasche, die bereits mehrere Stück Wild und zwei leere Flaschen enthielt.

»Da ist kein Platz mehr für sie«, stellte er fest. »Und dann wäre es auch schade, sie zu zerdrücken.«

Mit zwei Enden Bindfaden hängte er sie am Hals an seinen Patronengürtel, eines rechts, das andere links. Schließlich drehte er mir den Rücken zu und bückte sich, die Hände auf den Knien.

»Klettere hinauf!«

Das große Gewehr umgehängt, setzte ich mich auf seine Schultern. Onkel Jules ging vor uns. Er lauerte mit Auge und Ohr auf eine letzte Schußmöglichkeit.

»Vielleicht noch einen Hasen«, hatte er gesagt.

Ich zitterte, daß ihm einer vor die Flinte kommen könnte, denn dieser Hase würde den Erfolg der Bartavellen schmälern. Aber nicht die kleinste Spur eines Langohrs ließ sich blicken, und im Moment, als ich es am wenigsten erwartete – wir kamen gerade aus einem Kiefernwäldchen heraus –, entdeckte ich ein bißchen weiter unten das Dach unseres Hauses. Am Wegrand standen die Olivenbäume mit meinen Grillen ... Ich jauchzte vor Vergnügen und hielt mich an den lockigen Haaren meines Vaters fest. Als wir am Olivenbaum vor der Efeuwand vorbeikamen, schoß unversehens ein kleiner Sioux hervor. Ein Federschmuck krönte seinen Kopf, und auf dem Rücken trug er den Köcher mit Pfeilen. Mit wildem Blick gab er zwei Pistolenschüsse auf uns ab, flüchtete ins Haus und brüllte:

»Mama, sie haben Enten geschossen!«

Daraufhin sprangen meine Mutter und meine Tante, die unter dem Feigenbaum nähten, auf und kamen uns entgegen; das Dienstmädchen lief hinter ihnen her, und wir hielten triumphalen Einzug.

Die drei Frauen drückten uns freudig erregt ihre Bewunderung aus.

Ich war noch nicht vom Rücken meines Vaters heruntergeklettert, da hatte Paul bereits geschickt eine der Bartavellen losgebunden und trug sie auf seinen Armen zu den Frauen.

Das Dienstmädchen faltete die Hände, schlug die Augen zum Himmel auf und rief ganz außer sich:

»O gütige Muttergottes! Das Königsrebhuhn!«

Unterdessen warf Onkel Jules geräuschvoll mehrere Handvoll Drosseln und Amseln auf den Tisch der Terrasse, fünf oder sechs Rebhühner und zwei Kaninchen. Daraufhin leerte mein Vater seine Tasche aus, die drei Rebhühner und eine Schnepfe enthielt und sagte:

»Sehen Sie sich das an, Rose, das alles hat Jules erlegt!«

»Und du?« fragte meine Mutter enttäuscht. »Hast du immer vorbeigeschossen?«

»Ich«, sagte er bescheiden, »ich habe nur die Bartavellen erlegt.«

Ich sah wohl, daß beide von Herzen glücklich darüber waren.

Ich rannte zum ›Eisschrank‹, einer leeren Seifenkiste, in der ein Eisblock lag, um die Getränke frisch zu halten. Neben der schwitzenden Wasserkaraffe fand ich zwei Kompottschüsseln mit Schlagrahm. Ich lief auf meine Mutter zu, um sie zu umarmen. Sie bestand darauf, mir meinen Harzbart abzuwaschen. Nach viermaligem Abseifen mußten wir Olivenöl nehmen, und selbst dann blieb noch acht Tage lang auf der rechten Backe ein großer, bräunlicher Flecken zurück, ziemlich abstoßend und klebrig, aber genau in der Farbe der Sioux-Indianer. Nachdem sie den traurigen Zustand meiner Beine festgestellt hatte, legte sie mich auf den Liegestuhl, machte an einem Zündholz eine Nähnadel glühend und zog die kleinen Dornen heraus, die mich grausam stachen. Paul verfolgte die Operation aus nächster Nähe und stieß an meiner Stelle Schmerzensschreie aus, während ich stolz und apathisch alles mit mir geschehen ließ wie ein aus der Schlacht zurückgekehrter Krieger.

Inzwischen zählte mein Vater in allen Einzelheiten die Heldentaten des Onkel Jules auf, lobte seine Jagdhundspürnase, seinen lautlosen Gang, sein sicheres Urteil, seine außergewöhnlich schnelle Schußbereitschaft und seine tödliche Treffsicherheit ... Der Onkel hörte zu; vor seiner entzückten Frau und vor meiner Mutter, die ihn bewunderte. Nach der fünften oder sechsten Strophe des Heldenliedes war er vollkommen entbartavellisiert und sang nun seinerseits das Lob von Joseph: er beschrieb seine Nervosität, seine ersten Ungeschicklichkeiten, die Energie, mit der er sich zur Ruhe zwang, seinen Widerstand gegen jede Müdigkeit und schließlich seine wunderbare Eingebung, die den schönen Tag krönte. Er schloß mit einem Satz, der die schwarzen Augen meiner Mutter aufleuchten ließ:

»Ein doppelter Königsschuß auf die königlichen Rebhühner von einem Neuling abgegeben – ich kann sagen, daß man so etwas noch nie erlebt hat!«

Jetzt wollte ich sprechen und mein eigenes Loblied singen, da die Jäger mich vergessen hatten. Aber plötzlich fielen mir die Augen zu. Ich spürte, wie die Finger meiner Mutter meine Hand öffneten, mit der ich die Lehne des Liegestuhls umklammerte, und dann trug sie mich ins Haus. Ich wollte im Namen der Schlagsahne protestieren, aber ich brachte nur noch ein schwaches Murmeln heraus bei der Begegnung mit einer hüpfenden Springmaus, die so groß wie ein Hase und schneeweiß war und mich mit vier Sprüngen in die dunklen Gefilde des Schlafes entführte.

Am nächsten Morgen stellte meine Mutter an einer Ecke des Küchentisches die Liste der Besorgungen zusammen, die mein Vater im Dorf erledigen sollte.

»Marcel«, sagte er zu mir, »nimm deinen Rucksack, du kannst mich begleiten. Die Einkaufsliste wird lang, und ich werde sehr bepackt sein. Das Gewicht der Sachen stört mich nicht, aber ihre Menge, denn ich habe die Absicht, mein Gewehr mitzunehmen. Ich habe da nämlich einen Sperber gesichtet, der öfter über dem Hühnerhof von Mutter Toffi kreist. Wenn wir ihn heute morgen sehen, werden wir im Vorübergehen ein Wort mit ihm sprechen.«

Als die Liste fertig war, las er sie noch einmal laut vor. Inzwischen hatte meine Mutter die Bartavellen aus der Vorratskammer geholt und legte sie auf den Tisch.

»Was willst du damit machen?« fragte er beunruhigt.

»Ich werde sie rupfen und ausnehmen, und heute abend braten wir sie.«

»Aber ich bitte dich! Das ist doch kein Geflügel, das ist Wild! Und was für ein Wild! Wir können es nicht vor morgen abend essen – heute, das wäre ein Verbrechen. Übrigens«, sagte er, »ich habe eine Idee. Ich hätte nicht übel Lust, sie Mond des Parpaillouns zu zeigen, er ist Sachverständiger. Man soll nie eine Gelegenheit versäumen, sich zu unterrichten, und dieser alte Wilderer versteht sicher mehr davon als mancher Naturwissenschaftler.«

Er befestigte die beiden Vögel an seinem Gürtel, und dann schulterte er sein Gewehr.

Vergnügt brachen wir auf. Ich trug die drei leeren Beutel. Mein Vater ging voraus und durchforschte mit den Blicken die treppenartig angelegten Olivenpflanzungen, die den Weg ins Dorf hinunter säumten. Wir sahen haufenweise Spatzen, aber der Jäger der roten Königsrebhühner hatte nur Geringschätzung für sie übrig. Ich war glücklich, ihn begleiten zu dürfen und stolz auf seine Heldentat, aber ich zwang mich, meine Eitelkeit zu verbergen, denn ich fürchtete einen Verweis.

Eines Tages hatte Monsieur Arnaud, der leidenschaftlich gern fischte, mit der Angel eine enorme Seeröte* gefangen. Eine Photographie seiner Heldentat hatte er in die Schule mitgebracht.

Zu dieser Zeit war eine Photographie ein bemerkenswertes Dokument, das die Erinnerungen der ersten Kindheit, des Militärdienstes, einer Heirat oder einer Reise ins Ausland verewigte.

Und nun sah man Monsieur Arnaud auf einer Art Postkarte, mit lächelndem Gesicht, die Brust gewölbt, in der linken Hand eine lange Stange, die rechte zum Himmel erhoben und den stacheligen Fisch am Schwanz emporhaltend.

Bei Tisch hatte mein Vater dieses gloriose Bild beschrieben und den Schluß daraus gezogen:

»Er mag sich freuen, einen so guten Fang gemacht zu haben, dagegen habe ich nichts. Aber sich mit einem Fisch photographieren zu lassen – welcher Mangel an Würde! Von allen Lastern ist Eitelkeit entschieden das lächerlichste!«

Er hatte das ohne Heftigkeit gesagt, aber mit einem mitleidigen Lächeln, das meine Bewunderung für Monsieur Arnaud für immer zerstörte. Deshalb nahm ich an, daß unser Besuch bei Mond des Parpaillouns keinen anderen als nur einen naturwissenschaftlichen Zweck hatte.

Wir erreichten das niedrige, kleine Bauernhaus, das der be-

* Fisch für Bouillabaisse, das Nationalgericht der Provence

rühmte Mond bewohnte. Zuerst kam man an ein unbebautes Feld, wo einige Dutzend Olivenbäume wie ein Riesengestrüpp wild wucherten, denn Mond beschnitt seine Bäume nie.

Er saß rittlings auf einer Bank vor seiner Tür unter dem Maulbeerbaum und tauchte kleine Ruten in einen Eimer mit Vogelleim. Jetzt hob er den Kopf. Seine dichte, grauhaarige Mähne verlängerte sich in einen weißen Vollbart, der auf der einen Seite von einem Zigarettenstummel, der ihm aus dem Mundwinkel hing, gelb gefärbt war. Seine Augen waren schwarz und durchdringend, seine starkgeäderten Hände von gelbbraunen Flecken marmoriert.

Er sah die Bartavellen und kam mit offenem Mund auf uns zu.

»Gütige Muttergottes!« schrie er, »wer hat Ihnen denn die verkauft?«

Mein Vater lächelte unmerklich.

»Sie haben mich nicht mehr als zwei Flintenschüsse gekostet.«

»Eine Dublette?« sagte Mond ungläubig. »Mit einer Dublette zwei Bartavellen?«

»Ja, so war es«, sagte mein Vater und zwirbelte seinen Schnurrbart zwischen Daumen und Zeigefinger.

»Und wo?«

»Im Tal von Lanzelot. Gerade unterhalb des Felsens auf der Seite von Passe-Temps.«

Mond hatte die beiden Vögel ergriffen und wog sie in der Hand.

»Was mich am meisten wundert, ist, daß Sie die Vögel gefunden haben«, sagte er.

»Warum?«

»Weil diese Tiere, wenn sie in der Luft getroffen werden, immer noch fünf- bis sechshundert Meter weiterfliegen.«

»Der Junge war oben auf dem Felsen, er hat sie fallen sehen.«

»Bravo, Pitchounet!« sagte Mond zu mir. »Wenn ich an einem der nächsten Tage jagen gehe, werde ich dich mitnehmen.«

Und wie man eine Lebensregel ausspricht, erklärte er:

»Wenn man keinen Hund hat, muß man Kinder haben.«

Nun stellte mein Vater tausend Fragen über die Bartavellen, ihre Herkunft und ihre Gewohnheiten, über die Schwierigkeit, sich ihnen zu nähern, und die hohe Geschwindigkeit ihres Fluges.

Aus diesen Fragen und den Antworten des alten Mond ging klar hervor, daß ein erfolgreicher Doppelschuß auf Königsrebhühner ein wenn auch nicht geradezu unmögliches, so doch äußerst seltenes Schützenstück und einer ›großen Flinte‹ würdig war.

Nachdem diese Wahrheit erkannt war, verließen wir Mond, der angefangen hatte, uns von seinen eigenen Erfolgen zu erzählen, mit einer Eitelkeit, die stark an Monsieur Arnaud erinnerte, und stiegen hinunter ins Dorf.

Mein Vater übergab seine Liste dem Krämer, in dessen kleinem Laden sich bereits fünf oder sechs Kunden aufhielten. Aber der Kaufmann hatte, die Liste in der Hand, nur Augen für das Wild und rief: »Ah, Birkhähne.«

Mein Vater klärte ihn auf und ließ einige Worte über Leben und Gewohnheiten der Bartavellen fallen. Der Krämer schlug vor, sie zu wiegen, was mein Vater gern annahm. Die Operation fand vor den versammelten Hausfrauen des Dorfes statt.

Die große wog 1530 Gramm, die kleinere 1260, denn der Krämer bestand auf Genauigkeit. Eine alte, blitzsaubere Frau (wie sich herausstellte, war es die Pfarrersköchin) riet, sie mit Pèbre d'Ai zu füllen, ehe man sie auf den Spieß steckte, und sie nicht gleich ans starke Feuer zu bringen. Der Spieß dürfe nur ganz allmählich an die Flamme kommen, so etwa in drei Etappen. Zum Dank für diesen wertvollen Rat bat sie sich eine Schwanzfeder aus, die nun die Kopfbedeckung eines Bleichgesichts schmücken würde, und alle Neuankömmlinge staunten voll Hochachtung den Jäger an, dem ein so schöner Schuß gelungen war.

Wir ließen die Liste beim Kaufmann, der es übernehmen wollte, alles herzurichten, und mein Vater sagte: »Jetzt muß ich Monsieur Vincent ausfragen!«

Monsieur Vincent war Archivar auf der Präfektur und ein Freund von Onkel Jules. Er verbrachte seine Ferien hier im Dorf, wo er geboren war.

Aber unterwegs trafen wir den Briefträger, der selbst im Revier von Allauch jagte. Er hielt uns an, und ich war sehr erstaunt zu sehen, daß er den Hals der Bartavellen zwischen Daumen und Zeigefinger rieb.

»Unter uns«, flüsterte er vertraulich, »Sie haben sie in der Falle gefangen?«

»Nie im Leben!« sagte mein Vater. »Ich habe Glück gehabt. Mit einer Dublette ist mir der Königsschuß gelungen.«

Aber der Briefträger war ein neidischer Jäger. Er tastete noch immer den Hals der Vögel ab in der Hoffnung, das von der Falle gebrochene Genick zu entdecken. Da blies mein Vater das Gefieder zurück und zeigte ihm die Schußwunden, die er mißtrauisch untersuchte. Nun wollte er das Kaliber des Gewehres wissen, die Nummer der Kugeln, die Entfernung sowie Ort und Stunde. Schließlich überwand er seine Eifersucht und fand sich bereit, die Tat des Schützen anzuerkennen.

»Hut ab, Monsieur!« sagte er. »Diese Tiere verfolge ich seit zwei Jahren. Fünfmal habe ich auf sie geschossen und nur vier Federn erbeutet. Erlauben Sie mir, Ihnen die Hand zu drücken!«

Inzwischen hatten die Dorfkinder sich versammelt und sparten nicht mit lauter Begeisterung.

Auf dem Marktplatz angekommen, liefen wir dem Herrn Pfarrer in die Arme. Er stand beim Brunnen, las sein Brevier und wartete, auf das Plätschern in seinem Krug lauschend, bis er voll war.

Bei unserer Ankunft hob er den Kopf und weil *diese Leute immer nur auf ihren Vorteil aus sind*, lächelte er meinen Vater freundlich an und sagte mit einer sehr angenehmen Stimme:

»Monsieur, wenn Sie diese Königsrebhühner nicht von einem Händler gekauft haben, dann erlauben Sie mir, Ihnen mein Kompliment zu machen.«

Es war das erstemal, daß ich meinen Vater Aug in Aug mit seinem heimlichen Feind sah. Zu meiner großen Überraschung antwortete er überaus höflich:

»Sie kommen aus dem Tal von Lanzelot, Herr Pfarrer.«

»Ich habe selten so schöne gesehen, und ich bin geneigt anzunehmen, daß der große Sankt Hubertus mit Ihnen war!«

»Der große Sankt Hubertus und mein Zwölfkaliber!«

»Und Ihre Geschicklichkeit natürlich auch!« sagte der Herr Pfarrer. »Sie haben da einen alten Hahn und eine zweijährige Henne ... Mein Vater war ein großer Jäger, und deshalb verstehe ich etwas davon. Dieses Rebhuhn ist nicht die Caccabis Rufa, denn die ist sehr viel kleiner. Es ist die Caccabis Saxatilis oder das Felsenrebhuhn, auch das griechische Rebhuhn genannt und in der Provence und auf Provençalisch die ›Bartavelle‹.«

»Woher kommt dieser Name?«

»Ich werde Ihnen sehr gelehrt vorkommen«, sagte der Herr Pfarrer, »aber ich darf Ihnen gestehen, daß meine Weisheit neuesten Datums ist. Nachdem ich gestern mit einem Bauern über Bartavellen gesprochen hatte, war ich neugierig geworden, die Herkunft des Wortes zu ermitteln. Und ich bin glücklich darüber, da diese Frage Sie ja interessiert. Mein Wörterbuch sagt, daß das französische Wort aus der alten provençalischen Bezeichnung ›bartavélo‹ abgeleitet ist, was soviel bedeutet wie ›alter Riegel‹. Der Vogel wurde so genannt, weil seine Stimme, wie es scheint, ein wenig knarrt. Wenn ich mich bescheiden dazu äußern darf, so finde ich die Erklärung nicht befriedigend. Ich werde dem Domherrn von La Major, der morgen im Pfarrhaus ißt, die Frage vorlegen, und wenn er etwas Interessantes weiß, werde ich mir das Vergnügen machen, es Ihnen mitzuteilen. Entschuldigen Sie mich jetzt, mein Krug ist voll, und die Mittagsglocke ruft.«

Höflich nahm er sein Käppchen ab, mein Vater lüftete ebenso höflich sein Barett. Der Herr Pfarrer nahm seinen Krug und ging davon.

Immer gefolgt von den staunenden Kindern, gingen wir zu Monsieur Vincent: man sagte uns, er sei in der Stadt und werde erst am folgenden Tag zurückkommen. Trotzdem suchte mein Vater ihn im ganzen Dorf, er ging sogar zum Boulespielerklub, um die Spieler zu fragen, ob sie ihn nicht gesehen hätten. Nein, sie hatten ihn nicht gesehen, aber sie sahen die Bartavellen, die mein Vater durchaus nicht vor ihnen verbarg. Sie unterbrachen ihr Spiel, wogen sie bewundernd in der Hand und stellten hundert Fragen. Mein Vater gab zweihundert Antworten und belehrte sie, daß es sich nicht um Caccabis Rufa, sondern um Caccabis Saxatilis handele.

Auf allgemeines Verlangen erklärte er sich sogar bereit, den Königsschuß vorzuführen, wobei er betonte, daß man den zweiten Schuß schlagartig abfeuern müsse. Diese technischen Erklärungen, die noch bis zum Abend hätten dauern können, wurden glücklicherweise durch das Mittagsläuten der Kirchenglocken beendet.

Als wir unsere Rucksäcke im Kramladen abholten, trafen wir nochmals den Herrn Pfarrer. Er trug einen eleganten Photoapparat in Form und Größe eines Ziegelsteines in der Hand.

Lächelnd kam er uns entgegen und sagte:

»Wenn es Ihnen nicht lästig ist, würde ich gern eine Aufnahme machen zur Erinnerung an diesen bewundernswerten Erfolg.«

»Ein Glückszufall verdient eine so große Ehre nicht«, sagte mein Vater bescheiden.

»O doch! O doch! Und es wird mir ein Vergnügen sein, Ihnen einen Abzug des Bildes zu senden zur schönen Erinnerung an die diesjährigen großen Ferien.«

Mein Vater fügte sich geduldig den Anordnungen des Photographen; er ließ mich merken, daß es ihm zwar unangenehm sei, er es aber nicht wage, unhöflich zu sein. Also stellte er seinen Gewehrkolben auf die Erde, stützte die linke Hand leicht auf den Lauf und umfaßte mit dem rechten Arm meine Schulter.

Der Herr Pfarrer betrachtete uns einen Moment mit zusammengekniffenen Augen, dann näherte er sich und drehte die Bartavellen so herum, daß ihr gesprenkelter Bauch zur Geltung kam.

Nun ging er vier Schritte zurück, drückte den Apparat an die Brust, senkte den Kopf und rief:

»Nicht mehr bewegen!«

Ich hörte ein Klick, als ob man einen Schlüssel im Schloß umgedreht hätte, und der Herr Pfarrer zählte:

»Eins! Zwei! Drei – Danke!«

«Wir wohnen in Les Bellons«, sagte mein Vater, »in der Bastide Neuve.«

»Ich weiß, ich weiß!« sagte der Herr Pfarrer, und fügte etwas pathetisch hinzu: »Da ich nicht oft Gelegenheit habe, Sie zu sehen, werde ich den für Sie bestimmten Abzug Ihrem Herrn Schwager anvertrauen – dem hervorragendsten unserer Pfarrkinder. Auf Wiedersehen! Und nochmals meine besten Glückwünsche!«

Höflich grüßend entfernte er sich mit einem freundlichen Lächeln und war mir so sympathisch, daß ich gern mit ihm gegangen wäre. Das ließ mich die Gefahr erkennen, die diese Scheinheiligkeit für die Gesellschaft bedeutet.

Als wir um die Ecke bogen, sagte mein Vater zu mir:

»Wir sind in einem kleinen Dorf. Es wäre ungeschickt gewesen, sich zu weigern. Vielleicht hoffte er darauf, um uns danach als Renegaten hinzustellen. Aber wir waren noch schlauer als er!«

In schnellem Tempo gingen wir den steilen Weg zurück.

Die Bartavellen tanzten noch immer am Gürtel meines Vaters, und da sie an den Hälsen aufgehängt waren, sagte ich zu ihm, daß er zwar Rebhühner geschossen habe, daß wir aber schließlich Schwäne essen würden.

Am nächsten Tag wurden sie am Spieß gebraten – es war eine historische und beinah feierliche Mahlzeit.

Leider ereignete sich dabei ein peinliches Mißgeschick: Onkel Jules, dessen bäuerlicher Appetit die Bewunderung der ganzen Familie genoß, biß sich einen Zahn entzwei – einen Porzellanzahn – auf einer Bleikugel Nr. 7, die im zarten Hinterteil des Vogels unbemerkt geblieben war. Aber er fand seine gute Laune wieder, als mein Vater erklärte, der Pfarrer des Dorfes sei ein Gelehrter und dazu ein überaus sympathischer Mensch, dessen Unterhaltung ihn entzückt habe.

Als wir anderntags zur Jagd aufbrachen, sah ich, daß mein Vater sein Barett mit einem alten, braunen Filzhut vertauscht hatte, ›wegen der Sonne‹, sagte er, die ihn durch die Brillengläser hindurch manchmal blende. Aber ich bemerkte, ohne etwas zu sagen, daß der Filzhut ein Band hatte (was man auf einem Barett nicht anbringen kann), und daß in diesem Band zwei hübsche rote Federn steckten, Symbol und Erinnerung an den doppelten Königsschuß.

Wenn man von diesem Tag an im Dorf von meinem Vater sprach, dann hieß es:

»Sie wissen doch, der Herr aus Bellons!«

»Der mit dem großen Schnurrbart?«

»Nein, der andere, der mit den Bartavellen.«

Am nächsten Sonntag, als Onkel Jules aus der Messe kam, zog er einen gelben Briefumschlag aus seiner Tasche.

»Hier«, sagte er, »vom Herrn Pfarrer.«

Die ganze Familie eilte herbei. Der Umschlag enthielt drei Abzüge unserer Photographie.

Sie war ausgezeichnet gelungen, die Bartavellen wirkten riesengroß und Joseph strahlte in seinem Ruhm. Er zeigte weder Überraschung noch Eitelkeit, sondern die sichere Gelassenheit eines blasierten Jägers bei seiner hundertsten Bartavellen-Dublette.

Mich hatte die Sonne zu einer kleinen Grimasse gezwungen, die ich nicht hübsch fand. Aber meine Mutter und meine Tante sahen darin einen besonderen Reiz, und die Bewunderung nahm kein Ende. Onkel Jules sagte liebenswürdig:

»Wenn es Ihnen nichts ausmacht, mein lieber Joseph, würde ich gern den dritten Abzug behalten, denn der Herr Pfarrer sagte mir, er habe ihn für mich beigelegt.«

»Selbstverständlich, wenn diese Lappalie Ihnen Freude macht ...«, sagte mein Vater.

»O ja!« sagte Tante Rose begeistert. »Ich lasse das Bild unter Glas rahmen, und wir stellen es im Eßzimmer auf.«

Der Gedanke, daß wir nun allabendlich von luxuriösem Gaslicht bestrahlt werden sollten, erfüllte mich mit Stolz. Was den lieben Joseph betraf, so zeigte er keinerlei Verlegenheit. Meine Mutter lehnte ihr Kinn an seine Schulter und er studierte eingehend seine photographische Verherrlichung, wobei er die Länge dieser Betrachtung mit technischen Anmerkungen rechtfertigte. Er belehrte uns, daß es sich um Silbernitratpapier handele, das die Eigenschaft habe, bei Tageslicht schwarz zu werden. Dann erklärte er, daß die Belichtung ausgezeichnet, die Entwicklung des Negativs vollkommen sei, und daß der Herr Pfarrer seine Sache sehr gut verstehe. Er strich mir übers Haar und sagte schließlich:

»Da wir zwei Abzüge haben, hätte ich große Lust, meinem Vater einen zu schicken, damit er sieht, wie groß Marcel geworden ist . . .«

Der kleine Paul klatschte in die Hände, und ich lachte. Ja, er war ganz stolz auf seine Heldentat. Ja, er würde seinem Vater einen Abzug schicken, und den anderen würde er der ganzen Schule zeigen – wie Monsieur Arnaud.

Ich hatte meinen lieben Übermenschen in seiner Menschlichkeit auf frischer Tat ertappt. Ich fühlte, daß ich ihn deshalb nur noch mehr liebte.

Da sang ich die Farandole* und tanzte in der Sonne . . .

* Provençalisches Tanzlied

Nach dem Heldenepos der Bartavellenjagd wurde ich ohne weiteres in die Gilde der Jäger aufgenommen, aber nur als Treiber und Jagdhund.

Jeden Morgen um vier Uhr öffnete mein Vater unsere Zimmertür und flüsterte: »Willst du mitkommen?«

Weder das laute Schnarchen meines Onkels Jules noch das Geschrei des Vetters Pierre, der gegen zwei Uhr morgens seine Milchflasche verlangte, hatte die Kraft, meinen Schlaf zu stören. Aber das Geflüster meines Vaters holte mich sofort aus dem Bett.

Ich zog mich leise im Dunkeln an, um unseren kleinen Paul nicht aufzuwecken, und ging in die Küche hinunter, wo Onkel Jules mit geschwollenen Augen und dem etwas verstörten Ausdruck von Erwachsenen, die noch nicht ganz wach sind, den Kaffee wärmte. Mein Vater packte die Jagdtaschen, ich füllte die Patronengürtel auf.

Geräuschlos verließen wir das Haus. Onkel Jules schloß die Tür zweimal ab und legte den Schlüssel ins Küchenfenster, dessen Läden er zumachte.

Die Morgendämmerung war kühl. Einige verängstigte Sterne blinzelten blaß. Über den Feldern der Hochebene von Aigle säumten weiße Nebel die schwindende Nacht, und im Kiefernwäldchen von Petit-Oeil flötete eine melancholische Eule den Sternen ihr Lebewohl zu.

Im Schein der Morgenröte stiegen wir bis zu den roten Felsen von Redouneou hinauf. Wir gingen leise vorbei, denn Baptistin, der Sohn von François, lauerte hier den Feldammern auf, mit Weidenruten und Vogelleim, der ihm oft die ganzen Haare verklebte.

Im Gänsemarsch erreichten wir in der Dämmerung die ›Hütte‹ von Baptistin, einen uralten Schafstall, in dem unser Freund François manchmal mit seinen Ziegen übernachtete: dort auf der weiten Ebene, die zum Taoumé anstieg, ließen die roten Sonnenstrahlen nach und nach Kiefern und Wacholdersträucher hervortreten, und wie ein Schiff aus dem Nebel auftaucht, erhob sich plötzlich vor uns die Vorderseite des einsamen Berggipfels.

Die Jäger stiegen ins Tal hinunter; bald links nach Escaouprès, bald rechts nach La Garette und Passe-Temps zu.

Ich ging am Rand der Hochebene entlang, etwa dreißig bis vierzig Meter vom Felsenrand entfernt, und trieb ihnen alles, was flog, zu, und wenn es mir gelang, einen Hasen aufzuspüren, dann stürmte ich vor und gab wild mit den Armen Signale wie ein Matrose aus früheren Zeiten.

Sie kamen eilig herauf, und ohne Erbarmen hetzten wir das Langohr.

Nie, nein, nie mehr sahen wir eine Bartavelle.

Dabei suchten wir sie überall – ohne je darüber zu sprechen – besonders in der geweihten Schlucht unserer stolzen Jagderinnerung. Zwischen dichtem Eichenlaub und Weißdornsträuchern beschlichen wir sie auf dem Bauch kriechend, was uns erlaubte, Rebhühner, Hasen und einmal sogar einen Dachs zu überraschen, den Onkel Jules auf Gewehrlänge tötete.

Aber die Königsrebhühner waren in die Legende entflogen, und dort sind sie auch geblieben: sicher aus Furcht vor Joseph, was seinen Nimbus vergrößerte.

Von diesem Ruhm getragen, war er unbesiegbar: der Erfolg zeitigt oft das Talent. Überzeugt, daß er künftig den Königsschuß nicht mehr verfehlen könne, gelang er ihm bei jeder Gelegenheit und mit so spielender Leichtigkeit, daß Onkel Jules schließlich sagte:

»Jetzt heißt er nicht mehr Königsschuß, sondern Josephsschuß!«

Er selbst aber blieb unerreicht mit seinem ›Gesäßschuß‹ – wie er es nannte – dem alles flüchtende Wild zum Opfer fiel: Hasen, Kaninchen, Rebhühner und Amseln, und zwar erst in dem Augenblick, wo ich sie bereits außer Reichweite glaubte.

Wir brachten so viel Wild heim, daß Onkel Jules einen Handel damit anfing und unter dem Beifall der ganzen Familie die achtzig Francs Miete für unser Haus bezahlte.

Ich hatte Teil an diesem Erfolg. Abends bei Tisch sagte der Onkel manchmal:

»Dieser Junge taugt mehr als ein Jagdhund. Von früh bis spät rennt er unermüdlich. Er macht nicht den geringsten Lärm und entdeckt alle Schlupfwinkel. Heute hat er uns eine ganze Kette Rebhühner, eine Schnepfe und sechs oder sieben Amseln zugetrieben. Er müßte nur noch bellen können ...«

Worauf Paul bewundernswert natürlich bellte, nachdem

er das Fleisch aus seinem Mund auf den Teller gespuckt hatte.

Tante Rose schalt ihn aus, und meine Mutter sah mich nachdenklich an.

Sie fragte sich, ob es vernünftig sei, so kleine Beine täglich so viele Schritte machen zu lassen.

Eines Morgens gegen neun Uhr schlenderte ich vergnügt über die Hochebene, von der man auf den Brunnen von Mûrier hinuntersieht.

Tief im Tal unter dichtem Efeu versteckt saß der Onkel auf Anstand, und mein Vater hielt sich seitlich am Hang unter einer Eiche hinter hängenden Clematis verborgen.

Ich durchstöberte die Stechginsterbüsche mit einem langen Wacholderstecken, dessen hartes Holz sich weich in die Hand schmiegt, weil es glatt und ölig ist. Aber weder Rebhühner ließen sich blicken noch der berühmte ›fliegende Hase‹ von Baume-Sourne.

Trotzdem führte ich gewissenhaft meine Jagdhundtätigkeit aus. Da entdeckte ich am Rand der Felsen, zu einer kleinen Säule geschichtet, sechs oder sieben übereinandergelegte, große Steine, von Menschenhand dort aufgebaut. Ich trat näher und sah am Fuß der Steine einen toten Vogel liegen, den Hals abgewürgt in den Eisendrähten einer Schnappfalle.

Der Vogel war größer als eine Drossel und hatte einen schönen Federbusch auf dem Kopf. Ich bückte mich, um ihn aufzuheben, als eine helle Stimme rief:

»Heda, Freund!«

Ich stand einem Jungen meines Alters gegenüber, der mich streng ansah.

»Anderer Leute Fallen darf man nicht anfassen, eine Falle ist heilig«, sagte er.

»Ich wollte sie nicht nehmen«, erwiderte ich. »Ich wollte nur den Vogel anschauen.«

Er kam näher; ein kleiner Bauernjunge mit dem feinen Gesicht des Provençalen, schwarzen Augen und langen, mädchenhaften Wimpern. Unter einer alten, grauen Leinenjacke trug er ein braunes Hemd mit langen Ärmeln, die er bis zu den Ellbogen aufgerollt hatte. Dazu eine kurze Hose und geknüpfte Sandalen genau wie ich, aber keine Strümpfe.

»Wenn man ein Wild in einer Falle findet, hat man das Recht, es zu nehmen«, sagte er, »doch muß man die Falle wieder spannen und an ihren Platz zurückbringen.«

Er löste den Vogel aus der Drahtschlinge und sagte:

»Das ist eine Bédouide, eine Art Lerche.«

Er steckte sie in seinen Sack und zog aus seiner Jackentasche ein kurzes Schilfrohr, das ein schlecht zugeschnittener Kork verschloß; er nahm den Kork heraus und ließ eine große, geflügelte Ameise in seine linke Hand gleiten. Mit einer Geschicklichkeit, die ich bewunderte, verschloß er das Schilfrohr wieder und ergriff mit Daumen und Zeigefinger der rechten Hand die Ameise, während seine linke mit leichtem Druck die Enden einer kleinen Drahtzange öffnete, die mit einem Metallfaden in der Mitte der Falle befestigt war. Diese Enden waren halbkreisförmig gebogen und bildeten, wenn sie sich schlossen, einen winzigen Ring. In diesen Ring steckte er die feine Taille der Ameise. Sie war somit gefangen, denn behindert durch den Ansatz ihrer Flügel und ihren dicken Bauch konnte sie sich weder vor- noch rückwärtsbewegen.

Ich fragte:

»Wo findest du diese Ameisen?«

»Das ist eine geflügelte Ameise«, sagte er. »In jedem Ameisenhaufen gibt es welche, aber sie kommen nie heraus. Man muß mit der Hacke tiefer als einen Meter graben oder den ersten Regen im September abwarten. Sobald die Sonne wieder scheint, fliegen sie plötzlich alle auf. Wenn man einen feuchten Sack auf das Loch legt, geht es ganz leicht . . .«

Er hatte die Falle wieder hergerichtet und stellte sie zurück auf den Steinhaufen.

Gespannt verfolgte ich alles und merkte mir jede Einzelheit.

Schließlich stand er auf und fragte:

»Wer bist du?«

Um mir Vertrauen einzuflößen, setzte er hinzu:

»Ich bin Lili aus Bellons.«

»Ich bin auch aus Bellons«, sagte ich.

Er lachte.

»O nein! Du bist nicht aus Bellons! Du bist aus der Stadt. Heißt du nicht Marcel?«

»Ja«, antwortete ich geschmeichelt. »Kennst du mich?«

»Ich habe dich noch nie gesehen, aber mein Vater hat euch die Möbel gebracht. Da hat er mir von dir erzählt. Dein Vater ist doch der mit dem Zwölfkaliber, der Bartavellenjäger?«

Vor Stolz war ich ganz gerührt.

»Ja«, sagte ich, »das ist er.«

»Du wirst es mir erzählen.«

»Was?«

»Das mit den Bartavellen, wo es gewesen ist, wie er es gemacht hat und das ganze Drum und Dran . . .«

»Ja, natürlich.«

»Später«, sagte er, »wenn ich meinen Rundgang beendet habe, mußt du mir alles erzählen. Wie alt bist du?«

»Neun.«

»Ich bin acht. Stellst du auch Fallen?«

»Nein, ich weiß nicht, wie man es macht.«

»Wenn du willst, zeige ich es dir.«

»Oh ja,« sagte ich voller Begeisterung.

»Komm, ich muß mich nach meinen Fallen umsehen.«

»Ich kann jetzt nicht. Ich bin Treiber für meinen Vater und für meinen Onkel. Ich muß ihnen Rebhühner zutreiben.«

»Mit den Rebhühnern ist es heute nichts. Hier sind sonst immer drei Ketten, aber heute früh kamen Holzhacker vorbei, die haben sie aufgeschreckt. Zwei Ketten sind gegen La Garette zu geflogen, die dritte ist in Passe-Temps niedergegangen. Wir könnten deinen Jägern vielleicht die große Häsin zutreiben. Sie muß hier in der Nähe sein, ich sah eine Pfütze.«

Er wollte sagen: eine Kotspur.

Wir begannen also unseren Fallenrundgang und durchsuchten dabei das Gestrüpp. Mein neuer Freund fand mehrere Bekassinen, die die Franzosen Weißschwänze nennen, noch zwei Bédouiden und drei ›Darnagas‹.

»Die Stadtleute nennen sie Kreuzschnäbel. Wir sagen Darnagas, weil es ein sehr dummer Vogel ist. Wenn es in der ganzen Gegend nur eine einzige Falle gibt, kannst du sicher sein, daß der Darnagas sie findet und sich von ihr erwürgen läßt. Er schmeckt übrigens gut. Schau, da ist eine Eidechse!«

Er lief zu einer anderen Falle und holte eine prächtige Eidechse heraus, leuchtend grün mit goldenen Punkten und pastellblauen, winzigen Sicheln auf dem Rücken. Er warf sie ins Gebüsch. Ich lief hin, um sie zu holen.

»Schenkst du sie mir?«

Er lachte.

»Was soll ich sonst mit ihr machen? Man sagt, daß sie früher gegessen wurden und anscheinend gut schmeckten. Aber wir essen keine Kaltblüter; sie sind sicher giftig.«

Ich steckte die schöne Eidechse in meinen Beutel. Doch zehn Meter weiter warf ich sie fort, da wir in der nächsten Falle eine größere fanden, fast so lang wie mein Arm und noch leuchtender glänzend als die erste.

Lili stieß einige provençalische Schimpfwörter aus und flehte die Madonna an, ihn mit dieser Eidechsenbrut zu verschonen.

»Aber warum?« fragte ich.

»Begreifst du nicht, daß sie meine Fallen verstopfen? Wenn eine Eidechse sich fängt, erwischt man keinen Vogel mehr und das macht gleich eine Falle weniger.«

Jetzt kamen die Ratten an die Reihe. Sie hatten gleich zwei Fallen ›verstopft‹. Es waren große, blaue Ratten mit weichem Fell. Lili ärgerte sich wieder und sagte:

»Aus denen machte mein Großvater Wildpfeffer. Es sind saubere Tiere, sie leben im Freien und nähren sich von Eicheln, Wurzeln und Pflaumen. Sie sind wirklich ebenso sauber wie ein Hase. Aber es sind eben Ratten und deshalb . . .«

Verächtlich verzog er den Mund.

In der letzten Falle fanden wir vier Kreuzschnäbel und eine Elster.

»Oho, eine Elster!« rief Lili. »Wie kommt die hierher? Fängt sich ganz einfach in einer leeren Falle . . . da muß hier irgendwo der Sitz der Familie sein, weil . . .«

Er stand plötzlich still, legte den Finger an den Mund und zeigte auf einen Wacholderstrauch.

»Darin bewegt sich etwas. Schauen wir nach! Und vor allem kein Geräusch!«

Lautlos und geschmeidig schlich er sich heran, wie ein wahrer Komantsche, was er natürlich nicht wußte. Ich folgte ihm, aber er gab mir ein Zeichen, auf der anderen Seite herumzugehen, und während er sich dem Gebüsch vorsichtig näherte, vollzog ich das Einkreisungsmanöver.

Auf zehn Schritt Entfernung warf er einen Stein und sprang mehrmals mit wildem Geschrei in die Höhe. Ich machte es ihm nach. Plötzlich stürzte er vorwärts; aus dem Gestrüpp kam ein riesiger Hase, der mit aufgerichteten Löffeln so hoch sprang, daß man unter seinem Bauch das Tageslicht sehen konnte . . . Wir sprangen zum Rand des Abhangs und konnten ihn unten in den Büschen des Tales verschwinden sehen. Klopfenden Herzens warteten wir. Zwei aufeinanderfolgende Schüsse ertönten, denen zwei weitere folgten.

»Das Zwölfkaliber hat den zweiten Schuß abgegeben«, sagte Lili. »Wir wollen ihnen helfen, die Häsin zu finden.«

Behende wie ein Affe kletterte er einen Kamin hinunter.

»Es sieht gefährlich aus«, rief er. »Aber dieser Weg ist so bequem wie eine Treppe.«

Ich folgte ihm. Als Kenner konnte er meine Geschicklichkeit beurteilen.

»Für jemand aus der Stadt stellst du dich gar nicht so dumm an!«

Am Fuß der Felsen eilten wir im Laufschritt den Hang hinunter.

Neben dem Brunnen war im Schatten hoher Kiefern eine kleine Lichtung. Mein Vater und Onkel Jules betrachteten stolz den ausgestreckten Hasen, sie wandten sich uns zu, zufrieden mit sich selbst. Ich fragte schüchtern:

»Wer hat ihn geschossen?«

»Alle beide«, sagte der Onkel. »Ich habe ihn zweimal getroffen, aber er lief immer weiter und erst die beiden Schüsse deines Vaters haben ihm den Garaus gemacht . . . Diese Tiere halten viele Flintenschüsse aus . . .«

So gleichgültig machte er diese Anmerkung, als ob es sich darum handle, eine Jacke auszuziehen oder eine Melone aufzusetzen.

Dann besah er sich meinen neuen Freund.

»Aha, wir haben Gesellschaft bekommen!«

»Ich kenne den Jungen«, sagte mein Vater. »Du bist der Sohn von François, nicht wahr?«

»Ja«, sagte Lili. »Sie haben mich Ostern bei uns zu Hause gesehen.«

»Und es heißt, daß du ein großer Jäger bist. Dein Vater hat es mir erzählt.«

»Oh«, meinte Lili und wurde rot, »ich stelle Fallen auf, um Vögel zu fangen . . .«

»Fängst du viele?«

Mit einem raschen Blick in die Runde versicherte er sich, daß wir allein waren, und dann leerte er den Inhalt seines Sackes auf dem Gras aus. Starr vor Bewunderung zählte ich ungefähr dreißig Vögel.

»Es ist nicht so schwer, sie zu fangen. Alles hängt davon ab, genug Weidenruten zu haben. Unten im Tal ist eine alte Weide, wenn du morgen früh Zeit hast, holen wir welche, denn ich habe nicht mehr viele.«

Der Onkel examinierte die Beute, die der kleine Bursche ausgelegt hatte.

»So, so!« sagte er und drohte ihm freundschaftlich mit dem Finger. »Du bist also ein richtiger Wilderer?«

Lili antwortete erstaunt:

»Ich? Ich bin aus Bellons!«

Mein Vater fragte ihn nach dem Sinn dieser Antwort.

»Die Hügel hier herum sind das Eigentum unserer Leute. Deshalb sind wir keine Wilderer.«

Sein Gesichtspunkt war denkbar einfach: alle Wilderer aus La Treille galten als Jäger, während die Jäger aus Allauch oder aus der Stadt natürlich nur Wilddiebe sein konnten.

Wir frühstückten auf dem Rasen. Lilis Unterhaltung interessierte uns lebhaft. Er kannte jedes Tal, jede Schlucht, jeden Pfad, jeden Stein auf den Hügeln. Außerdem wußte er um die Zeiten und Gewohnheiten des Wildes. Aber in seinen Mitteilungen war er zurückhaltend und auf die Fragen von Onkel Jules antwortete er manchmal nur ausweichend und mit boshaftem, kleinem Lachen.

Mein Vater sagte:

»Was diesem Land am meisten fehlt, sind Quellen. Gibt es außer dem Brunnen von Mûrier noch andere?«

»Natürlich!« sagte Lili, fügte aber weiter nichts hinzu.

»Es gibt eine Quelle bei Passe-Temps«, sagte der Onkel. »Sie ist sogar auf der Generalstabskarte eingezeichnet.«

»Und in Escaouprès ist eine«, sagte Lili. »Dort tränkt mein Vater seine Ziegen.«

»Die haben wir letzthin gesehen«, sagte der Onkel.

»Es gibt sicher noch andere!« sagte mein Vater. »Es ist unmöglich, daß in so ausgedehntem Hügelland das Regenwasser nicht wieder irgendwo zum Vorschein kommt.«

»Vielleicht regnet es nicht genug«, sagte Onkel Jules.

»Sie irren sich«, sagte mein Vater. »In Paris fallen fünfundvierzig cm Regen im Jahr, hier sechzig.«

Ich sah Lili stolz an und zwinkerte ihm zu, um die väterliche Allwissenheit zu unterstreichen. Aber er schien den Wert des Gesagten nicht zu begreifen.

»Da der Boden der Hochebene aus undurchdringlichem Fels

besteht«, fuhr mein Vater fort, »bin ich überzeugt, daß sich das Wasser in den Tälern in unterirdischen Grotten ansammelt. Sehr wahrscheinlich sind verschiedene solcher Grotten miteinander verbunden, und ihr Wasser sickert an den tiefsten Stellen durch. Du kennst sicher noch andere Quellen?«

»Ich kenne sieben«, sagte Lili.

»Und wo sind sie?«

Der kleine Bauernjunge schien etwas verlegen, aber er antwortete klipp und klar:

»Es ist verboten, sie zu nennen.«

Mein Vater war ebenso überrascht wie ich.

»Und weshalb?«

Lili errötete, schluckte und erklärte:

»Weil man eine Quelle nicht verrät.«

»Was ist denn das für eine Vorschrift?« rief der Onkel.

»Offenbar«, sagte mein Vater, »ist eine Quelle in diesem Land des Durstes ein Schatz.«

»Und dann«, sagte Lili treuherzig, »wenn die Leute sie erst einmal kennen, kommen sie, um daraus zu trinken.«

»Wer zum Beispiel?«

»Die von Allauch oder die von Peypin; und dann kämen sie jeden Tag, um hier zu jagen.« Plötzlich regte er sich auf:

»Und dazu all die Dummköpfe, die Ausflüge machen! Seitdem man ihnen die Quelle von Petit-Homme verraten hat, kommen oft zwanzig auf einmal. Erstens vertreiben sie die Rebhühner, zweitens stehlen sie Trauben aus Chaberts Weinberg, und außerdem – wenn sie zuviel getrunken haben – pissen sie in die Quelle. Einmal haben sie es sogar aufgeschrieben: ›Wir haben in die Quelle gepißt‹.«

»Und warum?« fragte der Onkel.

Ohne die geringste Verlegenheit antwortete Lili:

»Weil Chabert einen Flintenschuß auf sie abgegeben hat.«

»Einen richtigen Schuß?« fragte ich.

»Ja, von weitem, mit kleiner Schrotladung. Sie hatten von seinem einzigen Kirschbaum alle Kirschen gestohlen«, sagte Lili empört. »Mein Vater sagte zu Chabert, er hätte mit stärkstem Schrot schießen sollen!«

»Das sind ja ziemlich wilde Sitten!« rief mein Onkel.

»Die anderen sind die Wilden«, sagte Lili energisch. »Vor zwei Jahren haben sie beim Fleischbraten den Wald von Moulet angezündet. Glücklicherweise war das nur ein kleines, einsames

Kiefernwäldchen. Aber stellen Sie sich einmal vor, wenn das in Passe-Temps passiert wäre!«

»Natürlich sind die Leute aus der Stadt gefährlich, weil sie keine Ahnung haben«, sagte mein Vater.

»Wenn man keine Ahnung hat«, sagte Lili, »braucht man nur zu Hause zu bleiben.«

Er verspeiste mit großem Appetit sein Tomatenomelette.

»Aber wir sind keine Ausflügler, wir verunreinigen keine Quellen, und du könntest uns ruhig verraten, wo noch welche zu finden sind.«

»Ich würde es gern tun, aber es ist verboten«, sagte Lili. »Selbst in der Familie verrät man sie einander nicht.«

»Nicht einmal in der Familie!« sagte mein Vater. »Das ist ja unglaublich!«

»Vielleicht übertreibt er ein bißchen«, sagte der Onkel.

»Oh nein! Es ist die Wahrheit. Mein Großvater kannte eine Quelle, die er nie jemand verraten hat.«

»Woher weißt du denn davon?«

»Weil wir unten in Passe-Temps ein kleines Roggenfeld haben. Manchmal gingen wir hin, um das Korn zu bestellen. Wenn wir mittags aßen, sagte der Großvater: ›Schaut mir nicht nach!‹ Und er ging mit einer leeren Flasche fort.«

»Und ihr habt ihm wirklich nicht nachgeschaut«, fragte ich.

»Heilige Muttergottes! Er hätte uns alle umgebracht. Wir blieben auf der Erde sitzen und aßen weiter, ohne uns umzusehen. Nach einer Weile kam er mit der Flasche voll eiskaltem Wasser zurück.«

Mein Vater fragte:

»Und nie – niemals habt ihr etwas von ihm erfahren?«

»Ich glaube, als er im Sterben lag, hat er noch versucht, uns das Geheimnis zu verraten. Er hat meinen Vater gerufen und gestammelt: ›François ... die Quelle ... die Quelle ...‹, und schon war er tot. Er hatte zu lange gewartet, und soviel wir auch suchten, wir konnten sie niemals finden. Es ist eine verlorene Quelle ...«

»Das nenne ich eine sinnlose Vergeudung«, sagte der Onkel.

»Ja, ja«, sagte Lili melancholisch. »Und trotzdem – vielleicht tränkt sie jetzt die Vögel.«

Durch die Freundschaft mit Lili begann für mich ein neues Leben. Wenn ich nach dem morgendlichen Milchkaffee in der Dämmerung mit den Jägern aus dem Haus kam, saß er bereits im Gras unter dem Feigenbaum und bereitete seine Fallen vor.

Davon besaß er drei Dutzend. Für mich hatte mein Vater vierundzwanzig im Kaufhaus von Aubagne gekauft, wo man sie heuchlerischerweise als ›Rattenfallen‹ verkaufte.

Ich wollte unbedingt ein paar große haben, wie sie speziell zum Erdrosseln von Rebhühnern verwendet werden.

»Nein«, sagte mein Vater, »es wäre unrecht, einem so edlen Wild Fallen zu stellen.«

Ich warf ihm vor, daß es viel mehr unrecht sei, die ahnungslosen Vögel mit seiner Flinte in der Luft abzuknallen.

»Aber gegen eine Falle kann das Rebhuhn sich zur Wehr setzen, denn es ist geschickt und schlau und hat sogar immer noch eine Chance, sich zu befreien.«

»Ja, vielleicht«, sagte er. »Aber trotzdem ist die Falle keine anständige Waffe. Und dann habe ich noch einen anderen Grund. Die Sprungfedern dieser Gestelle schnappen so scharf ein, daß du dir die Finger verletzen könntest.«

Ich bewies ihm sofort, daß ich sie mit Leichtigkeit handhaben konnte, was er zugeben mußte. Als ich immer weiter drängte, sagte er schließlich leise:

»Außerdem sind sie zu teuer.«

Ich tat so, als hätte ich nichts gehört und stürzte mit einem Freudenschrei auf eine Schleuder zu, die für drei Sous zu haben war.

Die ›Rattenfallen‹, die nicht größer als eine Untertasse waren, erwiesen sich im Gebrauch als erschreckend wirksam. Sie schnappten mit solcher Kraft um den Hals des Vogels, daß selbst eine große Amsel sich nicht daraus befreien konnte.

Während wir unseren Jägern Wild zutrieben, verteilten wir unsere Fallen auf dem Boden am Rand des Felsplateaus, auf flachgebogenen Ästen oder auch im Laub einer Pistazie, die Lili den ›Träubchenbaum‹ nannte. Dieser Baum, der so hübsch in allen Hirtenliedern wächst, hat Beeren mit roten und blauen Kernen, die bei allen Vögeln begehrt sind. Eine Falle im Blättergewirr der Pistazie bedeutet den sicheren Fang einer Goldammer, einer Amsel, eines Finken oder gar einer Drossel.

Den ganzen Morgen über verteilten wir unsere Gestelle und stiegen immer höher zum Gipfel hinauf, bis unser Quartett sich dann gegen Mittag an einer Quelle oder im hellen Schatten einer Kiefer zum Essen niederließ.

Die Jagdtaschen waren immer reichlich gefüllt, aber wir vertilgten alles bis auf den letzten Krümel. Während wir die Tomatenomelettes verspeisten – die kalt besonders köstlich schmecken – brieten die Koteletts auf einem Feuer aus Rosmarinzweigen. Manchmal langte Onkel Jules mit vollem Mund nach seiner Flinte und schoß durch die Zweige in den Himmel auf irgend etwas, das niemand gesehen hatte. Dann fiel eine Ringeltaube, ein Pirol oder ein Sperber herunter.

Wenn außer abgenagten Knochen und Käserinden nichts mehr übrig war, streckten die Jäger sich zu einer Siesta im Gras aus, ein Taschentuch über dem Gesicht zum Schutz gegen die Fliegen, während wir zum Felsplateau hinaufstiegen, um die ausgelegten Fallen zu besichtigen.

Wir hatten ein unfehlbares Gedächtnis für alle Orte, alle Bäume, Sträucher und Steine. Schon von weitem sah ich sofort, wenn eine Falle nicht mehr an ihrem Platz war. Aufgeregt rannte ich hin wie ein Trapper, der erwartet, einen Zobel oder gar einen Silberfuchs vorzufinden.

Fast immer entdeckte ich unter einem Baum oder am Fuß aufgeschichteter Steine den erdrosselten Vogel, die Schlinge um den Hals. Fanden wir aber nichts, so erreichte die Erregung ihren Höhepunkt, ähnlich wie bei einem Lotteriespieler, der, nachdem die drei ersten Zahlen seiner Losnummer aufgerufen wurden, nun gespannt auf die vierte wartet.

Je weiter entfernt die Falle war, um so größer mußte die Beute gewesen sein, die sie weggeschleppt hatte. Wir schlugen auf die Büsche und durchsuchten sorgfältig den ganzen Umkreis.

Oft fanden wir eine schöne Amsel, eine große Alpendrossel, eine Holztaube, eine Wachtel oder einen Häher.

Dann wieder war die Falle unauffindbar, wahrscheinlich samt der Beute von einem Sperber fortgetragen, der das Flügelschlagen des Vogels im Todeskampf beobachtet hatte.

Es gab aber auch lächerliche Enttäuschungen: eine dicke Ratte, eine enorme Eidechse oder einen honigfarbenen Tausendfüßler. Eines Tages entdeckten wir nach langem, hoffnungsvollem Suchen eine weiße Nachteule! Hochaufgerichtet auf ihren gelben Füßen tanzte sie mit gesträubten Federn, die Falle um den Hals. Halberstickt krächzte sie wütend und empfing uns mit böser Miene und weit aufgerissenen, von Federn umkränzten Augen. Als ich mich ängstlich näherte, vollführte sie einen sonderbaren Sprung; sie warf die Füße hoch, packte die Falle mit sämtlichen Krallen und taumelte auf ihren Steiß zurück. Es wäre ihr sicher geglückt, sich zu befreien, wenn sie nur einen der Messingdrähte erfaßt hätte. Aber sie zog an beiden zugleich, die sich nun um ihren gebrechlichen und schon verwundeten Hals wickelten. Der nahe Tod öffnete ihr den Schnabel. Da nahm sie ihre letzten Kräfte zusammen, stieß die Falle zurück und riß sich mit einem einzigen Ruck den Kopf ab. Diese himmelwärts geschleuderte Federkugel mag einen Moment geglaubt haben davonzufliegen, aber sie fiel auf den Kies, den Schnabel in der Luft, die Augen vor Überraschung noch weit geöffnet.

Als uns später auf dem Gymnasium Monsieur Laplane erzählte, die Eule sei der Vogel der Minerva und das Sinnbild der Weisheit, lachte ich so schallend heraus, daß ich zur Strafe von vier Verben, noch dazu Deponentia, sämtliche Formen, einschließlich des Gerundiums, abschreiben mußte.

Nach dem ersten Rundgang mußten wir bis fünf oder sechs Uhr warten, damit unsere Fallen Zeit hatten, wieder zu ›arbeiten‹.

Also beschäftigten wir uns am Nachmittag damit, Höhlen zu erforschen, im Tal von Escaouprès Knoblauch zu pflücken oder Lavendel auf den Hängen des Taoumé. Oft lagen wir tief im Gebüsch unter einer Kiefer – denn genau wie die wilden Tiere wollten wir beobachten, ohne gesehen zu werden – und unterhielten uns leise viele Stunden lang.

Lili wußte alles: wie das Wetter sein würde, wo versteckte Quellen waren, in welchen Schluchten man Pilze fand, wo wilder Salat, Mandeln, Pflaumen und Baumerdbeeren wuchsen; er kannte Weinstöcke, die zwischen dichtem Gestrüpp den Rebläusen entgangen waren und in der Einsamkeit säuerliche, aber ganz köstliche Trauben reifen ließen. Aus einem Schilfrohr schnitzte er eine Flöte mit drei Löchern. Oder er nahm einen trockenen Clematiszweig, schnitt ein Stück aus den Knorpeln heraus, und da das Holz von tausend unsichtbaren Kanälen durchzogen war, konnte man es rauchen wie eine Zigarre.

Er stellte mich dem alten Brustbeerbaum von Pondrane vor,

der krummen Eberesche von Gour de Roubaud, den vier Feigenbäumen von Précatory, den Erdbeerbäumen von La Garette, und auf dem Gipfel des Tête-Rouge zeigte er mir den singenden Stein.

Wie eine kleine Felsenkerze voller Löcher und Rillen stand er direkt am Rand des Felsplateaus. Ganz allein in der sonnigen Stille sang er sein Lied, wie der Wind es ihm zublies.

In Baoukogras und Thymian auf dem Bauch liegend, umarmten wir von zwei Seiten den Stein; das Ohr an seine glatte Oberfläche gepreßt, lauschten wir mit geschlossenen Augen.

Über einen kleinen Mistral lachte er nur; aber wenn der Wind tobte, miaute er wie eine verirrte Katze. Den Regenwind mochte er gar nicht; er kündigte ihn mit Seufzern an, denen ein unruhiges Murmeln folgte. Darauf klang ein altes Jagdhorn traurig und lang, als käme es aus der Tiefe des feuchten Waldes.

Aber wenn der Wind der Jungfrauen wehte, wurde es richtige Musik. Man glaubte dann, einen Chorgesang von Damen zu hören, die wie Marquisen gekleidet waren und einander zierliche Verbeugungen machten. Und später begleitete eine Glasflöte hoch oben in den Wolken fein und spitz die Stimme eines kleinen Mädchens, das am Ufer eines Baches saß und sang.

Mein lieber Lili sah das alles nicht, und wenn das kleine Mädchen ihr Lied sang, meinte er, es sei eine Drossel oder eine Ammer. Aber er konnte nichts dafür, daß seine Ohren ›blind‹ waren, und ich bewunderte ihn deswegen nicht weniger.

Zum Dank für so viele Geheimnisse, die er mir anvertraute, erzählte ich ihm von der Stadt: von den Geschäften, in denen man alles kaufen kann, von der Spielzeugausstellung zu Weihnachten, von der Fackelparade des vierzehnten Regiments und von der Feenpracht des Rummelplatzes, wo ich mit der Berg- und Talbahn gefahren war. Ich machte das Rattern der Räder auf den Schienen nach, das Angstgeschrei der Passagiere, und Lili schrie mit mir.

Übrigens hatte ich bemerkt, daß er mich in seiner Unwissenheit für einen Gelehrten hielt. Ich bemühte mich, diese Meinung – die der meines Vaters widersprach – durch Kunststücke in Kopfrechnen, die ich sorgfältig vorbereitet hatte, zu rechtfertigen. Lili ist es zu danken, daß ich es im großen Einmaleins doch immerhin bis zu dreizehn mal dreizehn gebracht habe.

Ich beschenkte ihn dann mit einigen Worten aus meiner Sammlung, wobei ich mit den kürzeren anfing wie: *Einstich*, *Brachfeld*, *Oberleder*, *Lattenbündel*, und ich pflückte mit bloßen

Händen Brennesseln, um ihn mit dem Wort *Wasserbläschen* zu blenden; ferner: *Wurzelkeime*, *Ungezwungenheit*, *Garderobenständer*, und der bewunderungswürdige *Bevollmächtigte*, ein Titel, den ich – sehr zu Unrecht – dem Kommandanten der Landpolizei verlieh.

Schließlich übergab ich ihm eines Tages auf einem Blatt Papier in Schönschrift: *antikonstitutionell*. Als es ihm gelungen war, das zu lesen, machte er mir die größten Komplimente, wobei er zu verstehen gab, daß er dieses Wort nicht oft anwenden würde, was mich in keiner Weise kränkte. Mein eigentlicher Zweck war ja nicht, seinen Wortschatz zu vermehren, sondern seine Bewunderung zu erregen, die mit zunehmender Länge der Worte wuchs.

Trotzdem kehrten unsere Unterhaltungen immer wieder zur Jagd zurück. Ich mußte alle Geschichten von Onkel Jules wiederholen. Lili lehnte mit gekreuzten Armen an einer Kiefer, kaute ein Fenchelblatt und sagte mit ernstem Gesicht: »Und jetzt erzähl mir noch einmal von den Bartavellen . . .«

Noch nie im Leben war ich so glücklich gewesen, aber manchmal verfolgten mich Gewissensbisse bis in die Hügel hinauf: ich vernachlässigte den kleinen Paul. Er beklagte sich nicht, aber ich bedauerte ihn, wenn ich mir seine Einsamkeit vorstellte. Deshalb beschloß ich eines Tages, ihn mitzunehmen.

Am Abend vorher bereitete ich die Jäger darauf vor, daß Lili und ich am nächsten Morgen nicht so früh wie sonst mit ihnen weggehen könnten, sondern mit dem kleinen Paul erst später zur Quelle von Passe-Temps zum Essen kommen würden.

Sie schienen über unseren Abfall enttäuscht und versuchten vergeblich, unseren Plan zu ändern.

Ohne etwas zu sagen, genoß ich meinen Triumph. Erst hatten sie sich geweigert, mich am ersten Tag mitzunehmen, und jetzt tat es ihnen leid, daß sie ohne mich gehen mußten; ich war also unentbehrlich geworden . . . So ähnlich muß den Amerikanern zumute sein, wenn wir sie zu Hilfe rufen, nachdem wir ihre Vorfahren unter religiösen oder politischen Vorwänden aus dem Land gejagt haben.

Morgens um sechs Uhr holten wir Paul aus dem Bett; er war noch ganz verschlafen, aber vergnügt über das bevorstehende Abenteuer und hielt tapfer Schritt mit uns.

Als wir in Petit-Oeil ankamen, fanden wir einen Finken in der ersten Falle.

Paul befreite ihn sofort, sah ihn einen Augenblick an, brach in Tränen aus und rief mit erstickter Stimme:

»Er ist tot! Er ist tot!«

»Natürlich«, sagte Lili. »Die Fallen bringen die Vögel um.«

»Ich will nicht! Ich will nicht! Mach ihn wieder lebendig!«

Er versuchte, in den Schnabel des Vogels zu hauchen, dann warf er ihn in die Luft, um ihm das Auffliegen zu erleichtern. Aber der arme Fink fiel schwerfällig zu Boden, als hätte er niemals Flügel gehabt. Da hob der kleine Paul Steine auf und warf sie nach uns. Er war so außer sich vor Wut, daß ich ihn auf den Arm nehmen und nach Hause tragen mußte.

Ich sagte zu meiner Mutter, wie leid es mir täte, ihn zurückzulassen.

»Mach dir seinetwegen keine Sorgen«, sagte sie. »Er vergöttert seine kleine Schwester und hat viel Geduld mit ihr. Er beschäftigt sich den ganzen Tag mit ihr. Nicht wahr, Paul?«

»Oh ja, Mama.«

Er beschäftigte sich tatsächlich mit ihr.

In ihre feinen, lockigen Haare steckte er eine Handvoll Grillen, und die gefangenen Insekten umschwirrten das kindliche Köpfchen; die kleine Schwester lachte, blaß vor Schreck. Oder er setzte sie in die Gabelung eines Olivenbaumes, zwei Meter über der Erde, und tat so, als wolle er fortgehen, und sie ihrem traurigen Schicksal überlassen: einmal, als sie Angst hatte, herunterzusteigen, kletterte sie bis in die höchsten Äste hinauf, und meine zu Tode erschrockene Mutter sah von weitem das kleine Gesicht über dem silbrigen Blättergewirr auftauchen. Sie holte eine Leiter, und mit Hilfe von Tante Rose gelang es ihr, das Schwesterchen zu fangen, so wie die Feuerwehr manchmal abenteuerlustige, kleine Katzen rettet. Paul beteuerte, daß sie ihm entschlüpft sei. Und das Schwesterchen galt nun als Äffchen, das zu den tollsten Klettereien imstande war.

Gelegentlich steckte er ihr Hagebutten, die so kitzeln, daß man sie Hinternkratzer nennt, in den Rückenausschnitt. So kam sie in den Ruf zu weinen, ohne zu wissen warum.

Zur Beruhigung stopfte er sie mit Mandelgummi voll und ließ sie eine Lakritze lutschen, die nicht aus der Apotheke, sondern von einem streunenden Hasen stammte. Diese Heldentat gestand er mir noch am selben Abend, da er Angst bekam, sie vergiftet zu haben.

Ich vertraute ihm an, daß ich selbst ihm einmal noch warme, schwarze Oliven aus den Spuren einer Ziegenherde angeboten hatte, die ihm glänzend bekommen waren. Entzückt über diese beruhigende Auskunft setzte er ohne Bedenken seine brüderlichen Scherze fort.

Aber wie der große Shakespeare mich später lehren sollte: ›Crime will out‹. Das heißt: Jedes Verbrechen kommt an den Tag. Eines Abends, als ich von der Jagd heimkehrte, fand ich Paul in unserem Zimmer, jämmerlich in seine Kissen schluchzend.

An diesem Tag hatte er ein neues Spiel erfunden, dessen Regeln sehr einfach waren.

Er zwickte, so fest er konnte, das zarte Hinterteil der kleinen Schwester, die sofort laut brüllte.

Dann lief er ganz verzweifelt ins Haus und rief:

»Mama! Komm schnell! Eine Wespe hat sie gestochen!«

Zweimal eilte Mama mit Watte und Salmiakgeist hinaus und versuchte einen Stachel, der nicht existierte, mit den Nägeln zu entfernen, was das Geschrei der kleinen Schwester verdoppelte, zur größten Freude des mitfühlenden Bruders.

Aber er beging den großen Fehler, seinen brüderlichen Scherz zu oft zu wiederholen.

Meine Mutter, die bereits Zweifel hegte, überraschte ihn bei der Tat. Er bekam eine gewaltige Ohrfeige, gefolgt von einigen Rutenschlägen, die er standhaft ertrug. Aber die darauffolgende eindringliche Ermahnung brach ihm das Herz, und abends um sieben Uhr war er immer noch untröstlich. Beim Essen versagte er sich selbst den Nachtisch. Doch das gequälte und dankbare Schwesterchen schob ihm, vor Mitgefühl weinend, ihre Caramelcreme zu.

Nachdem ich so erfahren hatte, daß er sich wirklich keine Sekunde langweilte, überwand ich leichten Herzens meine Gewissensbisse und überließ ihn seinem verbrecherischen Zeitvertreib.

Eines Morgens, als wir aufbrachen, hing der Himmel niedrig und schwarz über den Bergkämmen und zeigte nur im Osten ein schwaches Rot. Vom Meer herüber wehte ein kühler Wind, der langsam schwarze Wolken vor sich hertrieb. Mein Vater hatte mich gezwungen, über mein Hemd eine Wolljacke mit langen Ärmeln anzuziehen und eine Mütze aufzusetzen.

Lili trug eine Baskenmütze.

Der Onkel betrachtete den Himmel und entschied:

»Es wird nicht regnen. Dieses Wetter ist für die Jagd gerade recht.«

Lili zwinkerte mir zu und sagte leise:

»Wenn er alles trinken müßte, was herunterkommen wird, könnte er bis Weihnachten pissen.«

Diese Bemerkung fand ich großartig. Lili vertraute mir nicht ohne Stolz, daß er sie von seinem großen Bruder Baptistin habe.

Der Morgen verging wie gewöhnlich, doch gegen zehn Uhr überraschte uns ein Wolkenbruch auf dem Felsplateau des Taoumé. Er dauerte ungefähr zehn Minuten, die wir unter den dichten Zweigen einer Kiefer zubrachten. Mein Vater benützte diese Ruhepause, um uns beizubringen, daß man bei Gewitter auf keinen Fall unter einem Baum Schutz suchen dürfe. Es donnerte nicht. Bald erreichten wir die Baume-Sourne-Quelle, wo wir zu Mittag aßen. Wir hatten auf dem Weg ungefähr fünfzig Fallen aufgestellt, und die Jäger hatten vier Hasen und sechs Rebhühner geschossen.

Das Wetter klärte sich wieder auf und der Onkel versicherte:

»Der Himmel ist wieder hell, es ist vorbei.«

Lili zwinkerte mir noch einmal zu, aber den schönen Ausspruch wiederholte er nicht.

Nachdem wir ohne Erfolg das kleine Jardiniertal durchstreift hatten, verließen uns die Jäger und schlugen den Weg nach Passe-Temps ein, während wir wieder in unsere Jagdgründe hinaufstiegen.

Als wir über das Geröll kletterten, sagte Lili:

»Wir brauchen uns nicht zu beeilen. Je länger die Fallen stehen bleiben, desto besser.«

Die Hände unter dem Nacken, streckten wir uns inmitten von dichten Weißdornhecken unter einer alten Eberesche aus.

»Es kann sein«, sagte Lili, »daß wir heute abend Alpendrosseln fangen, denn heute ist Herbstanfang.«

Ich war ganz bestürzt.

In den mittleren und nördlichen Teilen Frankreichs weht von den ersten Septembertagen an ein etwas zu kühler Wind, pflückt unversehens im Vorüberstreichen ein schönes, leuchtend gelbes Blatt, das sich anmutig wie ein Vogel dreht, gleitet und umherwirbelt. Das kündigt den nahen Verfall des Waldes an, der sich erst rot färbt, dann mager und schwarz wird, denn alle Blätter fliegen mit den Schwalben davon, wenn der Herbst in sein goldenes Horn stößt.

Aber in meiner Provence werden die Kiefern- und Olivenwälder nur gelb, wenn sie wirklich absterben, und der erste Septemberregen wäscht ihre Zweige wieder grün und frisch wie im April. Auf den Hochebenen behalten Thymian, Rosmarin, Wacholder und Zwergeichen, umgeben von blauem Lavendel, immer ihre Blätter, und nur in die Täler schleicht der Herbst sich heimlich ein. Er nützt einen nächtlichen Regen, um den kleinen Weinberg und die vier Pfirsichbäume gelb zu färben, die man für krank hält; und um sein Kommen besser zu verbergen, rötet er die dummen Vogelbeeren, die ihn immer mit dem Frühling verwechseln.

So ließen die Ferientage in ihrer sich immer gleichbleibenden Harmonie die Zeit nicht vorrücken, und der Sommer, der doch schon tot war, zeigte noch ein faltenloses Gesicht.

»Wer hat dir gesagt, daß es Herbst ist?«

»In vier Tagen ist Michaeli, da kommen die Alpendrosseln. Es ist noch nicht der große Flug, der setzt erst nächste Woche ein, im Monat Oktober . . .«

Bei dem letzten Wort krampfte sich mein Herz zusammen. Oktober! *Schulanfang!* Ich weigerte mich, daran zu denken, ich wehrte mich mit aller Kraft gegen diese schmerzhafte Vorstellung. Damals lebte ich in einem Geisteszustand, den ich erst später begriff, als mein Lehrer Aimé Sacoman uns den subjektiven Idealismus Fichtes erklärte. Wie der deutsche Philosoph glaubte ich, daß die äußere Welt meine Schöpfung sei und daß es meiner Willenskraft gelingen müsse, unangenehme Tatsachen wie mit einem Federstrich auszuschalten. Infolge dieses angeborenen und von den Tatsachen stets widerlegten Glaubens werden Kinder oft so zornig, wenn ein Ereignis, dessen sie Herr werden möchten, sich ihnen unerbittlich entzieht.

Ich versuchte also, den Monat Oktober wegzuleugnen. Er befand sich irgendwo in der Zukunft und bot daher weniger Widerstand als ein Ereignis der Gegenwart. Es gelang mir um so besser, da mein Vorhaben durch ein fernes Grollen, das unsere Unterhaltung unterbrach, begünstigt wurde.

Lili stand auf und horchte: das Grollen ließ sich von neuem vernehmen, unten über Allauch, auf der anderen Seite des Taoumé.

»Da haben wir's!« sagte Lili. »Du wirst sehen, in einer Stunde ist es da! Es ist noch ziemlich weit entfernt, aber es kommt.«

Ich kroch unter dem wilden Weißdorn vor und sah, daß der Himmel sich verfinstert hatte.

»Was sollen wir tun? Wollen wir zur Baume-Sourne-Quelle zurückgehen?«

»Das ist nicht nötig. Ich weiß einen Platz auf der anderen Seite des Taoumé, wo man nicht naß wird und alles beobachten kann. Komm!«

Er fing an zu laufen.

In diesem Augenblick zitterte die Landschaft dumpf unter einem anhaltenden Donner, der schon viel näher klang. Lili drehte sich nach mir um:

»Hab keine Angst! Wir haben noch viel Zeit!«

Aber er beschleunigte seinen Lauf.

Wir kletterten durch zwei Kamine, während der Himmel sich mehr und mehr verdüsterte. Als wir den Grat des Berges erreicht hatten, sah ich eine violette Wand heranziehen, die ein feuriger Blitz plötzlich aber lautlos zerriß.

Wir stiegen durch einen dritten, fast senkrechten Kamin und gelangten auf die vorletzte Terrasse, an die sich nur wenige Meter höher das oberste Plateau anschloß, das der flache Berggipfel nur um wenige Meter überragte.

Fünfzig Schritte weiter öffnete sich im Felsen ein dreieckiger Spalt, von etwa einem Meter Durchmesser.

Wir schlüpften hinein. Diese Art Grotte, die sich anfangs verbreiterte, wurde immer schmaler, je mehr sie sich im Dunkel der Felsennacht verlor.

Lili suchte einige flache Steine und schichtete sie zu einer Bank auf; von hier konnte man die Landschaft übersehen. Dann legte er die Hände an den Mund wie ein Megaphon und schrie den Wolken zu: »Jetzt kann es losgehen!«

Aber es ging nicht los.

Zu unseren Füßen unter der Hochebene mit den drei Terrassen erstreckte sich das Jardiniertal. Sein Kiefernwald reichte bis an die zwei hohen Felswände der Schlucht von Passe-Temps, die ihrerseits von zwei einsamen Hochebenen begrenzt war.

Rechts, fast auf gleicher Höhe mit uns, war die Wiese am Abhang des Taoumé, wo wir unsere Fallen aufgestellt hatten.

Links vom Jardiniertal säumten die von Kiefern und niedrigen Eichen umrahmten Felsen den Horizont.

Diese Landschaft, die ich immer nur vibrierend unter der Sonne in der flimmernden Luft heißer Tage gesehen hatte, war jetzt erstarrt wie eine riesige Krippe.

Violette Wolken jagten über unsere Köpfe, und die bläuliche Beleuchtung wurde von Minute zu Minute schwächer wie bei einer ausgehenden Lampe. Ich hatte keine Angst, aber ich empfand eine merkwürdige Unruhe, ein tiefes, tierhaftes Bangen.

Der Duft, der von den Hügeln kam – vor allem der des Lavendels –, wurde zu schwerem Geruch, der beinahe sichtbar aus dem Boden aufstieg.

Einige Hasen liefen so gehetzt vorbei, als ob die Hunde hinter ihnen her wären; aus dem Tal flogen Rebhühner lautlos mit weitgeöffneten Flügeln auf und ließen sich dreißig Schritt zu unserer Linken unter den überhängenden, grauen Felsen nieder.

Da fingen im feierlichen Schweigen der Hügel die unbeweglichen Kiefern an zu singen.

Es war ein entferntes Murmeln, zu schwach, um ein Echo zu wecken, aber schaurig, anhaltend und geheimnisvoll.

Wir rührten uns nicht, wir sprachen nicht. Auf der Seite von Baume-Sourne drang der Schrei eines Sperbers vom Felsen herüber, ein spitzer, abgehackter Schrei, der in einen langgezogenen Lockruf überging. Auf den grauen Felsen vor mir fielen die ersten Tropfen.

In weitem Abstand voneinander klatschten sie als violette Flecken, groß wie Zweisousstücke, auf. Dann fielen sie dichter und schneller, und bald glänzte der Felsen wie ein nasses Straßenpflaster. Ein rascher Blitz, dem ein harter, schmetternder Donnerschlag folgte, sprengte plötzlich die Wolkenmassen, die sich mit ohrenbetäubendem Geprassel auf die Hänge entluden.

Lili lachte auf: ich sah, daß er blaß war, und fühlte, daß auch ich es war, aber wir atmeten schon wieder freier.

Der senkrecht fallende Regen verbarg jetzt die Landschaft, von der, getrennt durch einen weißen Perlenvorhang, nur ein Halbkreis übrigblieb. Von Zeit zu Zeit erhellte ein Blitz, so geschwind, daß er unbeweglich schien, die schwarze Wolkendecke, und dunkle Baumschatten durchdrangen die gläserne Regenwand. Es war kalt.

»Wo mein Vater sein mag?« sagte ich.

»Sie werden bei der Grotte von Passe-Temps sein oder an der kleinen Quelle von Zive.«

Er überlegte einige Sekunden und sagte unvermittelt:

»Wenn du mir schwörst, nie mit jemand darüber zu sprechen,

werde ich dir etwas zeigen. Aber du mußt schwören: Kreuz aus Holz, Kreuz aus Eisen.«

Das war ein feierlicher Schwur, der nur bei außerordentlichen Gelegenheiten verlangt wurde. Ich sah, daß Lili mit ernstem Ausdruck wartete. Ich stand auf, streckte die rechte Hand aus und sprach, begleitet vom Rauschen des Regens, mit klarer Stimme die Formel:

Kreuz aus Holz, Kreuz aus Eisen,
Lüg' ich, wird mich der Teufel zerreißen.

Nach zehn Sekunden Schweigen – das der Handlung erst die rechte Weihe verlieh – stand er auf.

»Gut«, sagte er. »Komm. Wir müssen auf die andere Seite gehen.«

»Auf welche andere Seite?«

»Dieser Felsengang geht direkt unter dem Taoumé durch.«

»Bist du schon früher durchgegangen?«

»Oft.«

»Warum hast du mir nie davon erzählt?«

»Weil es ein großes Geheimnis ist. Nur wir drei wissen davon: Baptistin, mein Vater und ich. Mit dir sind es vier.«

»Glaubst du wirklich, daß es so wichtig ist?«

»Und ob! Wegen der Gendarmen! Wenn man sie auf der einen Seite des Taoumé sieht, geht man durch den anderen Ausgang hinaus. Sie kennen den Weg nicht, und ehe sie um den Berg herumgekommen sind, bist du längst fort! – Du hast geschworen, du kannst es niemand mehr erzählen.«

»Auch meinem Vater nicht?«

»Er hat seinen Jagdschein, also braucht er es nicht zu wissen.«

In der Tiefe der Grotte wurde die Felsenspalte enger und bog nach links ab. Lili schlüpfte mit vorgeschobener Schulter hinein.

»Hab' keine Angst, nachher wird sie wieder breiter.«

Ich folgte ihm.

Der Gang stieg an und führte wieder hinunter, dann ging er nach links und dann wieder nach rechts. Man hörte den Regen nicht mehr, aber die Felsen um uns herum zitterten unter den Donnerschlägen.

Bei der letzten Biegung tauchte ein Lichtschein auf. Der Tunnel öffnete sich auf der anderen Seite des Abhangs, und zu unseren Füßen mußten die Täler von Escaouprès sein, aber eine dichte Nebeldecke verbarg sie. Außerdem kamen graue Wolkenmassen auf uns zu. Sie schäumten wie die steigende Flut, und bald waren wir ganz von ihnen eingehüllt. Man sah keine zehn Meter weit.

Der Felsenkeller, in dem wir uns jetzt befanden, war größer als der vorige. Stalaktiten hingen von der Decke, und die Schwelle war ungefähr zwei Meter hoch.

Der Regen strömte jetzt wütend, dicht und schwer. Pausenlos zuckten die Blitze. Ein Donnerschlag übertrumpfte den anderen, und jedem folgte ein dröhnendes Echo.

Dicht vor dem Eingang der Grotte zitterte ein Ginsterbusch im Schauer der Tropfen und verlor nach und nach seine leuchtend grünen Blätter. Rechts und links hörten wir Bäche rauschen, die Kies und Steine mit sich führten und in unsichtbaren Kaskaden zu Tale gluckten ...

Wir waren vollkommen geschützt und verhöhnten die Gewalt des Gewitters, da schlug ein Blitz in unserer nächsten Nähe ein und riß eine ganze Felsenwand nieder.

Wir hörten die Baumstämme unter den herabstürzenden Felsblöcken zusammenkrachen, ehe sie weit unten im Tal wie gesprengte Minen zerbarsten.

Diesmal zitterte ich vor Angst und wich zurück in die äußerste Ecke unseres Schlupfwinkels.

»Das ist schön!« sagte Lili.

Aber ich sah nur zu gut, daß er nicht davon überzeugt war. Er setzte sich neben mich und sagte noch einmal:

»Es ist schön. Aber es ist gemein.«

»Wird es noch lange dauern?«

»Eine Stunde vielleicht, länger nicht.«

Wasserfäden rieselten durch das spitze Gewölbe, dessen Decke sich im Dunkel verlor. Dann verjagte uns ein Wasserguß von unserem Platz.

»Schlimm ist, daß wir mindestens ein Dutzend Fallen verlieren«, sagte Lili. »Die anderen müssen wir erst am Feuer trocknen und nachher einfetten, weil ...«

Er unterbrach sich und starrte hinter mir in die Höhe. Mit gespitzten Lippen flüsterte er:

»Bück dich vorsichtig und heb zwei große Steine auf!«

Erschrocken zog ich den Kopf zwischen die Schultern und rührte mich nicht. Aber ich sah, wie er sich langsam bückte, immer die Augen auf etwas gerichtet, das oben hinter mir sein mußte.

Ich bückte mich nun auch ganz langsam. Er hatte zwei faustgroße Steine ergriffen, ich tat dasselbe.

»Dreh dich vorsichtig um!« raunte er mir zu.

Ich drehte erst meinen Kopf, dann meinen Oberkörper. Oben aus dem Dunkel sah ich zwei phosphoreszierende Augen blitzen.

»Ist das ein Vampir?«

»Nein. Das ist der Uhu.«

Ich schaute angestrengt hinauf und es gelang mir, die Umrisse eines Vogels zu erkennen.

Auf einem Felsenvorsprung hockend, war er gut zwei Fuß hoch. Die Regengüsse hatten ihn aus seinem Nest vertrieben, das irgendwo in der Felsenecke verborgen sein mußte.

»Wenn er uns angreift, gib acht auf deine Augen!« flüsterte Lili.

Entsetzen packte mich.

»Gehen wir fort«, sagte ich, »gehen wir schnell fort! Lieber naß bis auf die Haut als blind!«

Ich rannte in den Nebel hinaus. Er folgte mir.

Ich hatte meine Mütze verloren. Der Regen prasselte auf meinen bloßen Kopf, das Haar hing mir in Strähnen über die Augen.

»Bleib in der Nähe der Felsen!« schrie Lili. »Erstens werden wir weniger naß, und zweitens kann man sich nicht verlaufen.«

Tatsächlich konnte ich kaum vier Schritte weit sehen.

Ich hatte mir eingebildet, unsere Ortskenntnis würde genügen, uns durch das Erkennen eines Baumes, eines Felsblocks oder auch nur eines Strauches zu leiten. Aber der Nebel war ein Vorhang, der die Formen nicht nur verwischte, sondern auch verwandelte, weil er verschieden dicht war. Er zeigte uns die schemenhaften Umrisse einer krummen, kleinen Fichte, aber die Silhouette einer großen Eiche daneben ließ er vollkommen verschwinden. Dann war die Fichte nicht mehr zu sehen, und die eine Hälfte der Eiche tauchte auf, nicht wiederzuerkennen. Wir bewegten uns in einer Landschaft, die sich ständig veränderte. Ohne den Felsen, an dem wir uns entlang tasteten, wäre uns nichts anderes übrig geblieben, als in der Sintflut auszuhalten und abzuwarten.

Zum Glück beruhigte der Himmel sich nach und nach. Das Gewitter hatte sich zum Garlaban verzogen, und die Heftigkeit des Regens ließ nach. Er fiel nun senkrecht und regelmäßig ...

Doch der Felsen, der uns leitete, endete plötzlich an einem Vorsprung des Taoumé. Zögernd trennten wir uns von ihm wie ein

Baby, das sich am Treppengeländer festgehalten hat und nun die ersten selbständigen Schritte wagt.

Lili ging vor mir. Mit den Augen am Boden fand er den Pfad, den die Fluten des Gewitters fast unkenntlich gemacht hatten. Überdies bestätigte ein alter Wacholderbaum, der zwei morsche, tote Zweige in den Nebel streckte, daß wir auf dem rechten Weg waren. Wir liefen weiter, so schnell wir konnten.

Unsere mit Wasser vollgesogenen Sandalen gluckten bei jedem Schritt. Meine triefenden Haare hingen eiskalt in die Stirn, Jacke und Hemd klebten mir auf der Haut.

Es war wieder still, in der Ferne hörten wir ein schwaches, aber anhaltendes Grollen. Lili blieb stehen und horchte.

»Was da so rauscht, muß der Bach von Escaouprès sein.«

»Aber man kann nicht unterscheiden, von welcher Seite er kommt.«

Wir lauschten angestrengt: das Rauschen kam von allen Seiten. Lili bemerkte nachdenklich:

»Es kann auch La Garette sein oder Pas de Loup. Wenn wir nicht weiterlaufen, werden wir uns erkälten!«

Die Ellbogen am Körper angelegt, lief er weiter, und ich folgte ihm auf den Fersen, denn ich hatte Angst, die kleine tanzende Silhouette, hinter der Nebelschleppen herwehten, zu verlieren.

Aber nach einem Dauerlauf von zehn Minuten blieb er plötzlich stehen und drehte sich um.

»Es geht immer mehr bergab; wir können nicht weit von Baptistins Hütte sein.«

»Aber wir haben die drei Pistazien nicht gesehen.«

»Ach, weißt du, heute sieht man nicht alles.«

»Die eine, die den Weg versperrt, hätten wir trotz des Nebels bemerken müssen.«

»Ich habe nicht aufgepaßt«, sagte er.

»Aber ich habe aufgepaßt!«

»Vielleicht sind sie etwas weiter unten ...«

Er fing wieder an zu laufen. Tausend Bächlein rieselten leise neben uns. Ein großer, schwarzer Vogel flog mit ausgebreiteten Flügeln zehn Meter über unseren Köpfen. Es war mir klar, daß wir den Pfad längst verloren hatten. Auch Lili begriff es und blieb stehen.

»Ich frage mich«, sagte er, »ich frage mich ...«

Offensichtlich wußte er nicht mehr, was er tun sollte, deshalb verfluchte er alles mit schrecklichen, provençalischen Verwünschungen: den Nebel, den Regen und die Götter.

»Warte!« sagte ich plötzlich. »Mir fällt etwas ein. Sei ganz still!«

Ich drehte mich nach rechts, formte meine Hände zum Sprachrohr und stieß einen lauten Hilferuf aus. Dann horchte ich.

Ein schwaches Echo wiederholte den Ruf. Ein zweites, noch schwächeres folgte.

»Das muß das Echo des Felsens von Escaouprès sein«, sagte ich, »beinahe unter dem Tête-Rouge.«

Jetzt schrie ich geradeaus. Es kam keine Antwort. Ich drehte mich nach links und wir schrien beide gleichzeitig.

Ein lautes Echo antwortete dreimal: das war die Stimme von Passe-Temps.

»Ich weiß, wo wir sind«, sagte ich. »Wir sind zu weit nach links abgekommen, aber wenn wir hier weitergehen, kommen wir an den Rand der Felsen von La Garette. Komm mit!«

Ich schlug den Weg nach rechts ein. Die Dunkelheit machte den Nebel noch undurchdringlicher; aber ich rief die bekannten Echos an und fragte das von Escaouprès um Rat, das aus Mitleid immer näher klang.

Dann erkannten meine Füße eine Stelle mit runden Steinen wieder, die unter meinen Sohlen wegrollten.

Jetzt verließ ich den Pfad und glaubte eine dunkle Masse zu erkennen.

Ich ging mit ausgestreckten Armen auf sie zu und griff plötzlich in die fleischigen Blätter eines Feigenbaumes. Wir waren an der Hütte von Baptistin, und der vertraute Geruch des Schafstalls, der in der Nässe noch intensiver war, zeigte uns an, daß wir gerettet waren. Der Regen sah es ein: er hörte auf.

Jetzt waren wir glücklich und stolz auf unser Abenteuer, das Stoff zu spannenden Erzählungen liefern würde! Aber als wir den steilabfallenden Hang nach Redouneou hinunterliefen, hörte ich weit hinter uns den klagenden Schrei eines Vogels.

»Eine Bachstelze«, sagte Lili. »Aber die bleiben nicht, die fliegen fort ...«

Wie ein großes ›V‹, kaum sichtbar, tauchten sie aus dem Nebel auf, der sie zwang, dicht über unseren Köpfen diesem klagenden Ruf nachzufliegen ... Sie flogen fort in neue Ferien.

Wie gewöhnlich kamen wir an der Rückseite des Hauses an.

Im ersten Stock flackerte ein schwaches Licht und ließ die im Regen tanzenden, kleinen Nebelstäubchen glitzern: meine Mutter hatte bei hereinbrechender Dämmerung als kümmerliches Leuchtfeuer eine Petroleumlampe aufgestellt, deren glühendheißer Glaszylinder unter den letzten Regentropfen gesprungen war.

Helles Feuer knisterte im Herd. Mein Vater und mein Onkel, in Schlafrock und Pantoffeln, unterhielten sich mit François, während ihre Jagdkleider, über mehrere Stühle gebreitet, vor den Flammen trockneten.

»Da siehst du, daß sie nicht verlorengegangen sind!« rief mein Vater freudig aus.

»Oh, das war auch nicht zu befürchten«, sagte François.

Meine Mutter befühlte meine Jacke, dann die von Lili und rief erschrocken:

»Sie sind patschnaß! So naß, als ob sie ins Meer gefallen wären!«

»Das tut ihnen gut«, sagte François, den so leicht nichts aus der Ruhe brachte. »Kinder haben keine Angst vor dem Wasser und schon gar nicht, wenn es vom Himmel kommt.«

Tante Rose eilte die Treppe herunter, als ob Feuer ausgebrochen wäre. Sie war mit Handtüchern und Kleidungsstücken beladen. Im Handumdrehen standen wir nackt vor dem Feuer zu Pauls großem Vergnügen und zur ebenso großen Verlegenheit von Lili. Mit der Schamhaftigkeit des Bauernjungen versteckte er sich, so gut er konnte, hinter den ausgebreiteten Jagdkleidern. Doch die Tante ergriff ihn resolut und trocknete ihn mit einem Frottiertuch ab, wobei sie ihn wie einen leblosen Gegenstand hin- und herdrehte. Meine Mutter machte es mit mir genauso. François, der die Prozedur gelassen verfolgte, sagte: »Sie sind so rot wie Hagebutten!« Und dann noch einmal: »Das tut ihnen gut!«

Lili wurde in meinen alten Matrosenanzug gesteckt, in dem er direkt vornehm aussah, während ich mit der Strickjacke meines Vaters, die mir bis zu den Knien hing, und den Wollstrümpfen meiner Mutter weniger angezogen als eingehüllt wurde.

Dann setzte man uns vors Feuer, und ich erzählte unsere Odyssee. Der Höhepunkt war der Angriff des Uhus, den ich natürlich nicht ruhig auf dem Felsen sitzen lassen konnte. Er stürzte sich vielmehr auf uns. Mit feurigen Augen und vorgestreckten Krallen umflatterte er drohend unsere Köpfe. Während ich vormachte, wie er mit den Flügeln schlug, stieß Lili die schrillen Schreie des Ungeheuers aus. Tante Rose hörte mit offenem Mund zu, meine Mutter schüttelte den Kopf und Paul bedeckte seine Augen mit beiden Händen. Unser Erfolg war so vollkommen, daß ich selbst Angst bekam und noch Jahre später in meinen Träumen das angriffslustige Tier auf mich zukommen sah, um mir die Augen auszuhacken.

Dann berichtete Onkel Jules mit heroischem Gleichmut von den mannigfachen Gefahren, denen die Jäger ausgesetzt waren.

Mitten in den Schluchten hatte das Gewitter sie überrascht, und wie durch ein Wunder waren sie den riesigen Felsstücken entkommen, die ununterbrochen vor und hinter ihnen herunterstürzten. Ganz in ihrer Nähe hatte der Blitz den alten Nußbaum von Petite Baume in zwei Teile zerspalten. Bis auf die Haut durchnäßt, erschöpft und von Sturzfluten verfolgt, die von Minute zu Minute stärker wurden, hatten sie ihre Rettung nur einem verzweifelten Dauerlauf zu danken, von dem Onkel Jules gestand, daß er nicht geglaubt habe, ihn durchhalten zu können.

Seine Geschichte machte keinen großen Eindruck. Man zittert nicht um Jäger mit Schnurrbärten.

François stand auf und sagte nur:

»Was wollen Sie! Das ist die Jahreszeit! Jetzt ist es aus mit dem schönen Wetter ... Also, es bleibt dabei, am Sonntag. Auf Wiedersehen alle miteinander.«

Er ging hinaus und nahm Lili mit, der meinen alten Matrosenanzug anbehalten hatte, um sich von seiner Mutter bewundern zu lassen.

Bei Tisch aß ich mit großem Appetit, als Onkel Jules etwas sagte, das ich zuerst gar nicht beachtete.

»Ich denke«, sagte er, »daß unser Gepäck keine zu große Belastung für den Karren von François sein wird. Sicher kann er Rose noch unterbringen, auch Augustine, das Baby und die Kleine und vielleicht sogar noch Paul. Was meinst du, Paul?«

Aber der kleine Paul konnte nicht antworten. Ich sah, wie seine Unterlippe dick wurde und sich dann zum Kinn hinunterbog. Dieses Anzeichen, das ich sinnigerweise mit dem Nachttopfrand der kleinen Schwester verglich, war mir wohlbekannt. Wie gewöhnlich folgte auf dieses Symptom ersticktes Schluchzen, worauf zwei dicke Tränen aus seinen blauen Augen quollen.

»Was ist denn los?« Meine Mutter nahm ihn sofort auf den Schoß. Er zerfloß in Tränen.

»Aber schau, großes Baby«, sagte sie, »du weißt doch, daß das nicht ewig so bleiben konnte. Außerdem kommen wir ja bald wieder ... Es ist nicht mehr lange bis Weihnachten!«

Ich fühlte ein Unglück nahen.

»Was sagt sie?«

»Sie sagt, daß die Ferien zu Ende sind«, antwortete der Onkel und schenkte sich in aller Ruhe ein Glas Wein ein.

Ich fragte mit erstickter Stimme:

»Wann sind sie zu Ende?«

»Übermorgen müssen wir fort«, sagte mein Vater. »Heute ist Freitag.«

»Heute *war* Freitag«, sagte der Onkel, »und Sonntag früh fahren wir.«

»Du weißt doch, daß Montag die Schule anfängt«, sagte die Tante.

Im Augenblick begriff ich nichts und sah sie ganz verständnislos an.

»Sei doch vernünftig!« sagte meine Mutter, »es ist schließlich keine Überraschung! Wir sprechen schon seit acht Tagen davon.«

Es ist wahr, sie hatten davon gesprochen, aber ich hatte es nicht hören wollen. Ich wußte, daß dieses Unheil unweigerlich hereinbrechen mußte, genauso wie die Leute wissen, daß sie eines Tages sterben müssen. Aber sie sagen sich: es ist noch nicht an der Zeit, sich mit diesem Problem zu beschäftigen. Wenn es soweit ist, werden wir daran denken.

Jetzt *war* es an der Zeit. Der Schreck machte mich stumm und nahm mir beinahe den Atem. Mein Vater sah es und sprach sehr lieb zu mir.

»Sei vernünftig, mein Junge! Du hast zwei lange Monate Ferien gehabt ...«

»Was ich übertrieben finde«, unterbrach ihn der Onkel. »Wärst du Präsident der Republik, hättest du nicht so viel Ferien.«

Dieses einfallsreiche Argument berührte mich wenig, denn ich war entschlossen, so hohe Ämter erst nach Beendigung meines Militärdienstes anzustreben.

»Du hast ein entscheidendes Jahr vor dir«, fuhr der Vater fort. »Vergiß nicht, daß du dich bis zum Juli auf das Gymnasialstipendium vorbereiten mußt, um dann im Oktober in die höhere Schule eintreten zu können.«

»Du weißt, wie wichtig das ist«, sagte meine Mutter. »Du erklärst immer, daß du Millionär werden willst. Aber wenn du nicht aufs Gymnasium kommst, wirst du es nie!«

Sie glaubte fest daran, daß Reichtum eine Art Auszeichnung sei, mit der Arbeit und Wissen belohnt werden.

»Und dann«, sagte der Onkel, »lernst du auf dem Gymnasium Latein, und ich verspreche dir, daß du dich dafür begeistern wirst. Ich habe Latein zum bloßen Vergnügen gelernt, sogar während der Ferien.«

Diese seltsamen, spätere Jahrhunderte betreffenden Vorschläge konnten die traurige Wirklichkeit nicht verbergen: die Ferien waren zu Ende, und ich fühlte, wie mein Kinn zitterte.

»Ich hoffe, du wirst nicht weinen!« sagte mein Vater.

Ich hoffte es auch und machte die größten Anstrengungen, mit dem Heroismus eines Indianers am Marterpfahl. Meine Verzweiflung wurde zur Revolte, ich eröffnete den Gegenangriff.

»Natürlich ist das eure Sache«, sagte ich, »aber was mich am meisten beunruhigt ist, daß Mama nie zu Fuß bis hinunter nach La Barasse kommen wird ...«

»Wenn das deine Hauptsorge ist, kann ich dich beruhigen«, sagte mein Vater. »Wie Onkel Jules vorgeschlagen hat, fahren die Frauen und Kinder Sonntag früh mit François' Karren, der sie bei La Treille an der Omnibushaltestelle absetzt.«

»Was ist das für ein Omnibus?«

»Er fährt nur sonntags und bringt uns bis zur Trambahn.«

Die Erwähnung eines sonntäglichen Omnibusses, den noch keiner von uns gesehen hatte, war der Beweis für einen genau überlegten Plan: sie hatten an alles gedacht.

»Und die Feigen?« fragte ich abrupt.

»Welche Feigen?«

»Die von der Terrasse. Mehr als die Hälfte sind noch übrig und erst in acht Tagen werden sie reif. Wer soll sie essen?«

»Wir vielleicht, wenn wir in sechs Wochen zu Allerheiligen für ein paar Tage heraufkommen.«

»Bis dahin haben die Spatzen, die Drosseln und die Holzfäller sich in die Beute geteilt! Es wird keine einzige Feige übrigbleiben. Und all die Weinflaschen im Keller! Sollen die auch verderben?«

»Im Gegenteil«, sagte Onkel Jules. »Der Wein wird um so besser, je älter er wird.«

Diese siegesgewisse Versicherung entwaffnete mich. Sofort änderte ich meine Taktik.

»Das ist richtig«, sagte ich. »Aber denkt ihr auch an den Garten? Papa hat Tomaten gepflanzt, und wir haben noch keine einzige geerntet. Und der Lauch? Er ist noch nicht größer als mein kleiner Finger!«

»Möglich, daß ich mich in meinen landwirtschaftlichen Berechnungen geirrt habe«, sagte mein Vater. »Aber hauptsächlich ist die Trockenheit schuld. Bis heute hat es nicht ein einziges Mal geregnet.«

»Nun gut«, sagte ich, »aber jetzt wird es regnen, und alles wird prachtvoll gedeihen. Es ist wirklich ein Unglück!«

»Mach dir keine Sorge!« sagte mein Vater. »Wir werden das Vergnügen haben, unser Gemüse zu Hause zu essen. François hat versprochen, sich darum zu kümmern, und wenn er zum Markt fährt, wird er uns immer einen Spankorb voll mitbringen.«

In dieser Art machte ich noch viele absurde Einwände, um zu beweisen, daß eine so plötzliche Abreise undurchführbar sei. Als ob es möglich gewesen wäre, den Schulbeginn damit hinauszuschieben! Als ich die Armseligkeit meiner Argumente erkannte und meine Verzweiflung überhand nahm, fiel mir etwas Geniales ein.

»Ich weiß ja, daß ich wieder in die Schule gehen muß, und ich gehe sogar mit Vergnügen.«

»Endlich!« sagte Onkel Jules und stand auf.

»Gut, daß du vernünftig bist«, sagte mein Vater.

»Nur glaube ich, die Stadtluft ist nichts für Mama. Das hast du selbst gesagt. Ja, das hast du gesagt! Aber hier – schau sie nur an, wie schön sie ist! Und die kleine Schwester auch. Sie klettert jetzt schon auf die Bäume und wirft mit Steinen. Wir brauchten es nur genauso zu machen wie Onkel Jules.«

»Na, und wie macht es Onkel Jules?«

»Er fährt fast jeden Tag auf seinem Rad in die Stadt und kommt abends zurück. Er braucht dir nur sein Rad zu leihen, mich kannst du auf die Lenkstange setzen oder auf den Rücken nehmen. Und Mama bleibt mit der kleinen Schwester und mit Paul hier draußen. Paul lernt in der Schule ja doch nichts. Und wie er geweint hat, hast du gesehen. Wenn man ihn in die Stadt bringt, wird er die ganze Zeit heulen, ich kenne ihn doch!«

Mein Vater stand auf und sagte:

»Das ist vielleicht gar keine so schlechte Idee. Aber jetzt ist es spät, wir sprechen morgen noch darüber.«

»Rat kommt über Nacht«, sagte der Onkel. »Jetzt müssen wir schlafen gehen, denn morgen früh wollen wir sehr zeitig aufbrechen; für unseren letzten Jagdtag haben wir die Erlaubnis, in die Wälder von Pichauris zu gehen, das ist das beste Jagdrevier im ganzen Land.«

Mein Vater nahm den schlafenden Paul auf den Arm, und wir stiegen hinter ihm die Treppe hinauf. Leise sagte ich zu meiner Mutter:

»Findest du nicht, das ist eine gute Idee?«

»Eine wunderbare Idee!« sagte sie. »Aber es wäre doch sehr anstrengend für deinen Vater.«

»Dann kommen wir eben nicht jeden Tag heraus. Vielleicht nur am Mittwoch und Samstag.«

»Ich hätte sicher Angst, allein zu bleiben an den anderen Tagen!«

»Aber nein, du wirst keine Angst haben! Außerdem kann ich Lili bitten, hier zu schlafen ...«

»Ja, dann ist alles in Ordnung!« sagte Onkel Jules. »Wenn Lili zusagt, sind wir gerettet.«

»Er kann schon schießen«, sagte ich. »Er schießt tadellos mit der Flinte seines Bruders.«

»Schön«, sagte meine Mutter. »Jetzt schlaf erst einmal, du hast es dringend nötig. Ich spreche mit deinem Vater, und morgen früh wird sich alles finden.«

Ein kalter Lufthauch weckte mich: Paul hatte das Fenster aufgemacht, und es war noch nicht richtig hell. Ich dachte, es sei das trübe Grau der Morgendämmerung. Da hörte ich ein Rieseln in der Dachrinne, und aus der Zisterne kam das melodische Glucksen des Wassers als Echo.

Es war mindestens acht Uhr, und mein Vater hatte mich nicht gerufen. Der Regen hatte die letzte Jagd ertränkt.

Paul sagte:

»Wenn es aufhört, gehe ich Schnecken suchen.«

Ich sprang aus dem Bett.

»Du weißt, daß wir morgen fortfahren?«

Ich hoffte, seine Verzweiflung zu erwecken und für meine Zwecke auszunützen.

Er antwortete mir nicht, denn er war sehr damit beschäftigt, seine Schuhbänder zu binden.

»Aus ist es mit der Jagd! Wir werden keine Ameisen mehr fangen, keine Gottesanbeterinnen und keine Grillen.«

»Sie sind sowieso schon tot!« sagte Paul. »Seit Tagen finde ich keine mehr.«

»In der Stadt sind keine Bäume und es gibt keinen Garten. Dafür muß man in die Schule gehen.«

»Ja«, sagte er vergnügt, »in meine Klasse geht Fusier. Der ist sehr nett. Ich habe ihn gern. Ich werde ihm alles erzählen und ihm Mandelgummi schenken ...«

»Na so was!« sagte ich streng. »Du bist also froh, daß die Ferien zu Ende sind?«

»Natürlich«, sagte er. »Und dann habe ich zu Hause auch meine Zinnsoldaten!«

»Und warum hast du dann gestern abend geweint?«

Er sah mich mit seinen großen blauen Augen an und sagte:

»Ich weiß es nicht.«

Ich war verdrossen über diesen Rückzug, aber ich verlor den Mut nicht und ging hinunter ins Eßzimmer. Dort fand ich viele Menschen um einen Haufen Sachen versammelt.

Mein Vater legte Schuhe, Handwerkszeug und Bücher in zwei weiße Holzkisten. Meine Mutter faltete Wäsche auf dem Tisch, die Tante packte Koffer, der Onkel verschnürte Pakete, die kleine Schwester saß auf einem hohen Stuhl und lutschte an ihrem Daumen, und das Dienstmädchen sammelte auf allen Vieren Pflaumen in einen Korb, den sie gerade umgestoßen hatte.

»Ach, da bist du ja«, sagte mein Vater. »Aus unserer letzten Jagd ist nichts geworden. Man muß sich damit abfinden . . .«

»Eine kleine Enttäuschung«, sagte der Onkel. »Ich wünsche, das Leben behält dir keine schlimmeren vor!«

Die Mutter stellte den Milchkaffee auf den überfüllten Tisch und strich mir üppige Butterbrote. Ich setzte mich hin.

»Papa, hast du über meinen Plan nachgedacht?«

»Über was für einen Plan?«

»Daß Mama mit Paul hier bleibt, und wir beide . . .«

Onkel Jules unterbrach mich:

»Mein liebes Kind, das ist nicht zu machen.«

»Aber du hast es doch auch gemacht! Willst du uns dein Rad nicht leihen?«

»Ich würde es euch sehr gern leihen, wenn dein Plan durchführbar wäre. Aber du hast nicht daran gedacht, daß ich mein Büro um fünf Uhr verlassen konnte und um halb acht hier ankam. Es war Sommer und taghell. Dein Vater kommt um sechs Uhr aus der Schule, und um diese Zeit ist es jetzt bereits Nacht. Ihr könnt unmöglich jeden Tag in der Dunkelheit diese Reise machen!«

»Aber mit einer Laterne? Ich könnte sie doch halten . . .«

»Nun sei ruhig«, sagte mein Vater. »Du siehst ja, was für ein Wetter wir haben! Von jetzt ab wird es immer häufiger regnen. Es würde sich nicht lohnen, kilometerweit zu fahren, um dann hier hinter dem Ofen zu sitzen.«

Plötzlich wurde er ganz streng.

»Außerdem wozu die vielen Erklärungen? Die Ferien sind zu Ende, ihr müßt wieder in die Schule, und morgen reisen wir ab.«

Er fing an, den Deckel der Kiste zuzunageln. Ich sah, daß es der Sarg der Ferien war und daß daran nichts mehr zu ändern war.

Gleichmut vortäuschend ging ich zum Fenster und preßte mein Gesicht gegen die Scheiben. Regentropfen flossen langsam über das Glas. Über mein Gesicht flossen langsam die Tränen.

Nach langem Schweigen sagte meine Mutter:

»Dein Kaffee wird kalt.«

Ohne mich umzudrehen gab ich zur Antwort:

»Ich habe keinen Hunger!«

Sie drängte:

»Du hast gestern abend nichts gegessen. Also komm jetzt und setz dich.«

Ich antwortete nicht. Als sie zu mir kam, sagte mein Vater streng wie ein Polizist:

»Laß ihn! Wenn er keinen Hunger hat, könnte ihm vom Essen schlecht werden. Diese Verantwortung wollen wir nicht übernehmen. Schließlich frißt die Riesenschlange ja auch nur einmal im Monat.«

Und dann schlug er schweigend vier Nägel ein. Der Krieg war erklärt. Ich blieb an meinem Platz vor dem Fenster, ohne jemanden anzusehen. Da hörte ich Sätze wie die folgenden:

»Es waren schöne Ferien, aber man freut sich doch, wieder heimzukommen ...«

Und selbst mein Vater sagte:

»Es ist vielleicht ein Fehler, aber ich kann es kaum erwarten, meine Buben und meine Tafel wiederzusehen.«

Und die roten Rebhühner? Existierten die nicht mehr für diesen Wahnsinnigen? Tante Rose erklärte doch tatsächlich:

»Mir fehlt einfach das Gas! Offen gestanden war ich schon deshalb ungeduldig, wieder nach Hause zu kommen.«

Wie konnte eine so reizende, scheinbar kluge Frau solche Albernheiten aussprechen und dem harzigen Duft der Hügel den zischenden Gasgestank vorziehen?

Onkel Jules übertrumpfte alle anderen an Geschmacklosigkeit:

»Was ich am meisten entbehrt habe, sind bequeme Toiletten mit Wasserspülung, ohne Ameisen, Spinnen und Skorpione.«

Das war es also, woran er dachte, dieser große Weintrinker mit seinem dicken Hintern! Zwischen Thymian, Rosmarin und Lavendel, beim Gesang der Grillen und Heimchen unter dem strahlend blauen Himmel mit den segelnden Wolken der Provence hatte er nur daran gedacht. Und er gab es auch noch zu!

Meine Verachtung hatte ihren Höhepunkt erreicht, und ich war stolz darauf, daß meine Mutter nicht über meine geliebten Hügel lästerte. Sie hatte im Gegenteil einen Ausdruck so zärtlicher Melancholie, daß ich ihr verstohlen die Hand küßte.

Dann zog ich mich in einen dunklen Winkel zurück, um nachzudenken. Sollte es nicht möglich sein, acht Tage oder vielleicht sogar zwei Wochen zu gewinnen, wenn man eine schwere Krankheit vortäuschte? Wenn man Typhus gehabt hat, wird man von seinen Eltern aufs Land geschickt; so war es auch bei meinem Freund Vignier gewesen, der drei Monate bei seiner Tante im Gebirge geblieben war. Was mußte man tun, um Typhus zu bekommen, oder wenigstens vorzutäuschen?

Unsichtbare Kopfschmerzen, unkontrollierbare Übelkeit, leidendes Aussehen und schwere Augenlider sind immer von unfehlbarer Wirkung. Aber wenn der Zustand ernst wird, erscheint das Thermometer, und ich war schon mehrmals ein Opfer seiner unbarmherzigen Dementis gewesen. Zum Glück wußte ich, daß man es in Marseille in der Nachttischschublade vergessen hatte, aber es wurde mir augenblicklich klar, daß man mich bei der ersten Besorgnis noch am selben Tag vor das Thermometer bringen würde.

Und wenn ich mir ein Bein brach? Das wäre nicht das Dümmste! Man hatte mir einen Holzhacker gezeigt, der sich mit der Axt zwei Finger abgehauen hatte, weil er nicht in die Kaserne wollte, und das war sehr gut gelungen. Aber ich wollte mir nichts abschneiden, denn das blutet abscheulich, und dann wächst es auch nicht wieder nach, während man einen gebrochenen Knochen nicht sieht und er auch sehr gut wieder zusammenwächst. Meinem Mitschüler Cancinelli war durch den Hufschlag eines Pferdes das Bein zerschmettert worden – man sah nichts davon, und er konnte genauso schnell laufen wie früher. Aber auch dieser glänzende Einfall hielt einer näheren Prüfung nicht stand: wenn ich nicht gehen konnte, würde man mich auf dem Karren von François in die Stadt befördern. Dort müßte ich einen Monat lang auf dem Sofa liegen – Cancinelli hatte es mir erzählt – mit eingegipstem Bein und einem Gewicht von hundert Kilo daran.

Nein, lieber kein gebrochenes Bein. Aber was dann? Klein beigeben, den lieben Lili für eine Ewigkeit verlassen?

In diesem Augenblick kam er die Anhöhe herauf. Zum Schutz gegen den Regen hatte er einen Sack als Kapuze auf dem Kopf. Sofort kehrte mein Mut zurück, und noch ehe Lili oben war, öffnete ich ihm weit die Tür.

Er klopfte seine Stiefel lange gegen den Stein an der Schwelle, damit der Schmutz herunterfiel, und begrüßte höflich die ganze Gesellschaft, die ihm fröhlich antwortete und ihre abscheulichen Reisevorbereitungen fortsetzte. Zu mir sagte er:

»Wir müssen unsere Fallen holen; wenn wir bis morgen warten, haben die von Allauch sie uns vielleicht schon weggenommen.«

»Bei diesem Wetter willst du ausgehen?« fragte meine Mutter. »Hast du Lust, dir eine Lungenentzündung zu holen?«

Das war damals die am meisten gefürchtete Krankheit. Aber ich war nur zu froh, dieses Zimmer, in dem man nicht ungestört sprechen konnte, zu verlassen.

Also bettelte ich:

»Hör zu, Mama, ich ziehe meinen Kapuzenmantel an, und Lili nimmt den von Paul.«

»Sehen Sie, Madame, der Regen flaut ab, und es ist nicht mehr windig«, sagte Lili.

Mein Vater mischte sich ein:

»Es ist sein letzter Tag. Er muß sich nur warm anziehen, Zeitungspapier auf die Brust legen und natürlich Stiefel statt der Sandalen. Schließlich sind die Kinder nicht aus Zucker, und es sieht aus, als ob das Wetter wirklich besser würde.«

»Und wenn es wieder losbricht wie gestern?« beunruhigte sich meine Mutter.

»Gestern sind wir gut zurückgekommen, trotz des Nebels. Heute ist es klar.«

Sie zog uns an. Zwischen Flanellweste und Hemd steckte sie verschiedene Ausgaben des ›Petit Provençal‹, vierfach zusammengelegt. Auf dieselbe Weise stopfte sie auch meinen Rücken aus. Dann mußte ich zwei Pullover übereinanderziehen, einen Kittel, der sorgsam zugeknöpft wurde, und dann den Regenkragen. Zum Schluß zog sie mir eine Mütze tief über die Ohren, darüber kam die Kapuze, wie sie die Zwerge in Schneewittchen und die Polizisten in der Stadt tragen.

Lili wurde unterdessen von meiner Tante genauso eingewikkelt. Die Pelerine von Paul war ihm viel zu kurz, aber sie schützte wenigstens Kopf und Schultern.

Als wir das Haus verließen, hörte der Regen auf, und ein Sonnenstrahl glitzerte durch die Olivenbäume.

»Gehen wir schnell«, sagte ich. »Sie werden auch noch auf die Jagd wollen, und dann muß ich wieder Hund spielen, und dazu habe ich heute keine Lust. Wenn sie morgen abreisen wollen, sollen sie heute ruhig allein jagen.«

Bald waren wir unter den Kiefern in Sicherheit. Zwei Minuten später rief der Onkel nach uns, aber nur das Echo gab Antwort. Trotz des schlechten Wetters hatten wir mit unseren Fallen großen Erfolg. Als wir nach Font-Bréguette kamen, waren unsere Taschen voll von Weißschwänzen und Haubenlerchen.

Dieser gute Fang war ein Beweis mehr für die Unsinnigkeit und Grausamkeit der Abreise und verstärkte nur meinen Kummer.

Als wir die höchste Terrasse des Taoumé erreicht hatten, wo die letzten Fallen ausgelegt waren, sagte Lili nachdenklich und wie für sich:

»Trotz allem ist es jammerschade ... wir haben Weidenruten für den ganzen Winter ...«

Ich kannte unseren Vorrat an Weidenruten nur zu gut. Verbittert schwieg ich.

Plötzlich stürzte er zum Felsenrand und hob unter dem schönen Wacholderstrauch einen Vogel auf, den ich zuerst für eine Taube hielt. Er schrie:

»Die erste Sayre!«

Ich lief hin. Es war eine Alpendrossel. Mein Vater hatte sie einmal als ›Küstenvogel‹ bezeichnet.

Ihr Kopf schimmerte blaugrau, und von ihrer roten Kehle entfaltete sich ein Fächer schwarzer Punkte bis zu ihrem weißen Bauch. Sie wog schwer in meiner Hand. Als ich sie traurig betrachtete, sagte Lili: »Horch!«

Ringsumher in den Kiefern hörte ich Vögel rufen. Es erinnerte an den Schrei der Krähen, aber ohne die vulgäre und laute Unverschämtheit dieser Diebesvögel. Es war eher eine zärtlich gurrende Stimme, eine traurige Stimme, die das Lied des Herbstes sang ... die Küstenvögel kamen, um mich fortziehen zu sehen.

»Morgen«, sagte Lili, »richte ich die Drosselfallen von Baptistin her, und am Abend stelle ich sie auf. Und wollen wir wetten, Montag früh brauche ich zwei Säcke, um die Beute heimzutragen.«

Ich bemerkte trocken:

»Montag früh bist du in der Schule.«

»Bestimmt nicht! Wenn ich meiner Mutter sage, daß die Alpendrosseln angekommen sind, mit deren Verkauf ich täglich fünfzehn bis zwanzig Francs verdienen kann, ist sie nicht so dumm, mich in die Schule zu schicken. Bis Freitag, vielleicht sogar bis nächsten Montag, kann mir nichts passieren.«

Da stellte ich ihn mir vor, wie er ganz allein auf den sonnigen Hängen das Gebüsch durchstöberte, während ich in dem niedrigen Klassenzimmer, gegenüber einer mit Dreiecken, Quadraten und geometrischen Regeln bedeckten Tafel sitzen mußte.

Meine Kehle war plötzlich wie zugeschnürt, und ein verzweifelter Ausbruch von Kummer und Zorn schüttelte mich.

Ich schrie, weinte, stampfte mit den Füßen und rollte mich auf dem Boden. Der ›Petit Provençal‹ knisterte auf meiner Brust und auf meinem Rücken, und ich brüllte mit schriller Stimme: »Nein, ich will nicht fort von hier! Nein! Ich will nicht! Ich will nicht in die Stadt! Nein, ich reise nicht ab!«

Der Schwarm der Alpendrosseln tauchte im Tal unter. Ergriffen von meiner Hoffnungslosigkeit nahm Lili mich in die Arme, und zwischen unseren verzweifelten Herzen zerknitterten wir sechzehn Schichten des ›Petit Provençal‹.

»Du wirst krank werden«, sagte er. »Reg dich nicht so auf! Hör doch! Hör mir zu!«

Ich hörte ihm zu, aber er konnte mich nur immer wieder seiner Freundschaft versichern.

Beschämt über meine Schwäche, gab ich mir einen Ruck und erklärte:

»Wenn sie mich zwingen, in die Stadt zurückzugehen, werde ich so lange hungern, bis ich tot bin. Übrigens habe ich schon damit angefangen: heute früh habe ich nichts gegessen!«

Diese Enthüllung verwirrte Lili.

»Gar nichts?«

»Gar nichts.«

»Ich habe Äpfel«, sagte er und kramte in seinem Sack.

»Nein, ich will nichts, ich will gar nichts.«

Diese Zurückweisung war so energisch, daß er nicht weiter in mich drang. Nach langem Schweigen erklärte ich:

»Mein Entschluß ist gefaßt. Sie sollen nur abreisen, wenn es ihnen Spaß macht. Ich bleibe hier.«

Um zu bekräftigen, daß mein Entschluß unwiderruflich war, setzte ich mich auf einen großen Stein und kreuzte die Arme.

Lili sah mich fassungslos an.

»Und wie willst du das machen?«

»Ach«, sagte ich, »das ist ganz einfach. Morgen früh, oder vielleicht noch heute nacht, schnüre ich mein Bündel und verstecke mich in der Grotte unter dem Taoumé.«

»Das würdest du tun?«

»Du kennst mich nicht!«

»Sie werden dich sofort suchen!«

»Sie werden mich nicht finden!«

»Dann werden sie die Landpolizei holen und den Feldhüter von Allauch.«

»Da du selbst gesagt hast, daß dieses Versteck niemand kennt, werden auch sie mich nicht finden. Außerdem werde ich an meinen Vater einen Brief schreiben, den lasse ich auf meinem Bett liegen. Ich schreibe: sie sollen mich nicht suchen, da ich *unauffindbar* bin, und daß ich mich vom Felsen stürze, wenn sie die Polizei benachrichtigen. Ich kenne meinen Vater, er wird mich verstehen und keinem Menschen etwas sagen.«

»Trotzdem wird er sich furchtbar aufregen!«

»Wenn er mich zu Hause Hungers sterben sähe, würde er sich noch mehr aufregen.«

Dieses Argument überzeugte mich selbst und machte meinen Entschluß unwiderruflich. Aber Lili fragte nach kurzem Überlegen:

»Ich wäre schon froh, wenn du hierbleiben könntest, aber wovon wirst du in den Hügeln leben?«

»Erstens nehme ich Vorräte mit. Zu Hause haben sie Schokolade und eine ganze Schachtel Zwieback. Und du hast sicher schon von dem Einsiedler gehört, der länger als zwanzig Jahre in der Grotte von Passe-Temps geblieben ist! Ich werde es machen wie er: Spargel suchen, Schnecken, Pilze, und ich werde Kichererbsen pflanzen.«

»Du kannst sie nicht kochen.«

»Das werde ich lernen. Dann gehe ich nach Pondrane und hole mir Pflaumen bei Roumieu. Er pflückt sie sowieso nie. Ich werde Feigen und Mandeln trocknen, Maulbeeren und Schlehen sammeln ...« Lili war nicht recht zu überzeugen, und ich wurde etwas ungeduldig:

»Man merkt, daß du keine Bücher liest, aber ich habe schon mindestens zwanzig gelesen. Und ich kann dir sagen, daß es Leute genug gibt, die sich sogar im Urwald zurechtfinden. Dabei sind dort giftige Spinnen, die man nicht kochen kann und die einem ins Gesicht kriechen, und Riesenschlangen, die von den Bäumen hängen, und Vampire, die dir nachts das Blut aussaugen, und wilde Indianer, die dir auflauern, um dich zu skalpieren. Hier dagegen gibt es weder Indianer noch wilde Tiere...«

Ich zögerte etwas, ehe ich hinzufügte:

»Außer vielleicht Wildschweine?«

»Nein«, sagte Lili, »nicht im Winter.«

»Warum?«

»Sie kommen nur, wenn sie Durst haben. Im Winter gibt es Wasser genug, da bleiben sie in den Bergen von Sainte-Victoire ...«

Das war eine gute und beruhigende Nachricht, denn oft verfolgten mich die heraushängenden Därme des unglücklichen Einarmigen bis in meine Träume.

»Schlimm wird es mit dem Schlafen sein«, meinte Lili.

»Ich mache mir ein Lager aus Baouko auf der Erde, in einem Winkel der Grotte. Das ist ebenso bequem wie eine Matratze... und dann, weißt du, man gewöhnt sich an alles. Du kennst natürlich Robinson Crusoe nicht, aber ich kenne ihn sehr gut. Er konnte schwimmen wie ein Fisch, aber laufen konnte er überhaupt nicht – weil auf einem Schiff kein Platz dafür ist . . . Aber als er nach dem Schiffbruch auf eine einsame Insel verschlagen wurde, lief er nach drei Monaten so schnell, daß er wilde Ziegen fangen konnte.«

»Na, na«, sagte Lili energisch. »Ich kenne den Mann nicht, aber die Ziegen, die kenne ich! Wenn er dir das wirklich erzählt hat, kannst du sicher sein, daß er schön gelogen hat!«

»Wenn ich dir sage, daß es gedruckt ist! Noch dazu in einem Buch, das man in der Schule als Preis bekommt.«

Das saß. Er mußte klein beigeben, aber er tat es, ohne das Gesicht zu verlieren.

»Wenn es trächtige Ziegen waren, sage ich nicht nein. Aber wenn du versuchen wolltest, die Ziegen meines Vaters zu fangen . . .«

»Ich denke nicht daran! Ich wollte dir nur an einem Beispiel beweisen, daß man sich an alles gewöhnt. Wenn ich eines Tages eine Ziege deines Vaters zu fassen kriege, hole ich mir ein Glas Milch bei ihr, und dann lasse ich sie wieder laufen!«

»Das wäre möglich«, sagte Lili, »und niemand würde etwas merken.«

Auf diese Weise ging die Unterhaltung weiter bis Mittag.

Nach und nach, und je mehr ich mich vor seinen Augen in meinem neuen Leben einrichtete, ließ er sich überzeugen.

Zuerst versprach er, meine Vorräte zu bereichern. Er wollte einen Sack Kartoffeln aus dem Keller seiner Mutter stibitzen und mindestens zwei Würste. Dann versprach er, mir jeden Tag die Hälfte seines Brotes und seine Stange Schokolade aufzuheben. Und da er einen praktischen Verstand hatte, dachte er auch an Geld.

»Zuerst werden wir Dutzende von Drosseln fangen, von denen ich nur die Hälfte nach Hause bringe. Die anderen verkaufen wir im Gasthof von Pichauris, für einen Franc die beschädigten, und zwei die ganzen Vögel; für das Geld kannst du dir in Aubagne Brot kaufen.«

»Und dann verkaufe ich auch Schnecken auf dem Markt...«

»Und Fenchel!« rief er. »Es gibt einen Kräuterladen in La Valentine, der für ein Kilo dreißig Centimes bezahlt.«

»Ich mache kleine Bündel und du bringst sie hin.«

»Und für das verdiente Geld kaufen wir Hasenfallen.«

»Und feinen Metalldraht, um Schlingen zu knüpfen. Wenn wir einen Hasen erbeuten, können wir ihn sicher für fünf Francs verkaufen.«

»Vogelleim müssen wir auch haben, um die Drosseln lebend zu fangen. Eine lebendige Drossel kostet sechs Francs.«

Als ich aufstand, um nach Hause zu gehen, tauchte ein Riesenschwarm von Staren auf, die sich nach einem Rundflug auf den Kiefern niederließen. Hunderte von Vögeln saßen in den plötzlich wimmelnden Wipfeln. Ich war überrascht und entzückt.

»Jedes Jahr bleiben sie ungefähr vierzehn Tage hier«, erklärte Lili. »Wenn sie sich einen Baum ausgesucht haben, kehren sie jeden Abend dorthin zurück. Stell dir vor, was wir mit fünfzig Ruten heute gefangen hätten!«

»Onkel Jules sagt, daß sie sich zähmen lassen.«

»Selbstverständlich«, sagte Lili. »Mein Bruder hatte einen, der sprechen konnte, aber natürlich nur Patois!«

»Ich würde ihm schon gutes Französisch beibringen.«

»Das würde dir kaum gelingen! Schließlich sind es Vögel vom Land.«

Wir stiegen nun schnell hinunter und machten tausend Pläne.

Ich sah mich schon auf dem Gelände des Taoumé herumirren, die Haare im Wind flatternd, die Hände in den Taschen und auf der Schulter einen zahmen Star, der mich zärtlich am Ohr zupfte und mit dem ich mich ausgezeichnet unterhielt.

Die Jäger waren, verdrießlich über unsere Untreue, nach Pichauris ausgezogen. Lili aß mit uns, meiner Tante, meiner Mutter, der kleinen Schwester und Paul.

Er war ernst, ich täuschte lärmende Heiterkeit vor, was meine liebe Mama mit Vergnügen zur Kenntnis nahm. Ich betrachtete sie zärtlich, obwohl ich fest entschlossen war, sie noch diese Nacht zu verlassen.

Ich habe mich oft gefragt, wie ich ohne einen Schatten von Reue und ohne die geringste Unruhe einen solchen Entschluß fassen konnte. Ich verstehe es erst jetzt.

Bis zum traurigen Zeitpunkt der Pubertät ist die Welt des Kindes nicht die unsrige. Kinder haben das herrliche Gefühl der Allgegenwart.

Jeden Tag, noch während ich am Familientisch frühstückte, lief ich schon in Gedanken auf die Hügel und nahm im Gebüsch eine noch warme Amsel aus der Falle.

Dieses Gebüsch, die Amsel und die Falle waren für mich genauso Wirklichkeit wie das Wachstuch auf dem Tisch, der Milchkaffee und das Porträt des sanft von der Wand lächelnden Präsidenten der Republik, M. Fallières.

Wenn mein Vater mich plötzlich fragte: »Wo bist du?« kehrte ich ins Eßzimmer zurück, aber nicht wie aus einem Traum aufgeschreckt: die beiden Welten bestanden nebeneinander.

Ich antwortete sofort voller Protest: »Ich bin hier!«

Das stimmte auch, und für eine Weile spielte ich Familienleben. Aber das Surren einer Fliege versetzte mich augenblicklich in die Lanzelotschlucht, wo mir einmal drei kleine blaue Fliegen gefolgt waren. Das Gedächtnis der Kinder ist so außerordentlich, daß mir gleichzeitig tausend Kleinigkeiten einfielen, die ich vorher nicht bemerkt zu haben glaubte, ähnlich dem Ochsen, der beim Wiederkäuen des Grases auf den Geschmack von Kräutern kommt, die er gedankenlos abgeweidet hat.

So war es mir schon zur Gewohnheit geworden, meine liebe Familie zu verlassen, denn ich lebte meistens ohne sie und fern von ihr. Mein Unternehmen war also keine umwälzende Neuerung. Die einzige Veränderung im täglichen Leben würde meine körperliche Abwesenheit sein.

Jedoch meine Angehörigen, was würden sie inzwischen tun? Daran dachte ich nur flüchtig, denn ich war nicht sicher, ob sie während meiner Abwesenheit weiter existierten. Wenn sie aber fortbestanden, könnte es nur ein unwirkliches Leben sein und folglich frei von Kummer und Schmerz.

Außerdem verließ ich sie ja nicht für immer; ich hatte die Absicht, eines Tages zurückzukommen und sie wieder zum Leben zu erwecken. Damit würde ich ihnen eine so große und wahrhaftige Freude bereiten, daß die Ängste ihrer bösen Träume sofort vergessen wären und der Gewinn dieser ganzen Geschichte ein Übermaß an Glück sein würde.

Nach dem Essen ging Lili heim, da seine Mutter angeblich auf ihn wartete, um beim Dreschen der Kichererbsen zu helfen; in Wahrheit wollte er den Keller besichtigen und Vorräte für mich ergattern, weil er wußte, daß die Mutter um diese Zeit auf dem Feld war. Ich ging gleich in mein Zimmer unter dem Vorwand, meine kleinen, persönlichen Sachen, die ich in die Stadt mitnehmen wollte, zusammenzusuchen und verfaßte meinen Abschiedsbrief:

Mein lieber Papa!
Meine liebe Mama!
Meine lieben Verwandten!

Vor allem regt Euch nicht auf – das führt zu nichts. Ich habe meine Berufung erkannt: ich werde *Eremitt*.

Ich habe alles mitgenommen, was ich brauche.

Für mein Studium ist es nun zu spät, weil ich darauf *verzichtet* habe. Wenn es nicht gelingt, komme ich wieder nach Hause. Mein Glück ist das Abenteuer! Gefahr ist nicht dabei. Ich habe zwei Aspirintabletten von der Fabrik Rhône mitgenommen. Also regt euch nicht auf!

Übrigens werde ich nicht ganz allein sein. Eine Person (die ihr nicht kennt) wird mir Brot bringen und mir bei Unweter Gesellschaft leisten. Sucht mich nicht: Ich bin *unauffindbar*.

Achte auf Mamas Gesundheit. Jeden abend werde ich an sie denken.

Du kannst im Gegenteil stolz auf mich sein, denn um Eremitt zu werden, braucht man Muht. Und den habe ich. Hier der Beweis!

Wenn Ihr zurückkommt, werdet ihr mich nicht wiedererkennen, wenn ich nicht sage: »Ich bin's!«

Paul wird ein bißchen eifersüchtig sein, aber das schadet nichts. Küßt ihn vielmals von seinem Älteren Bruder.

Ich umarme euch zärtlich, vor allem meine liebe Mama

Euer Sohn
Marcel
Der Eremitt der Hügel

Darauf holte ich einen alten Strick, den ich am Brunnen von Boucan im Gras gefunden hatte. Er war nicht ganz zwei Meter lang und mehrere Fasern waren durch das Reiben an den Mauersteinen gerissen, doch schien mir, daß er mein Gewicht noch aushalten würde, wenn ich mich aus dem Fenster meines Zimmers hinunterließ. Ich versteckte dieses Hanfseil unter meiner Matratze.

Endlich schnürte ich das berühmte ›Bündel‹: etwas Wäsche, ein Paar Schuhe, das spitze Messer, eine Axt, Löffel und Gabel, Bleistift, Heft und Buch, Bindfaden, Nägel, einen kleinen Kochtopf und einige ausrangierte Werkzeuge. Das alles steckte ich unter mein Bett, um später, wenn die Familie schlafen gegangen war, mit Hilfe meiner Decke ein Bündel daraus zu machen.

Meine beiden Jagdtaschen waren bereits zur Winterruhe im Schrank verstaut. Ich füllte sie mit verschiedenen Eßwaren – getrockneten Mandeln, Pflaumen und Schokolade – die ich aus den für die Stadt zurechtgemachten Paketen und Ballen herausgeholt hatte.

Ich war durch diese heimlichen Vorbereitungen sehr erregt. Schamlos wühlte ich in allen Koffern – sogar in dem von Onkel Jules – und kam mir dabei vor wie Robinson Crusoe, als er die Ladung des gestrandeten Schiffes durchsuchte und dabei tausend Schätze fand, zum Beispiel einen Hammer, eine Rolle Bindfaden, einen Sack Mehl.

Als alles fertig war, beschloß ich, die letzten Stunden, die ich noch bei ihr war, meiner Mutter zu widmen.

Sorgfältig schälte ich die Kartoffeln, wusch den Salat, deckte den Tisch, und küßte ihr von Zeit zu Zeit die Hand.

Das letzte Abendessen war vorzüglich und üppiger als gewöhnlich, als gelte es ein glückliches Ereignis zu feiern.

Niemand sagte ein Wort des Bedauerns. Im Gegenteil schienen alle sehr zufrieden, daß sie in den Ameisenhaufen zurückkehren sollten.

Der Onkel sprach von seinem Büro, mein Vater gestand, daß er zum Jahresende die akademischen Palmen erhoffe, und Tante Rose erwähnte noch einmal das Gas . . . Ich sah, daß sie bereits fort waren.

Aber ich, ich blieb hier.

Ein kleiner Stein schlug an den Eisenbeschlag des Fensterladens. Das war das verabredete Zeichen. Ich war schon ganz angezogen und öffnete lautlos das Fenster. Ein Flüstern drang durch die Nacht:

»Bist du fertig?«

Als Antwort ließ ich an dem Bindfaden mein Bündel herunter. Dann steckte ich den Abschiedsbrief mit einer Nadel an mein Kopfkissen und befestigte den Strick am Fensterriegel. Durch das Schlüsselloch schickte ich meiner Mutter einen letzten Kuß, und dann ließ ich mich zur Erde gleiten.

Lili wartete unter einem Olivenbaum. Ich konnte ihn kaum sehen. Er kam einen Schritt auf mich zu und sagte leise:

»Gehen wir!«

Vom Rasen hob er einen ziemlich schweren Sack auf, den er sich mit einem Ruck auf die Schulter lud.

»Das sind Kartoffeln, Karotten und Fallen«, sagte er.

»Ich habe Brot, Zucker, Schokolade und zwei Bananen. Geh nur weiter, wir sprechen später darüber.«

Schweigend stiegen wir den Hang hinauf, bis nach Petit-Oeil.

Ich atmete mit Genuß die frische Nachtluft ein, und ohne die geringste Sorge dachte ich an mein neues Leben, das nun begann.

Wir schlugen, wie schon so oft, den Weg zum Taoumé ein.

Die Nacht war still, aber kalt, nicht ein Stern am Himmel. Mich fror.

Der Insektenschwarm des Sommers, das kleine Volk der Ferien, ließ sich in der schweigenden Traurigkeit des unsichtbaren Herbstes nicht mehr hören. Nur eine streunende Katze miaute kläglich, und eine Eule stieß ihre Flötentöne aus, die das melancholische Echo von Rapon getreulich wiedergab.

Wir gingen schnell, wie es sich für Flüchtende gehört. Das Gewicht der Säcke zog uns die Schultern herunter, und wir sprachen kein Wort. Die unbeweglichen Kiefern, die den Pfad säumten, sahen aus wie bleierne Schatten, und der Tau hatte alle Gerüche des Waldes ertränkt.

Nach einem Marsch von einer halben Stunde waren wir an Baptistins Hütte angelangt und setzten uns eine Weile auf den großen Stein am Eingang des Schafstalls.

Lili sprach als erster.

»Beinah wäre ich nicht gekommen.«

»Haben deine Eltern aufgepaßt?«

»Oh nein. Nicht deswegen.«

»Was war denn los?«

Nach einigem Zögern sagte er:

»Ich glaubte, du würdest es doch nicht tun.«

»Was nicht tun?«

»In den Hügeln bleiben. Ich glaubte, du hättest das nur so gesagt, und schließlich...«

In meinem Stolz gekränkt erhob ich mich.

»Du hältst mich also für ein Mädchen, das seine Pläne jede Minute ändert? Du glaubst, ich rede nur, um zu reden? Nun, du wirst es erleben! Wenn ich mich einmal zu etwas entschlossen habe, führe ich es auch aus. Und wenn du nicht gekommen wärst, wäre ich eben allein gegangen. Und wenn du Angst hast, brauchst du nur hierzubleiben. Ich weiß, wohin ich zu gehen habe.«

Mit festen Schritten machte ich mich wieder auf den Weg. Er stand ebenfalls auf, schulterte seinen Sack und beeilte sich, mir nachzukommen. Er überholte mich, blieb vor mir stehen, sah mich eine Sekunde lang an und sagte mit Überzeugung:

»Du bist großartig!«

Ich nahm sofort einen großartigen Ausdruck an, antwortete aber nichts. Er sah mich immer noch an und sagte:

»So was wie dich gibt's nur einmal!«

Endlich drehte er mir den Rücken und marschierte weiter, doch nach zehn Metern blieb er wieder stehen und sagte noch einmal:

»Da gibt's gar nichts, du bist großartig!«

Diese fassungslose Bewunderung, die meiner Eitelkeit schmeichelte, schien mir plötzlich beängstigend, und ich mußte mich sehr anstrengen, um ›großartig‹ zu bleiben.

Ich war drauf und dran, es zu schaffen, da kam es mir vor, als hätte ich etwas über den Kies schleichen hören. Ich stand still und spitzte die Ohren. Das Geräusch wiederholte sich.

»Das sind Nachtgeräusche«, sagte Lili, »man weiß nie genau,

woher sie kommen. Es ist immer etwas unheimlich, aber du brauchst dich nicht zu fürchten, du wirst schnell daran gewöhnt sein.«

Er ging weiter, und wir erreichten die Felsen über der Hochebene von La Garette. Links von uns begann der dichte Kiefernwald des Taoumé. Morgennebel stieg zwischen den Stämmen auf und breitete sich in langsamen Spiralen über dem Gestrüpp aus.

In drei kurzen Abständen hörte ich ein scharfes Bellen, das mich erschreckte.

»Ist das ein Jäger?«

»Nein«, sagte Lili, »das ist der Fuchs. Wenn er so bellt, treibt er der Füchsin eine Beute zu. Auf diese Weise verständigt er sie.«

Wieder schrie die kleine, böse Stimme dreimal, wobei mir mein Naturkundebuch einfiel: der Elefant schreit, der Hirsch röhrt, der Fuchs kläfft.

Nun, da ich wußte, was es war, verlor der nächtliche Schrei seine Schrecken. Der Fuchs kläffte, nichts weiter. So und so oft hatte ich das in mein Aufgabenheft geschrieben. Ich war vollkommen beruhigt und wollte eben Lili an diesem beruhigenden Wissen teilnehmen lassen, als zu meiner Linken tief im Wald unter den herabhängenden Zweigen ein ziemlich großer Schatten schnell vorüberhuschte.

»Lili«, sagte ich mit leiser Stimme, »ich habe einen Schatten vorübergehen sehen.«

»Wo?«

»Dort unten.«

»Du träumst«, sagte er. »Es ist unmöglich, in der Nacht einen Schatten zu sehen . . .«

»Ich sage dir, ich habe etwas vorbeigehen sehen.«

»Vielleicht war es der Fuchs.«

»Nein, es war größer. Ob es dein Bruder war, der auf Drosselfang geht?«

»Oh nein, dazu ist es zu früh. Es ist noch mindestens eine Stunde finster.«

»Oder vielleicht ein Wilderer?«

»Das glaube ich kaum . . . höchstens . . .«

Er blieb stehen und sah nun selbst schweigend nach dem Wald hinüber.

»Woran denkst du?«

Er antwortete mit einer Frage:

»Wie sah er aus, dieser Schatten?«

»Wie der Schatten eines Mannes.«

»Groß?«

»Ich weiß nicht, es war weit weg . . . ja, eher groß.«

»Mit einem Mantel? Einem langen Mantel?«

»Weißt du, so deutlich konnte ich ihn nicht sehen. Ich bemerkte etwas wie einen Schatten, der sich bewegte und hinter einer Kiefer oder einem Wacholderstrauch verschwand. Warum fragst du? Denkst du an jemand, der einen Mantel anhat?«

»Es könnte sein«, sagte er nachdenklich. »Mir ist er zwar nie begegnet, aber mein Vater hat ihn gesehen.«

»Wen denn?«

»Den großen Felix.«

»Ist das ein Hirt?«

»Ja«, sagte er, »ein Hirt aus alten Zeiten.«

»Was soll das heißen: aus alten Zeiten?«

»Weil es vor langer Zeit passiert ist.«

»Ich verstehe kein Wort.«

Er kam ganz nahe an mich heran und flüsterte mir ins Ohr:

»Er ist mindestens fünfzig Jahre tot. Aber es ist besser, nicht davon zu sprechen, das könnte ihn herbringen.«

Als ich ihn erstaunt ansah, flüsterte er mir ins Ohr: »Es ist ein Gespenst!«

Diese Enthüllung war so aufregend, daß ich, um meine Angst zu verbergen, sarkastisch lachte und im Ton schneidender Ironie fragte:

»Glaubst du an Gespenster?«

Er schien ganz erschrocken und bat leise:

»Schrei nicht so laut! Ich sage dir, daß man ihn damit herbringt.«

Um ihn nicht zu ärgern, dämpfte ich meine Stimme.

»Und ich kann dir versichern, mein Vater, der ein Gelehrter ist und mein Onkel, der auf der Verwaltung arbeitet, halten das für Unsinn. Sie lachen nur über Gespenster. Und ich lache auch darüber – ja, ganz gewiß, ich lache!«

»Mein Vater lacht nicht, denn er hat das Gespenst gesehen. Er hat es viermal gesehen.«

»Dein Vater ist ein tüchtiger Mann, aber er kann nicht einmal lesen.«

»Ich sage ja nicht, daß er lesen kann, ich sage, daß er das Gespenst gesehen hat.«

»Wo?«

»Einmal in der Nacht, als er im Schafstall von Baptistin schlief, hörte er draußen Schritte. Dann vernahm er einen tiefen Seufzer, wie von einem Sterbenden. Da schaute er durch eine Ritze in der Tür und sah einen großen Hirten mit Mantel und Stock und einem Riesenhut. Ganz grau, von oben bis unten.«

Um ihn nicht zu erzürnen, flüsterte ich wieder:

»Vielleicht war es ein richtiger Hirt?«

»Oh, bestimmt nicht. Als mein Vater die Tür aufmachte, war nichts mehr zu sehen, weder Hirt noch Gespenst. Nichts! Das ist der Beweis, daß es ein Gespenst war.«

Das war allerdings ein überwältigender Beweis!

»Und was macht das Gespenst, wenn es kommt? Was will es?«

»Es muß wohl ein sehr reicher Hirt gewesen sein. Er hatte mindestens tausend Hammel. Banditen haben ihn umgebracht. Sie haben ihm ein großes Messer zwischen die Schultern gestoßen und einen Sack voll Gold gestohlen. Deshalb kommt er immer wieder, um zu jammern, und dann sucht er seinen Sack.«

»Er weiß ganz gut, daß nicht wir ihn genommen haben.«

»Das hat mein Vater ihm auch gesagt.«

»Hat er mit ihm gesprochen?«

»Ja, als er zum viertenmal kam, hat mein Vater durch die Tür mit ihm gesprochen. Er hat ihm gesagt: ›Hör zu, Felix, ich bin ein Hirt wie du. Wo dein Schatz ist, weiß ich nicht. Also schlag mir nicht die Knochen kaputt, stör mich nicht immer, ich muß schlafen.‹ Darauf hat das Gespenst gar nicht geantwortet, nur ungefähr zehn Minuten vor sich hingepfiffen. Da wurde mein Vater zornig und hat zu ihm gesagt: ›Die Toten sind mir heilig, aber wenn du es so weiter treibst, komme ich heraus, mache drei Kreuze über dich und gebe dir sechs Fußtritte in den Hintern.‹«

»Das hat er zu ihm gesagt?«

»Ja, das hat er zu ihm gesagt. Und er hätte es auch getan, aber der andere hatte verstanden. Er ist fortgegangen und nie wiedergekommen.«

Die Geschichte war zu dumm, und ich entschloß mich, sie nicht zu glauben. Ich machte daher eine Anleihe bei einigen Redensarten meines Vaters.

»Offen gestanden finde ich es töricht«, sagte ich, »mir solche Geschichten zu erzählen. Das ist doch nichts wie Aberglaube. Gespenster sind Aberglaube des Volkes. Und Kreuzzeichen: das ist finsterstes Mittelalter!«

»Oho!« sagte Lili. »Kreuzschlagen ist das radikalste Mittel gegen Gespenster. Da kann niemand das Gegenteil behaupten, denn jeder weiß, daß Kreuzschlagen Gespenster in der Luft zerreißt.«

Ich lachte unsicher und fragte:

»Und du kannst Kreuzzeichen machen?«

»Klar!« sagte er.

»Und wie führt man diese Pantomime aus?«

Er bekreuzigte sich mehrmals feierlich. Spöttisch lächelnd machte ich es ihm nach. Da kam ein fernes Summen aus der Nacht, und ich erhielt einen leisen, trockenen Schlag mitten auf die Stirn. Ich konnte einen schwachen Schrei nicht unterdrücken. Lili bückte sich und hob etwas auf.

»Es ist ein Hirschkäfer«, sagte er.

Er zertrat ihn mit dem Absatz und ging weiter. Ich folgte ihm und sah mich von Zeit zu Zeit vorsichtig um.

Wir waren schon fast am Fuß des Taoumé, und ich konnte bereits deutlich die Umrisse des Felsens über dem Eingang zu meiner unterirdischen Klause erkennen, in der ich das große Abenteuer erleben würde.

Plötzlich blieb Lili stehen.

»Wir haben etwas vergessen!«

Seine Stimme verriet große Unruhe.

»Was denn?«

Statt mir zu antworten, schüttelte er den Kopf, stellte seinen Sack in die Lavendelbüsche und begann einen Monolog:

»Daß ich das vergessen konnte! Es ist wirklich kaum zu glauben! Ich hätte daran denken müssen! Aber du hast es auch vergessen . . . Was sollen wir jetzt tun?«

Er setzte sich auf einen Felsblock, schüttelte weiter den Kopf, verschränkte die Arme über der Brust und schwieg.

Dieses etwas theatralische Benehmen ärgerte mich, und ich fragte streng:

»Was fällt dir ein? Bist du verrückt geworden? Was haben wir denn vergessen?«

Mit dem Finger auf den Felsen zeigend, antwortete er mit dem mysteriösen Wort:

»Der Hibou.«*

* Eulenart

»Was soll das heißen?«

»Der große Hibou.«

»Was?«

Er wurde ungeduldig und sagte energisch:

»Der Grand-Duc, der uns die Augen aushacken wollte! Der Uhu! Er hat sein Nest unter der Felsendecke. Und sicher hat er auch eine Frau. Wir haben nur einen gesehen, aber ich wette zwölf Fallen, daß zwei Vögel in der Höhle sind!«

Das war allerdings eine entsetzliche Nachricht. Man kann noch so ›großartig‹ sein, es gibt Augenblicke, in denen das Schicksal uns verrät.

Zwei große Uhus! Ich sah sie bereits um meinen Kopf kreisen, mit weitgeöffneten, gelben Schnäbeln, die ihre schwarzen Zungen sehen ließen, mit meergrünen Augen und gekrümmten Krallen, nur noch tausendmal gefährlicher in meinen Beschreibungen, die in meinen Alpträumen Gestalt annahmen. Ich schloß die Augen und atmete tief.

Nein, nein, das war ganz ausgeschlossen! Dann noch lieber in die Klasse von M. Besson, vor die Tafel mit den geometrischen Zeichen, dann noch lieber in die Stadt zurück und alle Bürgerpflichten auf sich nehmen.

Lili wiederholte:

»Es sind sicher zwei!«

Und jetzt zeigte ich mich um so ›großartiger‹, als ich bereits zum Rückzug im gegebenen Moment entschlossen war. Ich antwortete ihm kühl:

»Wir sind auch zu zweit! Hast du vielleicht Angst?«

»Ja«, sagte er, »ich habe Angst! Du bist dir über etwas sehr Wichtiges nicht klar. Wir haben den Uhu am Tag gesehen, deshalb hat er sich nicht geregt . .. aber in der Nacht wacht er auf, und während du schläfst, hackt er dir die Augen aus . . . ein großer Uhu in der Nacht – das ist schlimmer als ein Adler.«

Ich dachte, wenn ich übertriebenen Mut zeigte, würde er sich weigern, mir zu folgen, daher antwortete ich entschlossen:

»Deshalb warten wir die Morgendämmerung ab und greifen sie dann an! Mit dem spitzen Messer an einem langen Stock traue ich mir schon zu, diesen Vögeln zu beweisen, daß die Höhle ihre Bewohner gewechselt hat. Und jetzt Schluß mit dem Gerede! Wir wollen alles vorbereiten!«

Trotzdem rührte ich mich nicht. Er sah mich an und stand mit einem Ruck auf den Füßen.

»Du hast recht«, sagte er begeistert. »Schließlich sind es nur

Vögel. Jetzt suchen wir uns zwei lange Wacholderstecken. Ich schneide meinen scharf und spitz zu, und dann spießen wir sie auf wie Hühnchen!«

Er ging ein paar Schritte weiter, öffnete sein Taschenmesser, bückte sich, um in die Büsche vorzudringen, und machte sich an die Arbeit.

Zu Füßen einer Kiefer auf dem Kies hockend, dachte ich nach.

Während er seinen Stecken zuschnitt, sagte er:

»Wenn sie nicht aus ihrem Loch herauskommen wollen, bohre ich meinen Stock hinein; dann sollst du sie krächzen hören!«

Ich begriff, daß er nicht spaßte, sondern entschlossen war, die großen Eulen anzugreifen. Er war der ›Großartige‹, und ich schämte mich meiner Feigheit.

Da rief ich meinen Lieblingshelden Robinson Crusoe zu Hilfe . . . wenn er sich in der Höhle eine Wohnung eingerichtet und dann die beiden Vögel entdeckt hätte, was hätte er gemacht? Es war nicht schwer zu erraten: er hätte sie auf der Stelle erwürgt, gerupft, über dem Feuer geröstet und der Vorsehung gedankt, die ihm zu einem so guten Braten verholfen hatte. Wenn ich mich vor diesen Tieren fürchtete, hätte ich kein Recht mehr, Abenteuerromane zu erleben, und die Helden auf den Bildern, die mir bisher immer gerade in die Augen geblickt hatten, würden ihre Köpfe wegdrehen, um das ›Herz einer Squaw‹ nicht sehen zu müssen.

Übrigens handelte es sich ja nicht mehr um Adler, mächtige und wilde Tiere, deren Namen schon Furcht und Schrecken einflößt, sondern um große Uhus, die mir viel weniger gefährlich erschienen.

Ich nahm also mutig mein spitzes Messer in die Hand und schärfte es an einem Stein.

Immerhin blieb noch das Gespenst. Ich wiederholte mir die beruhigende Versicherung meines Vaters: Gespenster gibt es nicht! Trotzdem schlug ich diskret einige Male das Kreuz, was bekanntlich die Gespenster in der Luft zerreißen soll.

Lili kroch aus dem Gebüsch hervor und zog zwei kerzengerade Zweige, länger als er selbst, hinter sich her. Einen davon gab er mir.

Ich nahm eine lange Schnur aus der Tasche und band den Griff des schrecklichen Messers an das dünnere Ende des Stokkes. Lili saß neben mir und spitzte sorgfältig seine Waffe, so wie einen Bleistift.

Um uns durchdrang die Morgendämmerung den blassen Nebel. In dem fahlen Licht sah man, wie kleine Wattewolken auf Bäumen und Sträuchern zurückblieben.

Es war kalt.

Meine Nerven, die mich die ganze Nacht wach gehalten hatten, ließen plötzlich nach, und ich fühlte, daß ich den Kopf nur noch mit Mühe aufrecht halten konnte. Einen Moment lehnte ich meinen Rücken an den Stamm der Kiefer, und sofort fielen mir die Augen zu. Ich wäre sicher eingeschlafen, da hörte ich plötzlich unten im Wald einen trockenen Zweig knacken. Ich rief Lili mit leiser Stimme:

»Hast du gehört?«

»Das war ein Hase«, sagte er.

»Hasen wagen sich nicht so weit vor.«

»Das stimmt, dann war es vielleicht ein Fuchs . . .«

Er spitzte noch immer seinen Stecken und fügte hinzu:

»Du bist großartig!«

Ich wollte gerade sagen, daß diese Antwort idiotisch sei, als ich unter den schwarzen Stämmen, die von der aufgehenden Sonne schwach gerötet waren, eine Erscheinung erblickte. Unter einem breiten Hut und in langem Kapuzenmantel ging der Hirt langsam vorüber; vor ihm einige Nebelgestalten von Schafen, die sich nur schwach vom Horizont abhoben. Zwischen seinen Schultern steckte der Griff eines Dolches . . .

Mit zitternder Hand machte ich ein paar Kreuzzeichen in seiner Richtung. Aber anstatt in Stücke zu springen, wandte das Gespenst sich zu mir, bekreuzigte sich selbst, blickte mit verächtlicher Miene zum Himmel hinauf und kam uns höhnisch lachend entgegen. Ich wollte rufen, aber die Angst schnürte mir die Kehle zu, und ich verlor die Besinnung.

Ich fühlte zwei Hände, die mich an den Schultern packten, und wollte schreien, als ich Lilis Stimme hörte.

»He! Wach auf! Du kannst doch jetzt nicht schlafen!« Er hob mich auf, denn ich war umgefallen.

Ich murmelte:

»Hast du gesehen?«

»Ja, natürlich habe ich gesehen, daß du umgefallen bist. Zum Glück ist hier so viel Thymian, du hättest dir das ganze Gesicht zerkratzen können! Bist du denn so müde?«

»Oh nein«, sagte ich, »das ist schon vorüber. Hast du nicht gesehen . . . das Gespenst?«

»Ich habe nichts gesehen, aber ich habe nochmal ein Knacken

gehört dort oben ... Vielleicht treibt sich der alte Mond des Parpaillouns wieder hier herum. Wir müssen achtgeben, daß er uns nicht erwischt ... Schau, meine Lanze!«

Er hatte seinen Zweig abgeschält, und das Holz war glatt wie Marmor. Er ließ mich die Spitze befühlen, sie war ebenso scharf wie die meines Messers.

Einige verblassende Sterne wurden bei Sainte-Baume am Saum des Himmels sichtbar.

Er stand auf.

»Alles fertig«, sagte er. »Aber es ist noch nicht hell genug für die Eulenschlacht. Wir können noch zur Quelle von Bréguette gehen und unsere Flaschen füllen.«

Ich folgte ihm durch den taunassen Lavendel.

Die Quelle von Bréguette lag auf der linken Seite des Taoumé unterhalb eines kleinen Felsens, ein viereckiges Loch, nicht größer als ein Mauertrog, kaum zwei Fuß tief; irgendein Ziegenhirt vergangener Zeiten hatte es geduldig aus einer moosigen Felsspalte gegraben, und es war stets zur Hälfte mit klarem, eisigem Wasser gefüllt.

Lili tauchte eine leere Flasche hinein, und das Glucksen des einlaufenden Wassers gurgelte wie eine Wildtaube.

»Hierher kannst du immer kommen und trinken«, sagte er.

»Die Quelle trocknet nie aus und gibt mindestens zehn Liter Wasser am Tag.«

Nun kam mir der Einfall, nach dem ich mir bereits seit Minuten den Kopf zerbrach. Beunruhigt fragte ich:

»Zehn Liter? Bist du sicher?«

»Oh ja, manchmal sogar fünfzehn.«

Mit gespielter Entrüstung rief ich:

»Machst du Spaß?«

»Keineswegs«, sagte er. »Wenn ich dir sage, fünfzehn Liter, dann kannst du es glauben.«

Darauf schrie ich ihn an:

»Und was soll ich mit fünfzehn Liter Wasser machen?«

»So viel wirst du ja wohl nicht trinken?«

»Nein, aber womit soll ich mich waschen?«

»Zum Waschen genügt eine Handvoll Wasser.«

Ich spottete:

»Für dich vielleicht. Aber ich muß mich von oben bis unten einseifen.«

»Warum denn? Bist du krank?«

»Nein, aber du mußt begreifen, ich bin aus der Stadt! Das will heißen, daß ich voller Mikroben bin. Und vor Mikroben muß man sich in acht nehmen.«

»Was ist denn das?«

»Das ist eine Art Flöhe, aber so winzig, daß du sie gar nicht siehst. Wenn ich mich nicht täglich abseife, fressen sie mich nach und nach auf, und eines Tages findest du mich tot in der Grotte und brauchst nur noch eine Schaufel zu holen, um mich einzugraben.«

Diese trostlose Aussicht bestürzte meinen lieben Lili.

»Das wäre allerdings gemein«, sagte er.

Falsch und heimtückisch warf ich ihm vor:

»Außerdem ist es deine Schuld! Wenn du mir nicht garantiert hättest, daß es in Font Bréguette so viel Wasser gibt, wie man braucht ...«

Er war ganz verzweifelt.

»Aber das wußte ich doch nicht! Ich habe ja keine Mikroben. Ich weiß noch nicht mal, wie man diese Biester bei uns nennt! Ich wasche mich nur sonntags, wie alle anderen auch. Und Baptistin sagt, selbst das sei unnatürlich und mache einen bloß krank. Der alte Mond des Parpaillouns hat sich noch nie in seinem Leben gewaschen, er ist über siebzig und du weißt, wie fidel er sein kann.«

»Komm, komm, das sind alles nur Ausreden ... ich bin eben hereingefallen, richtig hereingefallen ... das ist eine Katastrophe, aber abgesehen davon hast du es ja nicht absichtlich getan ... es ist Schicksal ... es steht in den Sternen ...«

Auf meinen Stock gestützt sagte ich feierlich:

»Leb wohl! Ich bin geschlagen! Ich gehe wieder nach Hause!«

Ich stieg zurück auf die Hochebene. Die Morgenröte färbte die fernen Felsen von Saint-Esprit blutrot.

Da Lili mir nicht folgte, blieb ich nach etwa zwanzig Metern wieder stehen, denn ich fürchtete, daß er mich im schwach dämmernden Tageslicht aus den Augen verlieren würde. Also pflanzte ich meine Lanze in den Kies, stützte mich mit beiden Händen darauf und legte in der Haltung eines besiegten Kriegers die Stirn auf meine Arme.

Der Erfolg dieses Manövers kam prompt; Lili lief auf mich zu und umarmte mich.

»Weine nicht«, sagte er, »weine nicht ...«

»Ich weinen?« spottete ich. »Nein, ich habe keine Lust, zu weinen; ich möchte viel lieber um mich schlagen! Ach, wir wollen nicht mehr davon reden ...«

»Gib mir dein Bündel«, sagte er. »Weil ich an allem schuld bin, will ich es tragen.«

»Und dein Sack?«

»Ich habe ihn da unten liegen lassen, ich hole ihn im Lauf des Tages. Aber jetzt wollen wir uns beeilen heimzukommen, ehe sie deinen Brief gefunden haben. Sicher schlafen sie noch ...«

Er ging voraus, und ich trottete ihm nach, ohne ein Wort zu sagen, aber von Zeit zu Zeit seufzte ich tief und verzweiflungsvoll.

Unser Haus sah von weitem schwarz und tot aus. Doch als wir näher kamen, fing mein Herz zu klopfen an: durch die Fensterläden vor dem Zimmer meines Vaters schimmerte Licht.

»Ich wette, daß er sich schon anzieht«, sagte ich.

»Dann hat er noch nichts gesehen. Klettere schnell hinauf.«

Er bückte sich, ich stieg auf seinen Rücken und konnte so den Strick fassen, der meine Flucht offenbaren sollte und jetzt meine Rückkehr sicherte. Dann reichte er mir mein Bündel.

Hoch über den letzten Nebeln sang plötzlich eine Lerche. Die Sonne ging über meiner Niederlage auf.

»Ich gehe nochmal hinauf, meinen Sack holen«, sagte Lili, »und komme wieder herunter.«

Mein Abschiedsbrief war noch immer an seinem Platz. Ich zog die Stecknadel heraus, zerriß den Bogen in tausend Fetzen und schnipste sie zwei oder drei Fingerspitzen voll aus dem Fenster, das ich lautlos wieder schloß.

Da hörte ich in der Stille eine mit leiser Stimme geführte Unterhaltung; sie kam aus dem Zimmer meines Vaters.

Er sprach sehr schnell und anscheinend vergnügt; es schien mir sogar, als hörte ich Lachen.

Jawohl, er lachte, daß die Ferien zu Ende waren ... Er lachte, seit er aufgewacht war, bei dem Gedanken, in seiner Schreibtischschublade seine traurigen Bleistifte, seine Tinte und seine Kreide wiederzufinden ...

Ich versteckte mein Bündel unter meinem Bett; wenn man es entdeckte, würde ich sagen, ich hätte die Pakete meiner Mutter erleichtern wollen.

Dann kroch ich beschämt und frierend ins Bett. Ich hatte Angst gehabt, war nichts als ein Feigling mit dem Herzen einer

›Squaw‹. Ich hatte meine Eltern belogen, ich hatte meinen Freund belogen, ich hatte mich selbst belogen.

Umsonst suchte ich nach einer Entschuldigung; ich fühlte, daß ich weinen würde ... darum zog ich die dicke Bettdecke über mein zitterndes Kinn und flüchtete in den Schlaf ...

Als ich aufwachte, fiel das Tageslicht durch das ›Mondloch‹ im Fensterladen, und Paul war nicht mehr in seinem Bett. Ich machte das Fenster auf – es regnete. Kein schönes, volltönendes Gewitter mit violetten Donnerwolken, sondern unabsehbarer Regen, der geduldig zahllose Tropfen in die Stille fallen ließ.

Plötzlich hörte ich Rädergerassel und sah François um die Ecke des Hauses kommen, dann das Maultier und schließlich den Karren, überdeckt von einem riesigen Regenschirm. Tante Rose, in eine Decke gehüllt, hatte bereits unter diesem Schutzdach Platz gefunden. Um sie türmte sich unser Gepäck, im linken Arm hatte sie den kleinen Vetter, im rechten die kleine Schwester. Ich vermutete, meine Mutter und Paul hatten sich geweigert, das Vehikel zu besteigen, da es bereits bis zum Brechen beladen war.

Unter einem anderen Regenschirm folgte Onkel Jules; er schob sein Rad, und so sah ich sie zu dem traurigen Heimweg aufbrechen.

Meine Familie fand ich in Gesellschaft von Lili um den Tisch versammelt. Sie frühstückten mit großem Appetit.

Mein Erscheinen wurde mit einer kleinen Beifallskundgebung begrüßt. Mein Vater sah mich mit einem sonderbaren Gesichtsausdruck an.

»Der Kummer über die letzte Nacht«, sagte er lachend, »hat dich nicht am Schlafen gehindert.«

»Wie er geschnarcht hat!« schrie Paul. »Ich habe ihn an den Haaren gezogen, um ihn aufzuwecken, aber er hat nichts gespürt.«

»Er hat sich überanstrengt«, sagte mein Vater. »Jetzt iß, es ist neun Uhr, und vor ein Uhr mittags sind wir nicht zu Hause, selbst nicht mit Hilfe des Sonntags-Autobusses.«

Ich verschlang meine Butterbrote. Vor Lili schämte ich mich meines Versagens und sah nur zu ihm hinüber, wenn er es nicht bemerkte.

Da ich nicht wußte, was ich sagen sollte, fragte ich:

»Warum sind die anderen schon weggefahren?«

»Weil François noch vor zehn Uhr sein Gemüse im Gasthof Quatre Saisons abliefern muß«, antwortete meine Mutter.

»Tante Rose wartet bei Durbec auf den Omnibus.«

In unseren Kapuzenmänteln gingen wir in den Regen hinaus.

Lili, unter einem schützenden Sack, wollte uns unbedingt begleiten. Kleine Bäche rieselten in den Wagenspuren, alle Geräusche waren verstummt, wir begegneten keinem Menschen. Unten im Dorf vor dem grünen Tor erwartete uns der Omnibus.

Tante Rose war mit den Kindern schon eingestiegen und saß mitten in einer sonntäglichen Schar von Dorfbewohnern.

Er war ein langer, grüner Wagen und kurze Leinenmarkisen mit Fransen aus Bindfaden hingen von seinem Dach. Die beiden Pferde stampften ungeduldig, und der Kutscher, unter einem grauen Umhang und einem Wachstuchhut, blies ins Horn, um die Verspäteten zu mahnen.

Vor den Augen der Reisenden nahmen wir Abschied von Lili.

Meine Mutter küßte ihn, wobei er wieder ganz rot wurde, dann kam Paul an die Reihe. Als ich ihm männlich die Hand schüttelte, sah ich Tränen in seinen Augen, während sein Mund sich zu einer kleinen Grimasse verzog. Mein Vater kam herbei.

»Was heißt das?« sagte er. »Du wirst doch nicht weinen wie ein kleines Kind vor all den Leuten, die dich beobachten?«

Lili senkte den Kopf unter dem Sack und bohrte die Fußspitze in die Erde. Auch ich hatte große Lust zu weinen.

»Ihr müßt doch begreifen«, sagte mein Vater, »daß das Leben nicht nur zum Vergnügen da ist. Ich möchte auch gern hierbleiben und auf dem Hügel leben! Sogar in einer Höhle! Und sogar ganz allein wie ein Eremit! Aber man kann nicht immer tun, was man möchte!«

Die Anspielung auf den Eremiten befremdete mich. Aber dann verstand ich: es war ein sehr naheliegender Einfall, da ich ihn ja auch gehabt hatte. Er fuhr fort:

»Marcel hat im Juni ein sehr wichtiges Examen zu bestehen und wird dieses Jahr noch viel lernen müssen, besonders in der Orthographie. Er steht auf Kriegsfuß mit den doppelten Konsonanten, und ich wette, daß er das Wort ›Eremit‹ nicht richtig schreiben könnte.«

Ich fühlte, wie ich rot wurde, aber meine Verlegenheit dauerte nicht lange. Er konnte meinen Brief nicht gelesen haben, ich hatte ihn ja noch am selben Platz gefunden. Und hätte er ihn gelesen, dann wäre bei meiner Rückkehr darüber geredet worden! Außerdem sprach er ganz unbefangen weiter:

»Er muß also besonders fleißig sein. Wenn er vernünftig ist und gute Fortschritte macht, kommen wir zu Weihnachten wieder, an Fastnacht und an Ostern. Also weint nicht vor allen Leuten! Drückt euch die Hände wie zwei Jäger, die ihr ja seid! ... Auf Wiedersehen, kleiner Lili, vergiß nicht, daß du auch auf ein Zeugnis hinarbeiten mußt und daß ein Bauer, der etwas gelernt hat, zwei- oder dreimal soviel wert ist.«

Wahrscheinlich hätte er seine Ermahnungen noch weiter fortgesetzt, aber der Kutscher knallte zweimal energisch mit der Peitsche und stieß gebieterisch in sein Horn. Wir stiegen eilig ein.

Die letzte Bank mit dem Rücken gegen die Pferde war leer. Da meiner Mutter und Paul schlecht wurde, sobald sie nach rückwärts fuhren, setzte die Familie sich in der Wagenmitte unter die Bauern, und ich blieb ganz allein auf dem Rücksitz.

Die Bremsen wurden gelöst, und langsam fuhren wir davon. Es regnete immerzu.

Den Kopf zwischen den Schultern, ganz in mich versunken, kaute ich an einem Pfefferminzhalm; meine Hand in der Tasche umklammerte eine Falle, die ihren mörderischen Wert verloren hatte, dafür aber ein geheiligter Gegenstand geworden war, eine Reliquie, ein Versprechen ... Schon weit fort, erhob sich in grandioser Einsamkeit das blaue Massiv des vielgeliebten Taoumé, der hinter Regenschleiern den Hügelkranz beherrschte. Ich dachte an den krummen Vogelbeerstrauch unter dem Felsen von Baume-Sourne, an das tröpfelnde Wasser von Font Bréguette und an die drei schwirrenden Fliegen im Précatorytal ... an den Thymianteppich von La Pondrane, an die von Vogelscharen bevölkerten Pistazienbäume, an den singenden Stein und an den süßen Lavendelduft auf den Hängen.

Der Weg führte zwischen zwei nackten Steinmauern hindurch, von denen nasse Sträucher herunterhingen, die endlos im strömenden Regen vorbeizogen.

Die hohe Kutsche krachte in allen Fugen, der Kies knirschte unter den eisernen Radfelgen, die Pferdehufe klapperten auf den Steinen, und die Peitsche klatschte dumpf wie ein kleiner, naß gewordener Feuerwerkskörper.

Man entführte mich aus meiner Heimat, und wie Tränen netzten die sanften Regentropfen mein Gesicht. Nicht vorwärts fuhr ich mit Brust und Stirn einem Ziel entgegen ... Einsam, in unaussprechlicher Verzweiflung, trug es mich rückwärts in die Zukunft beim rhythmischen Klappern der Hufe, wie weiland die Königin Brunehaut, als man sie lange über steinige Wege schleifte, ihr blondes Haar mit dem Schwanz eines Pferdes verflochten ...

Ich empfand keinerlei Freude beim Wiedersehen mit dem großen Schulhaus. Die Platanen auf dem Hof verloren schon ihre gelben Blätter, und jeden Morgen verbrannte der Pförtner kleine Haufen an der kahlen, grauen Mauer. Durch das Klassenfenster sah ich anstatt der Kiefern die trostlose Reihe der Schülertoiletten.

Ich kam in die vierte Klasse der Volksschule zu Monsieur Besson. Er war jung, groß, mager, schon kahl und konnte den Zeigefinger der rechten Hand nicht ausstrecken, der immer wie ein Haken krumm blieb.

Er begrüßte mich mit lebhafter Freude, erschreckte mich aber gleich mit der Eröffnung, daß mein ganzes Leben von dem Erfolg dieses Jahres abhänge, und daß er gezwungen sei, mich ›in die Zange zu nehmen‹, da ich sein Kandidat für das Gymnasialstipendium sei. In diesem furchtbaren Schulturnier mußte der Lehrplan der Volksschule dem der Mittelschule die Stirn bieten.

Erst war ich voller Vertrauen, denn das Wort ›Mittelschule‹ übersetzte ich mir mit ›mittelmäßig‹ und infolgedessen ›leicht zu bewältigen‹.

Bald überzeugte ich mich, daß mein Vater und seine Kollegen diese Ansicht durchaus nicht teilten und daß von meiner Kandidatur die Ehre der ganzen Schule abhing.

Das vereinigte Lehrerkonsortium nahm wie ein Generalstab die Sache in die Hand, ähnlich wie die Inspektoren der Kriminalpolizei das Verhör eines verdächtigen Subjekts.

M. Besson, der mich sechs Stunden täglich unterrichtete, leitete die Untersuchung und sammelte das Beweismaterial.

Am schulfreien Donnerstag mußte ich um neun Uhr morgens antreten.

M. Suzanne, der verehrte Leiter der Oberklasse, dessen Lehrmethode unantastbar war, erwartete mich in seinem leeren Klassenzimmer, um mich vor zusätzliche Probleme zu stellen: D-Züge überholten sich, Radfahrer begegneten sich, und ein

Vater, der siebenmal so alt war wie sein Sohn, sah sein Vermögen im Lauf der Jahre zusammenschmelzen ... Gegen elf Uhr erschien N. Bonafé, um meine logischen Analysen zu prüfen und mir neue vorzulegen, die ich ohne Zweifel heute nicht mehr lösen könnte. An den anderen Wochentagen zwang mich M. Arnaud, der einmal mit dem Gedanken gespielt hatte, bei der Post einzutreten, während der Freistunde mit ihm auf- und abzugehen. Er hielt mir endlose Vorträge über die Verwaltung, die ich zum Glück wieder vergessen habe.

Dann kam noch M. Mortier, der einen hübschen, blonden Bart hatte und einen goldenen Ring am kleinen Finger trug. Manchmal vertraute er seine Abendklasse meinem Vater an und holte mich in sein leeres Klassenzimmer, wo er mir unzählige Fragen über die Geschichte Frankreichs stellte. Dieses Fach interessierte mich, soweit es romantisch war: ›Beuge dein Haupt, stolzer Recke!‹ oder die Posse von Rollo, der Eisenkäfig des Kardinals de La Balue und die versalzene Suppe des Rußlandfeldzugs und schließlich der fehlende Gamaschenknopf, durch den wir den Krieg von 1870 verloren haben.

Mein Vater hatte sich die Überwachung meiner Orthographie vorbehalten, und jeden Morgen, noch vor dem Frühstück, verabreichte er mir ein Diktat von vier Zeilen, in dem jeder Satz voller Minen war, wie eine Küste vor der feindlichen Landung:

> Der Abend, den ihr mit uns verbracht habt.
> Wir haben einen angenehmen Abend verbracht.
> Die Polizisten, die wir gesehen haben.
> Die Soldaten, die wir vorbeigehen sahen.

Ich arbeitete mit Eifer, aber oft gingen diese Polizisten und Soldaten umsonst vorüber, denn ich hörte die Grillen zirpen, und anstelle der entlaubten Platanen auf dem Hof sah ich einen feurigen Sonnenuntergang auf dem Tête-Rouge: mein lieber Lili marschierte pfeifend den steilen Weg nach La Badauque hinunter, die Hände in den Taschen, eine Kette von Feldammern um den Hals und ungezählte Alpendrosseln am Gürtel.

Wenn M. Besson in der Klasse mit einem langen Zeigestock auf der Wandkarte den Lauf eines unnützen Flusses verfolgte, wuchs langsam aus der Mauer der große Feigenbaum von Baptistins Hütte; zwischen seinen glänzenden Blättern sah man einen langen, dürren Ast; und hoch oben im Wipfel wiegte sich eine schwarzweiße Elster.

Dann weitete ein süßer Schmerz mein kindliches Herz, und während eine ferne Stimme Nebenflüsse aufzählte, versuchte ich die Ewigkeit zu berechnen, die mich noch von Weihnachten trennte. Erst zählte ich die Tage, dann die Stunden, von denen ich die Schlafenszeit abzog, und durch das Fenster verfolgte ich im winterlichen Morgennebel den Pendel der Schuluhr. Ihr großer Zeiger bewegte sich ruckweise vorwärts, und ich sah die kleinen Minuten herunterfallen wie winzige, geköpfte Ameisen.

Abends unter der Lampe machte ich schweigsam meine Aufgaben. Es blieb mir nicht viel Zeit übrig, mich um Paul zu kümmern. Er entwickelte sich zusehends, denn er hatte einen Klassenkameraden, der ein Born des Wissens sein mußte: fast jeden Tag brachte er eine neue unappetitliche Geschichte mit nach Hause oder Wortspiele in der Preislage: ›Wie geht es dir altes Ofenrohr?‹ worüber er sich totlachen wollte. Wir hatten sowieso kaum Zeit, miteinander zu sprechen, außer zweimal am Tag bei der Ausübung unserer häuslichen Pflicht, die sich Tischdecken nannte.

Meine liebe Mama war beunruhigt, wenn sie mich so lange über meine Schularbeiten gebeugt sah, und die Donnerstagvormittagssitzung schien ihr eine barbarische Einrichtung. Sie pflegte mich wie einen Rekonvaleszenten und bereitete mir köstliche Mahlzeiten, denen leider stets ein großer Löffel Lebertran vorausging.

Alles in allem ›hielt ich durch‹, und meine Fortschritte machten meinem Vater so viel Vergnügen, daß sie mir weniger mühsam vorkamen.

Eines Mittags, als ich von einer zusätzlichen Grammatikstunde aus der Schule kam, schrie mir der kleine Paul schon vom Treppenabsatz entgegen:

»Jemand hat dir einen Brief mit der Post geschickt! Es ist eine Marke drauf!«

Ich lief hinauf und nahm zwei Stufen auf einmal, wodurch das Geländer wie eine stählerne Harfe vibrierte.

Auf dem Tisch lag neben meinem Teller ein gelber Umschlag, auf dem in ungleichmäßiger, schräg abfallender Schrift mein Name stand.

»Ich wette«, sagte mein Vater, »daß dies ein Brief von deinem Freund Lili ist.«

Vor Aufregung gelang es mir nicht, den Umschlag zu öffnen, und als ich ihn bereits an allen vier Ecken zerrissen hatte, schnitt mein Vater ihn geschickt wie ein Chirurg mit der Messerspitze auf.

Zuerst fielen ein Salbeiblatt und ein getrocknetes Veilchen heraus. Auf drei Seiten eines Schulheftes, mit ungelenker Schrift, deren wellenförmige Linien von Tintenflecken eingerahmt waren, sprach Lili zu mir:

O Kamerat!

ich greiffe zu der Feder, um dir zu sagen das di Drosseln dis Jar nicht gekommen sint. nichts aber nichts. sogar die Kreuzschnebel sint fort. wi Du. nicht zwei habe ich gefangen auch keine rebhüner. ich gehe garnicht mer hin es lont sich nicht. es hat mer wert in der Schule arbeiten um Ortogravi zu lernen was sonst? es ist nicht möglich sogar ameisen gibts keine mer. sie sint klein die Vögel wollen si nicht. das ist ein Unglück, du hast Glück nicht hir zu sein, es ist ein Malör. ich sene mich daß du kommst und di Vögel ebenso, und di rebhüner und di Drosseln für Weihnachten. Dazu haben si mir zwölf Vallen gestohlen und mindestens fünfzig Drosseln. Ich weiss wers is. di schönste Valle is di von Allo der hinkt. Fergiss es nicht damit ich es auch nicht fergesse. und außerdem ist es kalt mit mistrall. alle tage auf Jacht habe ich Füße wie Ais. zum Glück habe ich den Nasenwärmer. aber ich sehne mich nach dir. batistin ist zufriden: er fengt jeden Tag dreissig Drosseln mit Fogelleim. vorgestern zehn Fettamern und Samstag zwölf Alpendrosseln mit Vogelleim. Vorgestern war ich unter dem Tete-Rouge, ich wollte den Schtain singen hören, da habe ich mir fast di oren erfroren, er will auch nicht singen er Weint nur, das sint die Neuigkeiten. Grüsse di ganze geselschaft, ich schicke ein salbeiblatt für dich und ein feilchen für deine Mutter, dein Freund fürs Leben Lili.

meine adresse Les Bellons über Lavalantine Frankreich. ich schreibe schon drei tage an diesem Brif weil ich nur abends schreibe. meine Mutter ist zufriden. si denkt ich mache meine aufgaben. In mein Heft. Nachher reisse ich die seite heraus. der Donner hat die große Kiefer von Lagarete getroffen. Es bleibt nichts wie der Schtam und spitz wie eine Feiffe. Atschüs! ich sene mich nach dir. meine adresse: les Bellons überlavalantine. Frankreich. der Briftrager heisst Fernand, jeder kennt in er kann sich nicht irren. er kennt mich ser Gut. ich auch.

dein Freund fürs Leben Lili.

Es war nicht leicht, diesen Brief zu entziffern, dessen Schrift durch die Orthographie in keiner Weise erhellt wurde. Doch meinem Vater, dem großen Handschriftenspezialisten, gelang es nach einigem Kopfzerbrechen. Nachher sagte er:

»Gut, daß er noch drei Jahre Zeit hat, sich auf sein Abschlußzeugnis vorzubereiten.«

Dann sah er meine Mutter an und fügte hinzu:

»Dieses Kind hat Herz und echtes Zartgefühl.«

Schließlich wandte er sich an mich:

»Bewahre diesen Brief auf! Du wirst ihn erst später verstehen.«

Ich nahm ihn, faltete ihn, steckte ihn in die Tasche und antwortete nichts: lange vor ihm hatte ich ihn verstanden.

Als ich am nächsten Tag aus der Schule kam, ging ich in den Tabakladen und kaufte wunderschönes Briefpapier. Der Rand des Bogens war durchbrochen und den Kopf schmückte links oben eine geprägte Schwalbe, die ein Telegramm im Schnabel hielt. Der mit Seidenpapier gefütterte Umschlag war von Vergißmeinnicht bekränzt.

Am Donnerstagnachmittag entwarf ich meine ausführliche Antwort. Die Worte weiß ich nicht mehr genau, aber der Inhalt ist mir im Gedächtnis geblieben.

Erst einmal bedauerte ich das Verschwinden der Drosseln, und bat ihn, Baptistin zu gratulieren, der sie in ihrer Abwesenheit mit Vogelleim fing. Dann erzählte ich von meinen Schularbeiten und von der Aufmerksamkeit der Lehrer, die vor allem mir galt, und von ihrer Zufriedenheit mit meinen Fortschritten. Nach diesem nicht gerade bescheidenen Hinweis kündigte ich ihm an, daß bis Weihnachten noch zweiunddreißig Tage seien, aber daß wir nach dieser Zeit immer noch jung genug wären, um auf den Hügeln herumzustrolchen, und ich versprach ihm Unmassen von Ammern und Drosseln. Nachdem ich noch einiges über die Familie berichtet hatte, die sich – wir mir schien – bester Gesundheit erfreute, bat ich ihn, der vom Donner getroffenen Kiefer bei La Garette mein Beileid auszudrücken und dem singenden Stein meine teilnahmsvollen Grüße zu überbringen. Ich schloß mit glühenden Freundschaftsbeteuerungen, wie ich sie Auge in Auge nie gewagt hätte.

Zweimal überlas ich meine Prosa und verbesserte sie noch in

einigen Einzelheiten. Dann schrieb ich den Entwurf mit einer neuen Feder ab, das Löschblatt unter der Hand und die Zunge zwischen den Zähnen.

Meine Schrift war gepflegt, meine Orthographie fehlerlos, da ich einige zweifelhafte Worte im Kleinen-Larousse nachgeschlagen hatte. Abends zeigte ich das Werk meinem Vater. Er ließ mich einige ›S‹ ergänzen und ein überflüssiges ›T‹ ausstreichen, lobte mich aber und meinte, es sei ein schöner Brief, worüber mein lieber kleiner Paul ganz stolz war.

Im Bett las ich Lilis Botschaft noch einmal und seine Orthographie schien mir so komisch, daß ich laut lachen mußte. Aber auf einmal verstand ich, daß so viel Fehler und Ungeschicklichkeiten das Ergebnis langer, mühevoller Stunden und freundschaftlicher Hingabe waren. Da stand ich leise auf und zündete die Petroleumlampe an. Ich ging barfuß, um keinen Lärm zu machen, und trug die Lampe samt meinem Brief, meinem Schulheft und dem Tintenfaß in die Küche. Die ganze Familie schlief. Ich hörte nur das Wasser, das in das Zinkbecken über dem Ausguß tropfte.

Nun riß ich mit festem Griff drei Seiten aus meinem Heft. Auf diese Weise erhielt ich den ausgefransten Rand, den ich mir wünschte. Dann schrieb ich mit einer alten, kratzenden Feder meinen viel zu schönen Brief ab und unterdrückte den geistvollen Seitenhieb, der sich über seine kleine Lüge lustig machte. Ich ließ auch die von meinem Vater ergänzten ›S‹ aus, fügte einige Schreibfehler hinzu, die ich mir unter seinen eigenen aussuchte: die Amern, die rebhüner, der Mistrall. Schließlich schmückte ich meinen Text noch mit einigen willkürlichen großen Buchstaben aus. Diese sorgsame Arbeit dauerte zwei Stunden, und ich fühlte, wie der Schlaf mich übermannte. Trotzdem las ich erst seinen und dann meinen Brief noch einmal. Ich fand ihn gut, aber etwas fehlte noch. Also tauchte ich meinen Federhalter ins Tintenfaß und ließ auf meine verschnörkelte Unterschrift eine schwarze Träne fallen: sie strahlte wie eine Sonne.

Die letzten zweiunddreißig Tage des Trimesters mit Regen und Herbstwind schienen kein Ende zu nehmen, aber die geduldige Turmuhr erreichte allmählich ihr Ziel.

Als ich an einem Dezemberabend aus der Schule kam, wo M. Mortier mich eine Viertelstunde im Kreis der Meisterfaulenzer zurückgehalten hatte, und zu Hause ins Eßzimmer trat, fing plötzlich mein Herz an zu klopfen.

Meine Mutter packte Wäsche in einen Pappkoffer.

Auf dem Tisch, den die Hängelampe hell beleuchtete, lagen um eine Untertasse voll Öl die einzelnen Teile der Flinte meines Vaters ausgebreitet.

Ich wußte, daß wir in sechs Tagen abreisen sollten. Aber um meine Ruhe zu bewahren, hatte ich mich immer gezwungen, nicht an diese Abreise zu denken. Der Anblick dieser Vorbereitungen, diese lebhafte Tätigkeit, die schon einen Teil der Ferien ausmachte, bewegten mich so stark, daß mir die Tränen in die Augen traten. Ich legte meinen Schulranzen auf einen Stuhl und schloß mich in der Toilette ein, wo ich nach Belieben weinen und lachen konnte.

Nach fünf Minuten kam ich wieder heraus, etwas beruhigt, aber immer noch mit klopfendem Herzen. Mein Vater setzte sein Flintenschloß zusammen, und meine Mutter probierte Paul eine Strickjacke an.

»Fahren wir auch, wenn es regnet?« fragte ich mit etwas belegter Stimme.

»Wir haben neun Tage Ferien«, sagte mein Vater, »natürlich fahren wir auch, wenn es regnet.«

»Und wenn es donnert?« fragte Paul.

»Im Winter donnert es nie.«

»Warum?«

»Darum«, antwortete mein Vater kategorisch. »Aber wenn es zu stark regnet, werden wir noch einen Tag warten müssen.«

»Und wenn es ein gewöhnlicher Regen ist?«

»Dann«, sagte mein Vater, »macht man sich ganz dünn, geht sehr schnell, schließt die Augen und schlüpft zwischen den Regentropfen durch.«

Donnerstag nachmittag brachte meine Mutter uns zu Tante Rose, um zu erfahren, was sie beschlossen hatte. Es wurde eine große Enttäuschung. Sie erklärte, nicht zur Villa hinauffahren zu können wegen des Vetters Pierre, der viel zu ernst genommen wurde. Dieser Flaschenlutscher begann, unartikulierte Laute auszustoßen, auf die seine Mutter mit richtigen Worten antwortete, um uns glauben zu machen, daß er etwas Verständliches gesagt hätte. Es war ein trostloses Schauspiel!

Außerdem zog sie vor den bewundernden Blicken meiner Mutter die Lippen des kleinen Biests auseinander und zeigte uns auf seinem Zahnfleisch ein Pünktchen, nicht größer als ein Reiskorn, von dem sie behauptete, das sei ein Zahn! Dieses Zahnes wegen fürchtete sie für ihn: Kälte, Wind, Regen, Feuchtigkeit und vor allem natürlich das fehlende Gas.

Wir versuchten es mit Schmeicheleien, aber ohne Erfolg. Man mußte sich mit der Tatsache abfinden; es gab keine Tante Rose mehr.

Immerhin fanden sich bei Onkel Jules noch Spuren von Jagdinteresse. Er versprach, jeden Morgen mit dem Rad heraufzukommen, um Drosseln zu schießen, und abends wieder nach Hause zu fahren. All dies brachte er einigermaßen fröhlich hervor, aber ich merkte trotzdem, daß er viel lieber ganz bei uns geblieben wäre. Da verstand ich zum erstenmal, daß die Erwachsenen niemals das tun, was ihnen Spaß macht, und daß sie töricht sind.

Als wir im Halbdunkel die Treppe hinunterstiegen, zog Paul den Schluß aus dieser Katastrophe und sagte mit gleichmütiger Stimme:

»Wenn ich Kinder hätte, würde ich sie sofort verschenken.«

Freitag morgen hatte mein Vater seine letzte ›Aufsicht‹ in der Schule, wo sich alles, was noch an Schülern übriggeblieben war, auf dem plötzlich größer gewordenen Hof die Füße vertrat. Seit einigen Tagen war es sehr kalt, im Wandschrank unserer Küche sah die Olivenölflasche aus, als sei sie voller Wattebäuschchen, was mir Gelegenheit gab, Paul zu erklären, daß dies am Nordpol jeden Morgen so wäre.

Aber unsere Mutter war dem plötzlichen Angriff des Winters zuvorgekommen. Sie packte uns nacheinander in mehrere Lagen Unterhemden, Unterhosen, Hemdhosen, Blusen und Jakken, und unter den ›Bergsteigermützen‹ mit Ohrenschützern sahen wir aus wie Robbenfänger. Diese schöne Ausstaffierung entzückte mich: aber später entdeckte ich ihre Unbequemlichkeiten. Es gab so viel Bänder, Haken, Knöpfe und Sicherheitsnadeln, daß es zum Problem wurde, sauber Pipi zu machen: dem kleinen Paul gelang es nie.

Von der kleinen Schwester sah man nichts außer einer winzigen roten Nase, die aus einer Art wanderndem Federbett herausschaute. Meine Mutter mit Pelzbarett, Pelzkragen und Pelzmuff (Kaninchenfell versteht sich) – sah aus wie eine dieser schönen, kanadischen Schlittschuhläuferinnen, die auf dem Postkalender anmutig dahinschweben. Da die Kälte ihre Wangen rötete, war sie noch hübscher als sonst.

Um elf Uhr erschien Joseph. Er hatte bereits – zur Bewunderung seiner Kollegen – einen funkelnagelneuen Jagdrock angelegt, einfacher als der von Onkel Jules, denn er hatte weniger Taschen, aber schöner, denn seine vornehme blaugraue Farbe brachte die mit Hundeköpfen verzierten Messingknöpfe wirkungsvoll zur Geltung.

Nach einem pro-forma-Essen machte jeder seine Pakete.

Meine Mutter hatte vorausgesehen, daß der Bäcker-, Krämer-, Tabak-, Kurz- und Kolonialwarenhändler des Dorfes uns im Winter höchstens Brot, Mehl, Senf, Salz und Kichererbsen liefern würde, einen richtigen Restposten von Gemüse, das man erst drei Tage einweichen mußte, ehe man es in mit Asche versetztem Wasser garkochen konnte.

Deshalb nahmen wir eine ziemliche Menge von Vorräten mit.

Diese Reichtümer (unter anderem eine ganze, mit goldener Schleife verzierte Luxuswurst), steckten in einem viereckigen Tuch, dessen Enden verknotet wurden. Wir hatten drei solche Bündel, die ziemlich schwer waren; ich hatte Paul zuliebe ein viertes gemacht, vollgestopft mit Wolle, leeren Schachteln und Papierkugeln.

Aber das war längst nicht alles: da die wirtschaftlichen Verhältnisse der Familie nie erlaubt hatten, einen Gebrauchsgegenstand doppelt zu besitzen, war keiner davon in Bastide Neuve zurückgeblieben. Mein Vater hatte deshalb das notwendigste Küchengeschirr in einen geräumigen Rucksack verpackt: die Töpfe, ein Sieb, die Bratpfanne, den Kastanienröster, einen Trichter, das Reibeisen für den Käse, Kaffeemühle und Kaffeekanne, eine feuerfeste Form, Trinkbecher, Löffel und Gabeln. Die Zwischenräume wurden mit Kastanien ausgefüllt, die das Rasseln der Küchengeräte verhindern sollten.

Der Sack wurde meinem Vater auf dem Rücken festgeschnallt, und dann begann der Aufbruch zum ›Gare de l'Est‹. Dieser Bahnhof war nichts anderes als die unterirdische Haltestelle einer Trambahn, und sein Name war eine scherzhafte Übertreibung. Der Osten war in diesem Falle weder China noch Vorderasien, nicht einmal Toulon, es war ganz einfach Aubagne, wo die Schienen des Ostens ganz bescheiden unter westlichen Platanen endeten.

Trotzdem machte dieser Bahnhof großen Eindruck auf mich, weil er der Anfang eines Tunnels war. Er verlor sich in der

Nacht, noch ganz schwarz von den Rauchschwaden der alten dampfgetriebenen Trambahn, die mit ihrem trichterförmigen Schornstein einst den Gipfel des Fortschritts dargestellt hatte. Da man den Fortschritt nicht zum Schweigen bringen kann, war sein neuestes, letztes Wort die elektrische Trambahn. Wir erwarteten sie hinter einer eisernen Barriere, in einer langen Schlange, die von den neu hinzukommenden Reisenden nicht verlängert, sondern zusammengepreßt wurde.

Noch heute sehe ich Joseph, sein spitzes Kinn nach vorn geschoben, die Schultern von den Riemen des Rucksacks nach hinten gezogen, sich wie ein Bischof auf einen umgestülpten Besen stützen, dessen Borsten in den Himmel ragten ...

Von weitem hörte man das Kreischen der Räder in den Kurven, schließlich tauchte die Tram aus der Dunkelheit auf und hielt direkt vor uns.

Ein Schaffner mit Mütze öffnete die Türen, und in wilder Hast stürmte alles in den Wagen.

Meine Mutter fand, ohne daß sie sich darum bemüht hätte, zwischen zwei mächtigen Frauen einen guten Sitzplatz. Wir drei Männer blieben auf der hinteren Plattform stehen, wo wir unsere großen Pakete leichter unterbringen konnten. Mein Vater lehnte seinen Rucksack an die Wagentür, und als wir anfuhren, vollführten die Pfannen und Töpfe trotz der reichlich verstreuten Kastanien indiskret eine Art Angelusläuten.

Der Tunnel, in den Nischen von Laternen spärlich beleuchtet, bestand nur aus Kurven; nach einer Viertelstunde knirschenden Holperns verließen wir das unterirdische Gewölbe, gerade am Beginn des Boulevard Chave, also kaum dreihundert Meter von dem Platz entfernt, an dem wir eingestiegen waren. Mein Vater erklärte, daß dieser sonderbare Bau an zwei Enden gleichzeitig begonnen wurde und daß die Erdarbeiter sich erst nach langem, zeitraubendem Hin- und Hergegrabe nur durch Zufall getroffen hatten.

Die Fahrt in der frischen Luft war lustig und verging so rasch, daß ich sehr erstaunt war, als mein Vater sich zum Aussteigen bereit machte. Ich hatte La Barasse nicht wiedererkannt.

In der großen Stadt waren die einzigen Merkmale des Winters der prasselnde Ofen, das wollene Halstuch, der Kapuzenmantel und schon früh am Nachmittag der Laternenanzünder. Dieser

Vorort aber, der jetzt einer Federzeichnung glich, zeigte mir das wahre Gesicht dieser Jahreszeit.

Unter der frostigen Wintersonne, die blaß und kahl wie ein Mönch war, erkannten wir unseren Ferienweg kaum wieder. Der strenge Dezember hatte über Nacht die wehenden Herbstblätter weggefegt und die ehemals grün bewachsenen Mauern freigelegt. Der mehlige Sommerstaub, den ein einziger, gutgezielter Fußtritt in herrliche Wolken aufwirbelte, war versteinert, und die harten Ränder der Wagenspuren bröckelten unter unseren Füßen. Über den Rand der Mauer streckten abgemagerte Feigenbäume da und dort das Skelett ihrer Äste in die Luft, und die Clematis hingen wie schwarze Fäden herunter. Keine Grillen, keine Heuschrecken, keine Eidechsen, nicht ein Laut, nicht eine Bewegung. Nur die Olivenbäume hatten noch ihre Blätter, aber ich sah wohl, daß sie fröstelten und keine Lust zeigten, sich zu unterhalten.

Trotzdem fror uns nicht dank unserer Vermummung und infolge unseres schweren Gepäckes, und wir marschierten in bester Laune diese uns fremdgewordene Straße entlang. Während des Gehens verzehrten wir unser Vesperbrot mit großem Appetit, was den Weg angenehm verkürzte. Gerade, als ich hoch oben den Kegel des Tête-Rouge zu erkennen glaubte, verschwand unversehens die Sonne. Nicht in einem glorreichen Untergang mit purpurnen und violetten Strahlen, sondern in flüchtigem Gleiten beinah unfreiwillig hinter grauen, formlosen Wolken.

Es wurde dunkel, der flockige Himmel hing tief und legte sich wie eine Decke auf die Umrisse der Hügel, deren weite Bucht uns nun schon umgab.

Im Weitergehen dachte ich an meinen lieben Lili. Wo war er wohl? Wir würden die Villa erst bei Einbruch der Nacht erreichen. Vielleicht trafen wir ihn in Bastide Neuve, auf dem Stein am Eingang sitzend, einen Sack voll Drosseln neben sich? Oder war er vielleicht unterwegs und kam mir entgegen?

Ich wagte es kaum zu hoffen, so spät und bei der Kälte: denn in der violetten Dämmerung begann ein eisiger Wasserstaub langsam auf uns herunterzurieseln. Da sah ich durch den Sprühregen die kleine Petroleumlaterne aufleuchten: am Fuß des Abhangs kündigte sie das Dorf an.

In dem gelben Lichtkreis, der auf der nassen Landstraße zitterte, erkannte ich einen Schatten unter einer Kapuze …

Ich rannte auf ihn zu, er rannte auf mich zu. Zwei Schritt vor ihm blieb ich stehen … Er blieb auch stehen, und wie ein Mann streckte er mir die Hand entgegen. Ich drückte sie männlich, ohne ein Wort zu sagen.

Er war rot vor Freude und Aufregung und ich bestimmt noch mehr als er.

»Hast du auf uns gewartet?«

»Nein«, sagte er, »ich wollte zu Durbec gehen.«

Er zeigte auf das grüne Gittertor.

»Was wolltest du von ihm?«

»Er hat mir fliegende Ameisen versprochen. Es sind Unmassen in einer Weide, direkt neben seinem Feld.«

»Hat er dir welche gegeben?«

»Nein, er war nicht zu Haus ... Da habe ich ein bißchen gewartet, um zu sehen, ob er nicht zurückkommt ... Ich glaube, er ist nach Camoins gegangen.«

In diesem Augenblick wurde das Gittertor geöffnet, und ein kleines Maultier kam heraus. Es zog einen Karren mit brennender Laterne, und Durbec hielt die Zügel. Im Vorübergehen rief er uns zu: »Da seid Ihr ja! Guten Tag alle miteinander!«

Lili wurde rot und lief schnell zu meiner Mutter, um sie von ihren Paketen zu befreien.

Da stellte ich keine Fragen mehr. Ich war glücklich, weil ich wußte, daß er mich beschwindelt hatte: ja, er hatte im unfreundlichen Grau des Weihnachtsabends auf mich gewartet, in dem kalten Nieselregen, dessen Tropfen an seinen langen Wimpern hingen. Er war von Les Bellons heruntergekommen, mein kleiner Bruder aus den Hügeln. Seit Stunden wartete er und hätte ausgeharrt bis in die finsterste Nacht in der Hoffnung, an der Wegkreuzung die spitze Kapuze seines Freundes auftauchen zu sehen.

Am ersten Tag, am Weihnachtstag, gab es keine richtige Jagd. Wir mußten meiner Mutter helfen, das Haus in Ordnung zu bringen, zwischen die Fenster (durch deren Ritzen eisige Luft blies) Tuchwülste klemmen und aus dem nahen Kiefernwald einen ordentlichen Stapel Reisig holen. Obwohl wir mit alledem sehr beschäftigt waren, fanden wir noch Zeit, einige Fallen unter den Olivenbäumen, im gefrorenen und mit abgefallenen schwarzen Oliven übersäten Baoukogras aufzustellen.

Lili war es gelungen, Weidenruten, die er in feuchtes Löschpapier gewickelt hatte, in einem Kasten frisch zu halten; sie lockten inmitten der Oliven ein Dutzend Drosseln an, die so vom Ast auf den Bratspieß kamen, um unser weihnachtliches Festessen zu vervollständigen. Das große ›Souper der dreizehn Desserts‹ wurde noch am gleichen Abend vor dem knisternden Kaminfeuer eingenommen.

Lili – unser Ehrengast – beobachtete genau mein Benehmen und versuchte, den Gentleman nachzuahmen, für den er mich hielt.

In einer Ecke des Eßzimmers stand eine für die feierliche Gelegenheit zur Tanne erhobene Kiefer, an deren Zweigen ungefähr ein Dutzend neuer Fallen hing, dazu ein Jagdmesser, eine Schachtel Schießpulver, eine Eisenbahn zum Aufziehen und Draht um Schlingen anzufertigen; es gab Kandiszucker, eine Korkpistole und noch viele andere Herrlichkeiten. Lili machte große Augen und sagte kein Wort. Man hätte ihn stehlen können – er hätte es nicht bemerkt.

Es war ein unvergeßliches Ereignis. Ein so langer Abend, wie ich noch nie einen erlebt hatte. Ich delektierte mich an Datteln, kandierten Früchten und Schlagrahm; Lili stand mir so tapfer bei, daß er gegen Mitternacht nur noch ruckweise atmen und den Mund minutenlang nicht mehr schließen konnte. Dreimal schlug meine Mutter uns vor, schlafen zu gehen und dreimal weigerten wir uns, denn es waren noch Rosinen da, die wir ohne rechte Lust knabberten, nur weil sie für uns der Inbegriff des Luxus waren.

Gegen ein Uhr erklärte mein Vater, daß die Kinder jetzt gleich platzen würden, und stand auf.

Aber gerade in diesem Moment meinte ich von weither Onkel Jules' quietschendes Fahrrad zu hören. Sein Kommen erschien mir ganz unwahrscheinlich, denn es war ein Uhr nachts und fror Stein und Bein. Und ich glaubte, geträumt zu haben, als meine Mutter aufhorchte und überrascht sagte:

»Joseph! Das ist Jules! Es wird doch hoffentlich nichts passiert sein?«

Mein Vater horchte nun ebenfalls: Das Quietschen kam näher.

»Er ist's!« sagte er. »Aber reg dich nicht auf. Wenn etwas passiert wäre, hätte er nicht heraufkommen können.«

Er stand auf und öffnete weit die Tür. Wir konnten die Umrisse eines riesigen Bären erkennen, der die Riemen seines aufgeschnallten Gepäcks löste. Dann trat im langhaarigen Pelz der Onkel ein, um den Kopf vierfach einen langen Schal geschlungen. Er legte ein großes Paket auf den Tisch, sagte: »Fröhliche Weihnachten!« und fing an, seinen Schal aufzuwickeln.

Ich stürzte mich gleich auf das Paket: noch mehr Spielsachen, noch mehr Fallen und eine große Tüte mit verzuckerten Kastanien sowie eine Flasche Likör.

Mein Vater runzelte die Stirn. Dann untersuchte er das in allen Farben schillernde Etikett und schien beruhigt.

»Endlich ein ehrenwerter Likör«, sagte er. »Es ist Glühwein, was soviel heißt, daß man ihm durch Kochen den Alkohol entzogen hat.«

Er schenkte jedem von uns einen Fingerhut voll ein, und das Fest ging weiter. Meine Mutter trug Paul nach oben, denn er war eingeschlafen.

»Wir freuen uns, daß Sie gekommen sind«, sagte mein Vater, »aber wir haben Sie nicht erwartet. Sie haben also Rose und das Baby allein gelassen?«

»Mein lieber Joseph, ich konnte sie unmöglich mit in die Christmette nehmen, die ich seit meiner Kindheit noch nie versäumt habe. Andererseits wäre es unvernünftig, noch um ein Uhr nachts nach Hause zu kommen und sie aufzuwecken. Ich habe es daher vorgezogen, die Weihnachtsmesse in der Kirche von La Treille zu hören und dann hier mit euch die Geburt des Heilands zu feiern.«

Ich fand, daß er eine gute Idee gehabt hatte, denn ich packte schon die Marons Glacés aus, die für Lili etwas noch nie Dagewesenes darstellten.

»Die Messe war sehr schön«, sagte der Onkel. »Die Kirche war mit blühendem Rosmarin geschmückt, es gab eine große Krippe, und die Kinder sangen provençalische Weihnachtslieder aus dem XIV. Jahrhundert. Schade, daß Sie nicht dabei waren.«

»Ich wäre nur aus Neugier gekommen«, sagte mein Vater. »Leute, die nur in die Kirche gehen, um das Schauspiel zu erleben und Musik zu hören, haben keine Achtung vor dem Glauben der anderen, finde ich.«

»Das ist ein gutes Gefühl«, sagte der Onkel. »Aber wie dem auch sei ... Ihr wart trotzdem heute abend alle anwesend.« Und er rieb sich vergnügt die Hände.

»Wieso war ich anwesend?« fragte mein Vater mit leiser Ironie.

»Sie waren mit Ihrer ganzen Familie gegenwärtig, denn ich habe lange für euch gebetet!«

Auf diese unerwartete Eröffnung wußte Joseph erst nichts zu erwidern. Aber meine Mutter lächelte dem Onkel, der sich immer heftiger die Hände rieb, liebevoll zu.

»Und um welche Gnade haben Sie den Allmächtigen für uns gebeten?« fragte Joseph schließlich.

»Um die schönste von allen! Ich habe ihn angefleht, euch seine Gegenwart nicht länger vorzuenthalten und euch den Glauben zu senden.«

Der Onkel hatte mit Inbrunst gesprochen und seine Augen leuchteten vor Zärtlichkeit.

Mein Vater, der mit sichtlichem Genuß drei oder vier glasierte Kastanien auf einmal kaute, brauchte eine Zeitlang, um diesen Mundvoll zu bewältigen; dann schluckte er den Bissen hinunter und sagte mit etwas belegter Stimme:

»Wie Sie recht gut wissen, glaube ich nicht, daß der Schöpfer der Welt sich zur Beschäftigung mit Mikroben, wie wir es sind, herabläßt. Aber Ihr Gebet ist ein großer Freundschaftsbeweis und ich danke Ihnen!«

Dann stand er auf, um dem Onkel die Hand zu drücken. Der stand auch auf, sie sahen einander lächelnd an, und der Onkel sagte:

»Gesegnete Weihnachten, mein lieber Joseph!«

Er legte seine große Hand auf die Schulter meines Vaters und küßte ihn auf beide Wangen.

Kinder wissen noch nichts von wahrer Freundschaft. Sie haben nur Kameraden und Mitverschworene und wechseln ihre Freunde, wenn sie die Schule, die Klasse oder auch nur die Schulbank wechseln. An diesem Abend, an diesem Weihnachtsabend, lernte ich ein ganz neues Gefühl kennen: die Flamme des Feuers lohte auf und in ihrem leichten Rauch sah ich einen blauen Vogel mit goldenem Kopf entschweben.

Als man endlich zu Bett ging, konnte ich nicht mehr schlafen. Es war zu spät. Ich wollte mich noch mit Lili unterhalten, den meine Mutter in meinem Zimmer auf einem Strohsack untergebracht hatte. Aber der ›gekochte‹ Wein, von dem mein Vater wohl doch nicht genug verstand, hatte ihm etwas mitgespielt. Er schlief ein, nicht mehr imstande, sich auszuziehen.

Auf dem Rücken ausgestreckt, die Hände unter dem Kopf verschränkt, ließ ich mit weit offenen Augen in der Dunkelheit die Bilder dieses glorreichen Abends, verschönt durch Onkel Jules' Güte, an mir vorüberziehen, als ich plötzlich von heftiger Unruhe ergriffen wurde: ich mußte an die Geschichte von dem Soldaten Trinquette Edouard denken, die mein Vater eines Tages bei Tisch erzählt hatte.

Dieser Trinquette, ein Vetter von Monsieur Besson, diente damals gerade als Soldat in Tarascon. Der Vater Trinquettes – ein Witwer – betete seinen einzigen Sohn an und sorgte sich um sein Wohlergehen. Da entdeckte er eines Tages voller Freude, daß der Colonel, bei dessen Regiment sein Sohn stand, niemand anderer als sein bester Jugendfreund war. Er griff sofort zu Papier und Feder und sandte ihm ein ausführliches Schreiben, das die rührendsten Erinnerungen beschwor und ihm seinen Sohn, den einzigen Trost seines Alters und ein Musterexemplar an Tugend, ans Herz legte.

Als treuer Freund schickte der Colonel sogleich nach Trinquette Edouard, um ihn seines Wohlwollens zu versichern. Aber der diensttuende Feldwebel teilte ihm in Habachtstellung mit, daß das Musterexemplar seit acht Tagen auf Sonderurlaub sei, um dem Begräbnis seines alten Vaters beizuwohnen, seine verzweifelte Mutter zu trösten und schwierige Erbschaftsangelegenheiten mit seinen vier Geschwistern zu regeln.

Den Colonel traf beinahe der Schlag, und die Polizei machte sich auf die Suche nach dem Spaßvogel.

Da Tarascon eine kleine Stadt ist, wo die Leute gern klatschen, fand man Trinquette Edouard noch am gleichen Abend im Hotel ›Trois Empereurs‹, wo er sich als vierter Kaiser im Zimmer einer rothaarigen Kellnerin versteckt hatte, die ihn auf Kosten der Hotelküche ernährte. Die Gendarmen überraschten ihn, als er gerade das erste Drittel einer Drosselpastete verspeiste, und vom Kaiser zum Soldaten degradiert, wurde Trinquette Edouard in Ketten in die Kaserne zurückgebracht, wo ihn der Colonel für drei Wochen in einen Kerker voller Ratten einsperren ließ.

Das kann Leuten passieren, die man empfiehlt, ohne daß sie darum gebeten haben.

Natürlich wußte ich genau, daß es Gott nicht gibt. Aber so ganz sicher war ich meiner Sache doch nicht. Ein Haufen Leute gingen zur Messe, darunter sehr ernsthafte Menschen. Der Onkel selbst sprach oft davon, und schließlich war der Onkel kein Dummkopf.

Nach langer Überlegung kam ich zu dem etwas zweifelhaften Schluß, daß Gott, der für uns nicht vorhanden war, für andere Leute ganz gewiß existierte, genau wie der König von England eben nur für die Engländer da ist.

Dann aber war der Onkel sehr unvorsichtig gewesen, seine Aufmerksamkeit auf uns zu lenken. Wenn dieser Gott unseren

Fall prüfte, was er vielleicht im Augenblick gerade tat, würde er, wie der Colonel, wahrscheinlich furchtbar böse werden. Anstatt uns den Glauben zu schenken, fürchtete ich, daß er mit drei oder vier Donnerschlägen das Haus über unserem Kopf zerschmettern würde. Jedoch, da ich durch die Wand das friedliche und vertrauensvolle Schnarchen des Onkels hörte, tröstete ich mich mit dem Gedanken, daß der Gott, den er verehrte, ihm bestimmt nicht so grausam mitspielen werde und ich ruhig schlafen könne, wenigstens noch diese Nacht; was ich dann auch umgehend tat.

Aus der Jagd am nächsten Tag wurde nichts, denn die Jäger gingen ohne uns fort. Wir wachten gegen Mittag auf, aßen eine Aigo-Boulido, Knoblauchsuppe, und verbrachten den Nachmittag friedlich am Ofen. Der kleine Paul, den seine Müdigkeit vor unseren Ausschweifungen bewahrt hatte, verspeiste die letzten glasierten Kastanien und verspottete uns als Schwächlinge. Aber die zweite Nacht machte alles wieder gut, und die Winterjagd konnte beginnen.

Die acht Weihnachtstage verflogen wie im Traum. Doch nichts erinnerte an die großen Ferien – wir waren in einem anderen Land.

Um sechs Uhr früh war es noch Nacht. Ich stand zitternd vor Kälte auf und ging hinunter, um ein großes Holzfeuer anzuzünden. Dann bereitete ich den Kaffee, den ich am Abend vorher gemahlen hatte, um meine Mutter nicht aufzuwecken. Mein Vater rasierte sich unterdessen. Bald darauf hörte man Onkel Jules' Fahrrad quietschen, der pünktlich wie ein Vorortszug eintraf. Seine Nase war rot wie eine Erdbeere, in seinem Bart hingen kleine Eisstückchen, und er rieb sich kräftig die Hände wie ein selbstzufriedener Mensch.

Wir frühstückten vor dem Feuer und unterhielten uns leise. Dann hörten wir Lilis Schritte auf der vereisten Straße.

Als er da war, schenkte ich ihm eine große Tasse Kaffee ein, die er erst einmal ablehnte mit der Behauptung, er habe schon getrunken, was aber nicht stimmte. Dann gingen wir alle vier weg, noch ehe der Tag angebrochen war.

Am violettsamtenen Himmel blitzten unzählige Sterne. Es waren nicht mehr die milden Sterne des Sommers. Sie funkelten hart, klar und kalt, wie Eiskristalle im Nachtfrost. Über dem

Tête-Rouge, den man in der Dunkelheit nur erriet, war ein großer Planet wie eine Laterne aufgehängt, so greifbar nah, daß man meinte, den weiten Raum dahinter sehen zu können. Kein Geräusch, kein Laut in der eisigen Stille, nur das Klappern unserer Schritte auf den harten Steinen.

Die Rebhühner waren mißtrauisch geworden, und das Echo, deutlich wie nie bisher, warnte sie vor unserer Annäherung. Trotzdem schossen die Jäger vier Hasen, einige Schnepfen und eine Menge Kaninchen. Unsere Fallen versorgten uns so regelmäßig mit Drosseln und Lerchen, daß dieser tägliche Erfolg uns schließlich gar nicht mehr überraschte.

Zu meiner Freude und meinem nicht geringen Stolz erlegte ich einen Bussard, den mein Vater in der Lanzelotschlucht aus einer Wolke heruntergeholt hatte. Groß wie ein Regenschirm im Profil, mit in die Luft gestreckten Krallen auf dem Rücken liegend, sah der Raubvogel mich herankommen. Seine gelben Augen funkelten in drohendem Haß – ich stellte mir vor, daß es der Bussard war, der mir die Augen aushacken wollte – und wild schlug ich ihn mit Steinen tot.

Wenn es dunkel wurde, kamen wir von der Jagd zurück; vor dem nach Harz duftenden Feuer lagen wir auf dem Bauch, vertrieben uns die Zeit mit Dame, Domino oder Gänsespiel, während mein Vater die Flöte blies. Manchmal vereinte das Lotto die ganze Familie.

Ab halb sieben Uhr drehte sich der Bratspieß, und das braune Fett der brutzelnden Drosseln schmeckte köstlich zu dem kräftigen Landbrot.

Lange, wundervolle Tage, die mir jeden Morgen endlos vorkamen und die doch so kurz gewesen waren, als die Stunde des Abschieds schlug!

Am letzten Abend, als wir unser Gepäck zuschnürten und meine Mutter sah, wie traurig ich war, sagte sie:

»Joseph, wir sollten jeden Samstag hier heraufkommen.«

»Wenn wir erst die Trambahn haben, dann wird es vielleicht möglich sein. Aber im Augenblick ...«

»Wenn wir die Trambahn haben, tragen unsere Kinder Bärte. Schau sie dir an! So gut haben sie noch nie ausgesehen. Und ich habe noch nie so viel und mit solchem Appetit gegessen.«

»Das sehe ich wohl«, sagte mein Vater nachdenklich. »Aber die Reise dauert vier Stunden! Wir würden am Samstag um acht Uhr abends hier ankommen und müßten Sonntag nachmittag wieder zurück.«

»Warum nicht erst Montag früh?«

»Weil ich pünktlich um acht Uhr in der Schule sein muß, wie du weißt.«

»Ich habe eine Idee!« sagte meine Mutter.

»Und was ist das für eine Idee?«

»Das wirst du schon sehen!«

Mein Vater war überrascht. Er überlegte einen Moment und sagte:

»Ich weiß, woran du denkst.«

»Nein«, sagte meine Mutter. »Du weißt es nicht. Aber stell mir keine Fragen mehr. Es ist mein Geheimnis und du erfährst es nur, wenn mein Plan gelingt.«

»Einverstanden«, sagte mein Vater, »warten wir ab.«

Ihr Plan war nicht schlecht.

Auf dem Markt traf sie oft die Frau des Schuldirektors: eine große, schöne Person, die an einer Kette um den Hals ein goldenes Kreuz trug und eine goldene Uhr in ihrem gefältelten Seidengürtel.

Meine Mutter, winzig klein und schüchtern, grüßte diskret von weitem. Da sie aber für ihre Kinder zu allem fähig war, wurde ihr Gruß betonter, sie versuchte allmählich, ihr näher zu kommen und streifte schließlich in einem Kartoffelkorb wie zufällig die Hand der Frau Direktor. Diese, die ein gutes Herz hatte, riet ihr vom Kauf der schwindsüchtigen, halb erfrorenen Dinger ab und führte sie zu einem anderen Gemüsestand. Zwei Tage später machten sie ihre Einkäufe gemeinsam, und in der folgenden Woche lud Frau Direktor meine Mutter zu einer Tasse englischem Tee ein.

Joseph ahnte nichts von dieser Eroberung und war sehr überrascht, als er am Schwarzen Brett eine vom Direktor persönlich unterzeichnete Verordnung las. Der allmächtige Vorgesetzte hatte, einer plötzlichen Eingebung folgend, beschlossen, daß mein Vater von jetzt ab den Bereitschaftsdienst am Donnerstagvormittag zu übernehmen habe, wofür zum Ausgleich der Turnlehrer und der Gesanglehrer am Montagmorgen seine Schüler beaufsichtigen würden; dadurch war mein Vater montags bis halb zwei Uhr frei.

Da die Männer von den Schlichen ihrer Frauen nichts verstehen, würde er die Wahrheit nie erfahren haben, wenn M. Arnaud – der immer alles wußte, weil er das Zimmermädchen des Direktors sehr gut kannte – ihn nicht während einer Pause darüber aufgeklärt hätte.

Nun galt es, zwei Probleme zu lösen: erstens, mußte er sich bei seinem Chef bedanken? Er erklärte bei Tisch, daß er das nicht tun würde. Das hieße ja, zur Kenntnis nehmen, daß der Herr Direktor zugunsten der Bequemlichkeit eines Lehrers den Stundenplan einer staatlichen Schule geändert hatte.

»Aber trotzdem«, sagte er ganz verlegen, »müßte man doch vielleicht irgendein Mittel finden.«

»Beruhige dich, ich habe an alles gedacht«, sagte meine Mutter lächelnd.

»Was hast du vor?«

»Ich habe der Frau Direktor einen schönen Rosenstrauß geschickt.«

»Aber – aber –«, sagte er überrascht, »... ich weiß nicht, ob das nicht zu vertraulich wirkt ... oder zu extravagant. Gewiß, sie macht einen sehr sympathischen Eindruck, aber wer weiß, wie sie die Sache aufnehmen wird ...«

»Sie hat sie sehr gut aufgenommen und mir gesagt, ich sei ein ›Schatz‹!«

Er sah sie mit großen Augen an.

»Du hast mit ihr gesprochen?«

»Aber natürlich«, sagte meine Mutter lachend. »Wir gehen jeden Tag zusammen einkaufen, und sie nennt mich Augustine.« Darauf nahm mein Vater seine Brille ab, putzte sie lange an einem Zipfel des Tischtuches und setzte sie wieder auf, um meine Mutter längere Zeit fassungslos anzusehen. Das war nun für ihn das zweite Problem. Vom Kartoffelkorb angefangen mußte sie ihm alles bis ins kleinste erzählen. Zum Schluß schüttelte er mehrmals schweigend den Kopf. Dann stellte er vor der ganzen Familie mit entrüsteter Bewunderung fest:

»Du bist eine geniale Intrigantin!«

So konnten wir ab Faschingsdienstag fast jeden Samstag auf die Hügel steigen.

Im Februar klebte der Schmutz an unseren Stiefeln. Später im April wuchs das Grün der hohen Bäume und Sträucher über die Mauern und kreuzte sich an manchen Stellen in Bogen über unseren Köpfen. Der Weg war wundervoll, aber wirklich sehr weit.

Mit unserem üblichen Gepäck und bei mehrmaliger kurzer Rast im Schatten dauerte die Reise vier Stunden. Wenn wir endlich in der ›Villa‹ ankamen, waren wir erschöpft. Meine Mutter vor allem, die manchmal noch die schlafende kleine Schwester tragen mußte, schien am Ende ihrer Kräfte. Ihre Blässe und ihre vor Müdigkeit schwarz umränderten Augen veranlaßten mich oft, auf unsere schönen Sonntagsausflüge in die Wildnis zu verzichten. Dann beklagte ich mich über Seitenstechen oder schreckliche Kopfschmerzen und ging vorzeitig zu Bett. Wenn ich aber mit geschlossenen Augen in meinem kleinen, dunklen Zimmer lag, kam der geliebte Hügel zu mir und im Duft der fernen Lavendelblüten schlief ich unter einem Olivenbaum ein . . .

Eines schönen Samstags im April gegen fünf Uhr marschierte unsere Karawane müde, aber glücklich die von der Sonne vergoldeten Mauern entlang, als sich etwa dreißig Meter vor uns eine kleine Tür öffnete. Ein Mann trat heraus und schloß die Tür hinter sich zu.

Als wir an ihm vorbeigingen, sah er meinen Vater an und rief:

»Monsieur Joseph!«

Er trug eine dunkle Uniform mit Messingknöpfen und dazu eine Mütze wie ein Eisenbahnbeamter. Er hatte einen kleinen, schwarzen Schnurrbart und große, braune Augen, die vor Vergnügen blitzten.

Mein Vater sah ihn gleichfalls an und sagte lachend:

»Bouzigue! Was machst du denn hier?«

»Ich? Ich arbeite hier, Monsieur Joseph. Ich bin Kanalaufseher, und das verdanke ich Ihnen, wenn ich so sagen darf. Sie haben sich vor meiner Abschlußprüfung solche Mühe gegeben! Seit sieben Jahren bin ich hier Kanalaufseher.«

»Aufseher?« fragte mein Vater. »Und was beaufsichtigst du?«

»Ha!« sagte Bouzigue triumphierend. »Jetzt bin ich an der Reihe, Sie zu belehren! Ich überwache den Kanal . . .«

»Und womit?« fragte Paul.

»Mit diesem Schlüssel, der an meinem Gürtel hängt«, sagte Bouzigue mit unverständlichem Augenzwinkern, »und mit diesem kleinen, schwarzen Heft. Ich öffne und schließe die Schleusen und sehe nach den Schäden. Bemerke ich einen Riß im Damm, eine Ansammlung von Schlamm oder eine schadhaft gewordene Brücke, so mache ich meinen Bericht. Sehe ich einen toten Hund schwimmen, fische ich ihn heraus, und wenn ich Leute dabei überrasche, daß sie Abfall ins Wasser werfen oder im Kanal baden, schreibe ich ein Protokoll und zeige sie an.«

»Soso!« sagte mein Vater, »du bist also eine Amtsperson!«

Bouzigue zwinkerte wieder und lachte zufrieden.

»Und außerdem«, sagte mein Vater, »ist es nicht anstrengend.«

»Oh nein«, sagte Bouzigue. »Zuchthaus ist schlimmer!«

In klagendem Ton, als ob er gleich weinen wollte, fuhr er fort:

»Und warum sollte man auch von mir, rechtschaffen wie ich bin, Sträflingsarbeit, Schwerarbeit verlangen? Noch nie habe ich etwas verbrochen, außer vielleicht in der Orthographie! Und Sie, Monsieur Joseph, – Ihre kleine Familie hat sich vergrößert, wie ich sehe; Madame Joseph ist allerdings nicht größer geworden. Aber charmant ist sie wie immer!«

Dann legte er seine Hand auf meinen Kopf und fragte:

»Wohin gehen wir denn, so schwer beladen?«

»Meiner Treu«, sagte mein Vater mit einem gewissen Stolz, »wir gehen zu unserem Landhaus hinauf, wo wir den Sonntag verbringen wollen.«

»Oho!« sagte Bouzigue begeistert. »Haben Sie ihr Glück gemacht?«

»Das nicht gerade. Aber ich habe die vierte Klasse bekommen, was meine Einkünfte beträchtlich erhöht.«

»Um so besser – das freut mich wirklich!« sagte Bouzigue. »Kommen Sie, geben Sie mir ein paar von ihren Paketen! Ich will Sie begleiten!«

Er nahm mir meinen Sack und die drei Kilo Seife aus den Händen und erleichterte meinen Bruder um seinen Tornister, in dem der Zucker und die Nudeln verpackt waren.

»Das ist sehr freundlich von dir«, sagte mein Vater, »aber du weißt nicht, wie weit wir noch zu gehen haben.«

»Ich wette, Sie wollen nach Accates?«

»Weiter!«

»Also nach Camoins?«

»Noch weiter!«

Bouzigue machte große Augen.

»Sie wollen doch nicht behaupten, daß Sie bis nach La Treille gehen?«

»Doch, wir gehen durchs Dorf, dann müssen wir noch weiter.«

»Aber hinter La Treille, da gibts ja gar nichts mehr!«

»Doch«, sagte mein Vater. »Da kommt noch Les Bellons!«

»Donnerwetter!« sagte Bouzigue erschrocken. »Da geht der Kanal nicht durch und wird auch niemals durchgehen. Wo kriegen Sie denn Wasser her?«

»Aus der Zisterne und aus dem Brunnen.«

Bouzigue schob seine Mütze ins Genick, um sich besser den Kopf kratzen zu können und sah uns alle vier der Reihe nach an.

»Und bis wohin fahrt Ihr mit der Trambahn?«

»Bis La Barasse.«

»Ach, Ihr Armen!«

Er rechnete blitzschnell nach.

»Das sind ja mindestens acht Kilometer zu Fuß!«

»Neun!« sagte meine Mutter.

»Und macht Ihr das oft?«

»Fast jeden Samstag.«

»Ach, Ihr Armen!« wiederholte er.

»Es ist schon ein bißchen weit«, sagte mein Vater. »Aber wenn man oben ist, bereut man die Anstrengung nicht.«

»Ich«, sagte Bouzigue feierlich, »ich habe noch immer jede Anstrengung bereut. Aber ich habe eine Idee! Heute werden Sie keine neun Kilometer gehen. Sie kommen mit mir, und wir gehen am Kanal entlang, der in direkter Linie an verschiedenen Besitzungen vorbeiführt, und in einer halben Stunde sind wir in La Treille.« Er zog einen blitzblanken Schlüssel aus der Tasche, führte uns zu der Tür, die er gerade abgeschlossen hatte und schloß sie wieder auf.

»Folgen Sie mir!« sagte er.

Damit ging er durch die Tür. Aber mein Vater zögerte an der Schwelle.

»Bouzigue, bist du sicher, daß das erlaubt ist?«

»Was wollen Sie damit sagen?«

»Dieser Schlüssel ist dir für deine offiziellen Obliegenheiten anvertraut. Deshalb hast du das Recht, über fremden Grund und Boden zu gehen. Aber glaubst du, uns ist es erlaubt, dir zu folgen?«

»Wer sollte etwas davon erfahren?«

»Siehst du!« sagte mein Vater. »Du hoffst, daß man uns nicht sieht! Also gibst du dein Unrecht zu.«

»Aber was tun wir denn Böses?« sagte Bouzigue. »Ich habe meinen ehemaligen Lehrer getroffen und bin stolz, ihm zu zeigen, wo ich arbeite.«

»Es könnte dich teuer zu stehen kommen! Wenn deine Vorgesetzten das wüßten . . .«

Bouzigue zwinkerte zwei- oder dreimal geheimnisvoll. Dann zuckte er zweimal die Achseln und schüttelte mit ironischem Lachen den Kopf. Endlich sprach er sich aus:

»Nachdem schon alles gesagt sein muß, will ich Ihnen etwas anvertrauen. Wenn es den kleinsten Zwischenfall gibt, verpflichte ich mich, das in Ordnung zu bringen, denn meine Schwester ist zur linken Hand mit unserm obersten Ratsherrn verheiratet.«

Dieser Satz erschien mir zuerst unverständlich, aber auf einmal sah ich im Geiste die linkshändige Schwester aus dem Rathaus kommen, am Arm eines Obersten in großer Uniform, der ihr unschätzbare Ratschläge gab.

Da mein Vater noch immer zögerte, fügte Bouzigue hinzu:

»Außerdem war sie es, die Bistagne zum zweiten Kanaldirektor ernennen ließ, und wenn Bistagne mir mit dem geringsten Einwand käme, würde sie ihn auf einem Kopfkissen einschläfern.«

Ich empfand sofort große Bewunderung für diese mutige Frau, die fähig war, die Feinde ihres Bruders unschädlich zu machen, allenfalls sogar, ohne sie zu verwunden. Mein Vater mußte diese Empfindung teilen, denn wir folgten Bouzigue auf fremden Grund und Boden.

Der Kanal floß auf der Höhe eines kleinen Dammes zwischen zwei Hecken inmitten von Rosmarin, Fenchel, Goldregen und Clematis.

Bouzigue erklärte uns, daß diese wildwuchernden Gewächse sehr wertvoll seien, weil sie die Erde des Dammes stützten. Den Grundbesitzern war es verboten, daran zu rühren.

Das Zementbett des Kanals war nicht breiter als etwa drei Meter. Im durchsichtigen Wasser spiegelten sich die weißen Wolken des Aprilhimmels.

Zwischen dem Kanalufer und der blühenden Hecke folgten wir im Gänsemarsch einem schmalen Pfad.

»Das ist also mein Kanal!« sagte Bouzigue. »Wie gefällt er Ihnen?«

»Wirklich sehr hübsch!« sagte mein Vater.

»Ja, hübsch ist er schon. Aber er wird ein bißchen altersschwach. Sehen Sie nur die Ufer – rissig von oben bis unten.

Dadurch verlieren wir viel Wasser; es gibt Stellen, die sind wie ein Sieb.«

Dieses Wort beeindruckte meinen Bruder Paul ungemein, und er wiederholte es mehrere Male.

Als wir an eine kleine Brücke kamen, erklärte Bouzigue stolz: »Hier wurde seit letztem Jahr alles erneuert. Ich habe das ausbessern lassen und sogar mit Unterwasserzement.«

Mein Vater untersuchte die steile Uferwand, die ganz neu aussah.

»Trotzdem hat sie einen Riß«, stellte er fest.

Bouzigue beugte sich über das Wasser und war plötzlich ganz aufgeregt.

»Wo?«

Mein Vater zeigte ihm eine feine, graue Spur, von der er mit der Nagelspitze einige Körnchen löste. Er zerrieb sie zwischen seinen Fingern und prüfte sie einen Augenblick.

»Das ist kein Unterwasserzement«, sagte er. »Außerdem ist der Anteil an Sand zu groß.«

Bouzigue hatte runde, erschreckte Augen.

»Was?« sagte er. »Sind Sie sicher?«

»Ganz sicher; ich kenne mich ziemlich genau in der Materie aus. Mein Vater war im Baugeschäft.«

»Das ist ja allerhand!« sagte Bouzigue. »Ich werde sofort einen Rapport aufsetzen, und dem Unternehmer, der das geliefert hat, werden wir die Hölle heiß machen!«

»Wenn du diesen Riß nicht gleich ausbessern läßt, wird er in einem Monat vier Finger breit sein.«

»Er ist wie ein Sieb!« schrie Paul.

»Ich werde mich darum kümmern«, sagte Bouzigue.

Er löste ein Stückchen von dem Bewurf, wickelte es in ein Blatt seines Notizbuches und ging weiter.

Wir kamen durch vier riesige Grundbesitze.

In dem ersten umsäumten breite Blumenbeete ein Schloß mit vielen Türmchen, inmitten von Weinbergen und Obstgärten.

»Das hier ist das Schloß eines Aristokraten. Er muß krank sein, man sieht ihn nie.«

»Wenn dieser Aristokrat uns hier träfe, würde ihm das sicher mißfallen«, sagte mein Vater. »Ich mag die Leute von Adel nicht besonders.«

Der Volksschulunterricht hatte unauslöschbare Spuren hinterlassen. Doch immerhin hatten, dank seiner Belesenheit, einige Adelige Gnade vor seinen Augen gefunden: Du Guesclin,

Bayard, La Tour d'Auvergne, der Chevalier d'Assas und vor allem Heinrich IV., weil er auf allen Vieren herumgaloppierte, um seine Enkel zu unterhalten. Aber im allgemeinen hielt er alle Adeligen für grausam und unverschämt, wofür die Tatsache, daß man ihnen den Kopf abgeschlagen hatte, ein Beweis war. Unglück ist nie vertrauenerweckend, und der Abscheu vor den Massenmorden übertrug sich auf die Opfer.

»Es ist ein Graf«, sagte Bouzigue. »Man spricht hier nicht schlecht über ihn.«

»Vielleicht, weil man ihn nicht kennt«, sagte mein Vater. »Aber er hat sicher ein paar Spitzel in seinem Dienst.«

»Er hat einen Pächter und einen Pförtner. Der Pächter ist ein gutmütiger Alter, und der Pförtner ist auch nicht mehr jung. Es ist ein Riese von einem Menschen. Ich habe ihn einige Male getroffen, aber er spricht nicht mit mir. ›Guten Tag‹ und ›Guten Abend‹, das ist alles.«

Ohne Hindernisse erreichten wir ein zweites Gitter. Der Kanal durchquerte hier unter einer niedrigen Wölbung die Mauer, von der Schlingpflanzen bis ins Wasser hinunterhingen. Bouzigue schloß auf, und wir kamen in einen Urwald.

»Das ist das Dornröschenschloß. Die Fensterläden sind immer geschlossen und noch nie habe ich hier jemand gesehen. Hier könnt ihr singen und schreien soviel ihr wollt – es ist keine Gefahr.«

Ein Wald von Maulbeerbäumen und Pistazien wucherte auf den verlassenen Feldern. Hundertjährige Kiefern verbargen ein enormes, viereckiges Gebäude. Es schien unzugänglich, denn der stachelige Hügelginster und das undurchdringliche Dickicht reichte bis an den Hochwald. Mein Bruder Paul war ganz durcheinander von der Vorstellung, daß Dornröschen hinter den geschlossenen Läden schlief, und daß wir dank Bouzigue die einzigen waren, die es wußten.

Dann kam ein neuer Zaun und noch eine Tür: Nun traten wir in den Park des dritten Schlosses ein.

»Das da gehört dem Notar«, sagte Bouzigue, »und wie Sie sehen, ist auch hier alles geschlossen, außer im August. Nur eine Bauernfamilie lebt hier. Manchmal treffe ich den Großvater, der die Pflaumenbäume betreut. Er ist stocktaub, aber sehr nett. Er erzählt immer vom Siebziger Krieg und daß er Elsaß-Lothringen zurückerobern möchte.«

»Er ist ein guter Franzose«, sagte mein Vater.

»Das schon«, sagte Bouzigue, »nur schade, daß er hinkt.«

Wir begegneten niemandem, nur von weitem sahen wir die untere Hinterfront eines Bauern, der ein Tomatenbeet jätete.

Dann schloß Bouzigue noch eine Tür auf: Sie war in eine Backsteinmauer von mindestens vier Meter Höhe eingelassen; ihr oberer Rand war mit Glasscherben gespickt, die einen unmißverständlichen Begriff von der Großzügigkeit des Schloßherrn gaben.

»Dieses Schloß«, sagte Bouzigue, »ist das größte und schönste von allen, aber sein Besitzer wohnt in Paris, und man sieht nie jemand anderen als seinen Parkwächter. Da, schauen Sie nur!«

Durch die Hecke erblickte man zwei hohe Türme, die die Fassade eines Schlosses von mindestens zehn Stockwerken flankierten. Alle Fenster waren zu, außer in einigen Mansarden dicht unter dem Schieferdach.

»Dort oben wohnt der Aufseher. Von dort kann er die Diebe überwachen, wenn sie Obst stehlen wollen.«

»Gerade jetzt beobachtet er uns womöglich«, sagte mein Vater.

»Das glaube ich nicht. Er beobachtet vor allem den Obstgarten auf der anderen Seite.«

»Ist er auch ein Freund von dir?«

»Das nicht gerade; er ist ein ehemaliger Feldwebel.«

»Die haben nicht immer den besten Charakter.«

»Er ist, wie sie alle sind, aber immer total betrunken. Außerdem hat er ein steifes Bein. Sollte er Sie jemals sehen, was sehr unwahrscheinlich ist, so brauchen Sie nur die Beine unter den Arm zu nehmen, denn er kann Sie niemals einholen, nicht einmal mit seinem Hund.«

»Er hat einen Hund?» fragte meine Mutter ängstlich.

»Ja. Einen riesigen Köter«, sagte Bouzigue. »Aber er ist mindestens zwanzig Jahre alt, hat nur ein Auge und kann sich kaum noch rühren. Sein Herr muß ihn an einer Kette hinter sich herziehen. Sie brauchen sich wirklich nicht zu fürchten! Aber um Sie zu beruhigen, will ich mich erstmal umsehen. Bleiben Sie im Gebüsch!«

In der schützenden Hecke war eine Bresche. Bouzigue ging wohlgemut hindurch und blieb mitten in der Gefahrenzone stehen. Die Hände in den Taschen und die Mütze ins Genick geschoben, spähte er erst eine Weile nach dem Schloß und dann in den Obstgarten.

Zusammengedrängt wie die Hammel hockten wir im Schutz eines Maulbeerbaums in unserem Versteck. Meine Mutter war blaß, und ihr Atem ging schneller. Paul hatte aufgehört, den Zucker zu knabbern, den er aus seinem Paket stibitzte. Mein Vater sah angespannt durch die Zweige.

Endlich kam Bouzigue zurück:

»Der Weg ist frei! Machen Sie schnell! Aber bücken Sie sich!« fügte er hinzu.

Mein Vater ging als erster – tiefgebückt, so daß seine Pakete am Boden schleiften. Mein Bruder Paul krümmte sich wie der hundertjährige Mann aus unserem Dorf und verschwand buchstäblich im hohen Gras. Ich meinerseits drückte die Nudeln ans Herz und kroch auf dem Bauch. Schließlich folgte meine Mutter, die an solche gymnastische Übungen nicht gewöhnt war, linkisch mit gesenktem Kopf und eingezogenen Schultern wie eine Nachtwandlerin auf dem Dachfirst. Trotz ihrer Röcke und ihres Stangenkorsetts sah sie dünn und zerbrechlich aus.

Noch zweimal mußten wir dieses Manöver wiederholen. Endlich erreichten wir die Einfriedungsmauer. Bouzigue schloß die Tür auf, und wir standen plötzlich vor dem Café Quatre Saisons.

Was für eine wunderbare, freudige Überraschung!

»Das ist doch nicht möglich!« sagte meine Mutter entzückt.

»Und doch ist es so«, sagte Bouzigue. »Wir haben ja die ganze Wegbiegung abgeschnitten!«

Mein Vater hatte seine silberne Uhr aus der Westentasche gezogen.

»In vierundzwanzig Minuten haben wir eine Strecke zurückgelegt, zu der wir sonst fast drei Stunden brauchen.«

»Ich habe es Ihnen ja gesagt!« rief Bouzigue. »Dieser Schlüssel ist schneller als ein Automobil!«

Ich fand das etwas übertrieben, denn erst vor kurzem hatte ich in einer Zeitung unter der Photographie eines Panhard die pompöse Ankündigung gelesen: *Der Wagen, der einen Kilometer in der Minute fährt*.

»Ich habe es Ihnen ja gesagt«, wiederholte Bouzigue. »Nichts leichter als das! Und jetzt wollen wir ein Glas trinken!« Verwegen betrat er die Terrasse des kleinen Cafés, deren Platanen schon die ersten grünen Blätter zeigten.

Der Wirt, ein großer, starker Mann mit dichtem, roten Schnurrbart, ließ uns an einem Eisentischchen niedersitzen und brachte eine Flasche Weißwein. Wie würde mein Vater sich verhalten? Die großzügige Einladung Bouzigues ablehnen oder vor unseren staunenden Augen Weißwein trinken?

»Haben Sie vielleicht etwas Vichywasser, Herr Wirt?«

Der Wirt sah ihn einen Augenblick verdutzt an. Dann sagte er:

»Wenn Ihnen daran liegt, hole ich eine Flasche aus dem Keller.«

»Nanu?« sagte Bouzigue erschrocken. »Haben Sie es an der Leber?«

»Nein«, sagte mein Vater, »aber ich trinke den Wein lieber mit Mineralwasser gemischt, es schmeckt so gut, beinahe wie Champagner.«

Ich bewunderte diesen genialen Einfall, der es ihm ermöglichte, den giftigen Alkohol durch ein Gesundheitswasser, wie man es auch in der Apotheke bekommt, zu mindern. Bouzigue hingegen trank ohne das geringste Bedenken hintereinander zwei große Gläser puren Wein.

Unterdessen schwärmte meine Mutter noch immer von der Kürze des Wegs.

»Aber Madame Joseph«, sagte Bouzigue mit breitem Lachen.

»Jetzt müssen Sie mir schon erlauben, Ihnen ein Geschenk zu machen!«

Mit listigem Augenzwinkern zog er den hellglänzenden Schlüssel aus der Tasche.

»Nehmen Sie ihn, Madame Joseph, er gehört Ihnen.«

»Und was soll sie damit machen?« fragte mein Vater.

»Jeden Samstag zwei Stunden gewinnen und nochmal zwei am Montagmorgen. Nehmen Sie ihn! Ich habe noch einen zweiten.«

Er zeigte uns einen zweiten Schlüssel.

Aber mein Vater schüttelte langsam den Kopf. Von links nach rechts und dreimal hintereinander.

»Nein«, sagte er. »Nein. Das ist nicht möglich.«

Meine Mutter legte den Schlüssel wieder auf den Tisch.

»Und warum nicht?« sagte Bouzigue.

»Weil ich Beamter bin, genau wie du. Ich sehe schon das Gesicht des Herrn Schulrats, wenn ihm mitgeteilt wird, daß einer seiner Lehrer sich mit Hilfe eines falschen Schlüssels in anderer Leute Besitz einschleicht.«

»Es ist aber kein falscher Schlüssel. Er gehört der Verwaltung.«

»Ein Grund mehr«, sagte mein Vater. »Du hast nicht das Recht, über ihn zu verfügen.«

Jetzt regte Bouzigue sich auf.

»Niemand wird Sie je zur Rede stellen! Sie haben ja gesehen, wie glatt alles ging.«

»Niemand hat uns zur Rede gestellt, weil wir niemandem begegnet sind. Aber du hast selbst gesagt, als wir durch den Dornröschenwald gingen: ›Hier ist keine Gefahr‹. Das sollte doch wohl heißen, daß es anderswo gefährlich ist.«

»Aber heiliger Himmel!« schrie Bouzigue. »Wenn ich gesagt habe Gefahr, bedeutet das ja nicht gleich Lebensgefahr! Ich wollte damit nur andeuten, daß durch irgendeinen unglücklichen Zufall ein schlechtgelaunter Wichtigtuer auf die Idee kommen könnte, sich bei der Behörde zu beschweren. Aber mit so einer Beschwerde würde er nicht weit kommen. Da paßt meine Schwester schon auf. Vergessen Sie meine Schwester nicht!«

Ich war ganz seiner Ansicht. Aber mein Vater sagte streng:

»Ich zweifle nicht an den Fähigkeiten noch am Einfluß deiner Schwester, obwohl es mir schmerzlich ist zu hören, daß sie ein so trauriges Metier ausübt. Aber ich habe Prinzipien.«

»Oh je, oh je!« seufzte Bouzigue. »Prinzipien! Oh je, oh je!«

Und dann im Tonfall eines Erwachsenen, der mit einem Kind spricht:

»Und was wären das für Prinzipien, Monsieur Joseph?«

»Ich würde mich schämen, heimlich bei Fremden einzudringen, noch dazu nur aus persönlichem Interesse und zu einem privaten Zweck. Mir scheint, das wäre eines Lehrers unwürdig, der den Kindern beizubringen hat, was Moral ist. Und was sollte der da von mir denken, wenn er seinen Vater wie einen Strauchdieb durch die Büsche kriechen sähe?«

»Ich würde denken, daß es der kürzere Weg ist«, sagte ich.

»Und du hast recht«, sagte Bouzigue.

»Hör zu, Papa«, sagte meine Mutter. »Ich kenne viele, die bei einem solchen Angebot nicht zögern würden. Zwei Stunden weniger am Samstagabend und zwei am Montagmorgen, das sind vier gewonnene Stunden!«

»Lieber gehe ich vier Stunden länger und bewahre meine Selbstachtung!«

»Trotzdem ist es grausam«, sagte Bouzigue betrübt, »die Kinder marschieren zu lassen, als wären sie schon bei der Fremdenlegion. Noch dazu mit so schwerem Gepäck und mit ihren Spaghettibeinen! Und Madame Joseph ist auch nicht gerade kräftig!«

»Marschieren ist der allergesündeste Sport«, sagte mein Vater.

»Wahrscheinlich aber auch der ermüdendste«, seufzte meine Mutter.

»Hören Sie zu«, sagte Bouzigue, »ich habe einen anderen Vorschlag, der allen gerecht wird. Ich verschaffe Ihnen eine Mütze, wie ich sie trage, Sie gehen voraus, und wenn Sie jemanden von weitem sehen, winken Sie nur flüchtig mit der Hand, und man wird Sie nichts weiter fragen.«

»Du hast weiß Gott die Mentalität eines Vorbestraften!« sagte mein Vater entrüstet. »Die Dienstmütze eines Kanalaufsehers auf dem Kopf eines Lehrers! Weißt du nicht, daß so etwas mit einem Strafverfahren enden kann?«

»Und meine Schwester? Sie vergessen immer meine Schwester!«

»Es wäre besser, nicht so oft von ihr zu sprechen«, sagte mein Vater. »Ich danke dir für dein Angebot! Es beweist deine Erkenntlichkeit und Freundschaft. Aber ich bin gezwungen, es abzulehnen. Bestehe also nicht weiter darauf.«

»Um so schlimmer!« sagte Bouzigue. »Das ist wirklich schade.«

Er nahm einen großen Schluck Weißwein und fuhr in betrübtem Ton fort:

»Schade für die Kleinen. Schade für Madame Joseph. Schade für mich, weil ich Ihnen gern geholfen hätte. Und vor allem – ja, vor allem ist es *sehr* bedauerlich für den Kanal . . .

»Für den Kanal? Was willst du damit sagen?«

»Ja, ist es denn möglich?« rief Bouzigue. »Sie sind sich also wirklich nicht darüber klar, wie wichtig das ist, was Sie mir über den Unterwasserzement gesagt haben?«

»Das ist wahr«, sagte meine Mutter, die plötzlich ein fachmännisches Gesicht machte. »Darüber bist du dir nicht klar, Joseph!«

»Dann wissen Sie auch nicht, daß der Unternehmer, der zu viel Sand in den Zement gemischt hat, uns mindestens zweitausend Francs Schadenersatz zahlen muß!« sagte Bouzigue mit Feuer. »Vielleicht sogar zweitausendfünfhundert. Ich selber werde den Bericht machen, und dann nehmen wir den Betrüger schön in die Zange! Und wem verdanken wir das? – Ihnen!«

»Das habe ich nur so nebenbei erwähnt«, sagte mein Vater. »Aber ich bin meiner Sache durchaus nicht sicher.«

»Doch! Doch! Sie waren davon überzeugt. Außerdem wird man den Zement im Laboratorium untersuchen. Und dabei sind Sie nur ein einziges Mal den Kanal entlang gegangen und haben sich nicht alles genau angesehen, weil Sie etwas nervös waren. Aber wenn Sie regelmäßig zweimal in der Woche durchgehen würden – o lala!«

Er wiederholte mehrmals mit träumerischer Begeisterung: »O lala!«

»Glaubst du am Ende«, fragte mein Vater nachdenklich, »daß meine geheime und kostenlose Mitarbeit an der Erhaltung des Kanals unseren Durchgang irgendwie rechtfertigen würde?«

»Zehnfach, hundertfach, tausendfach!« sagte Bouzigue. »Auch für mich! Gesetzt den Fall, Sie schicken mir jeden Montag einen Bericht, ein paar Notizen, die ich – mit einigen orthographischen Fehlern, versteht sich – abschreibe und meinen Vorgesetzten vorlege. Können Sie ermessen, was das für mich bedeutet? Ein bißchen Hilfe von Ihnen, ein bißchen von meiner Schwester, und in einem Jahr bin ich Abteilungsleiter!«

»Joseph!« sagte meine Mutter. »Du mußt es dir wirklich überlegen, ehe du das zurückweist.«

»Das tue ich gerade!«

Er trank einen Schluck von seinem Vichywasserwein.

»Das ist ein Sieb!« frohlockte Paul.

»Wenn wir vor sieben Uhr in der Villa sein könnten, das wäre wirklich wunderbar!« sagte meine Mutter. »Und außerdem«, wandte sie sich an Bouzigue, »was würden die Kinder für Schuhsohlen sparen!«

»Ach ja, die Schuhe!« sagte Bouzigue. »Ich habe auch zwei Buben, und ich weiß, was Schuhe kosten!«

Dann blieb es ziemlich lange still.

»Offenbar«, sagte mein Vater schließlich, »kann ich der Gemeinde wirklich einen Dienst erweisen – wenn auch nicht auf ganz legale Art. Und wenn ich dir darüber hinaus bei deinem Fortkommen behilflich sein kann . . .«

»Behilflich sein?« schrie Bouzigue. »Das kann meine ganze Laufbahn ändern!«

»Ich bin noch nicht sicher, aber ich werde darüber nachdenken.«

Er nahm den Schlüssel und betrachtete ihn einen Augenblick. Dann sagte er:

»Ich weiß noch nicht, ob ich ihn benutzen werde . . . Das wird sich nächste Woche entscheiden . . .«

Aber er steckte den Schlüssel in die Tasche.

Als wir Montag früh in die Stadt zurückkehrten, weigerte sich mein Vater, den magischen Schlüssel zu benutzen. Der Schlüssel glänzte in seiner Hand und er sah ihn an. Dann schob er ihn wieder in die Tasche und sagte:

»Erstens ist es leichter, hinunterzugehen als herauf, und zweitens haben wir keine Vorräte zu tragen. Daher ist es nicht der Mühe wert, ein Risiko einzugehen.«

Wir kehrten also auf dem gewohnten Weg zurück. Aber noch am selben Abend verschwand mein Vater nach Schulschluß für ungefähr eine halbe Stunde. Als er zurückkam, trug er drei oder vier Bücher unter dem Arm. Ihre genaue Zahl kann ich nicht angeben, denn es war eigentlich nur ein Haufen bedruckter Blätter mit brüchigen, vergilbten Rändern, die mich an die bestickten Bordüren von Großmutters Beinkleidern erinnerten.

»Jetzt«, sagte er, »werden wir uns informieren.«

Diese Bände waren tatsächlich einzelne Teile verschiedener Werke über ›Kanäle und Aquädukte‹. Über die ›Bewässerung unkultivierter Erde‹ und die ›wasserdichte Verkleidung von Mauern und Dämmen‹, aus der guten alten Zeit des M. de Vauban.

»In diesen alten Büchern«, erklärte er mir, »findet man meistens den gesündesten Menschenverstand und die erprobtesten Rezepte.«

Dann verteilte er den beachtlichen Fund auf dem Tisch und fing an zu arbeiten.

Am nächsten Samstag um fünf Uhr standen wir vor der ersten Tür. Mein Vater öffnete sie mit fester Hand: er war nun im Einklang mit seinem Gewissen, denn er überschritt die verbotene Schwelle nicht, um einen zu langen Weg abzuschneiden, sondern um den wertvollen Kanal vor dem Verfall zu bewahren und so Marseille vor Trockenheit und damit vor Pest und Cholera zu retten.

Trotzdem fürchtete er die Flurwächter. Deshalb nahm er mir meine Pakete ab und betraute mich mit der Rolle des Kundschafters.

Ich schlich also im Schutz der Hecke voraus und verbarg mich, so gut ich konnte, hinter ihrem dichten Laub.

So ging ich einige zwanzig Meter, wachsamen Blickes und mit gespitzten Ohren. Dann blieb ich stehen und horchte in die Stille. Schließlich gab ich meiner Mutter und meinem Bruder, die sich im Gebüsch verborgen hielten, ein Zeichen. Sie kamen im Laufschritt und hielten sich dicht hinter mir. Zuletzt erschien mein Vater mit seinem Notizbuch in der Hand. Wir mußten immer wieder auf ihn warten, da er seine Beobachtungen gewissenhaft eintrug.

Wir begegneten keinem Menschen. Den einzigen Zwischenfall auf der beängstigenden Wanderung lieferte mein Bruder Paul. Meine Mutter bemerkte, daß er in der bekannten Pose Napoleons die rechte Hand unter seinem Regenmantel verbarg.

»Hast du dir an der Hand weh getan?« fragte sie leise.

Ohne sie anzusehen und ohne den Mund aufzumachen, schüttelte er den Kopf.

»Zeig deine Hand her!« sagte sie.

Er gehorchte, und wir sahen, daß seine kleinen Finger den Griff unseres spitzen Messers fest umklammert hielten, das er zu Hause aus der Küchentischschublade entwendet haben mußte.

»Das ist für den Aufseher!« sagte er kalt. »Wenn er kommt, um Papa zu erwürgen, schleiche ich mich von rückwärts heran und stoße ihm das Messer in den Hintern.«

Meine Mutter lobte seine Tapferkeit, meinte aber:

»Du bist noch so klein. Gib es lieber mir.«

Ohne Zögern gab er ihr seine Waffe mit dem guten Rat:

»Du bist groß. Stich ihm die Augen aus!«

Dieser Aufseher – der vom letzten Schloß – war unser Schrekken, und wir gingen zitternd durch das von ihm bewachte Gelände. Zum Glück zeigte er sich nicht, und als wir zwei Stunden später um den runden Eßzimmertisch versammelt saßen, wurde der Name Bouzigue hundertmal gesegnet.

Bei Tisch war weder von dem Flurwächter noch von seinem Hund die Rede, aber wenn wir in unserem kleinen Zimmer im Bett lagen, führte ich lange Gespräche mit Paul. Wir überlegten verschiedene Möglichkeiten, den Feind umzubringen: mit dem Lasso; in einer Grube, in der sechs scharfe Messer mit der Spitze nach oben auf ihn warteten; oder auch mit Schlingen aus Eisendraht; oder durch eine mit Schießpulver gefüllte Zigarre. Paul, der gerade anfing Abenteuerromane zu lesen, hatte den grausamen Einfall, Pfeile aus Schilfrohr zu vergiften, indem man ihre Spitzen in die Gräber des Dorfkirchhofs bohrte. Als ich die Wirksamkeit dieser Prozedur anzweifelte, führte er die brasilianischen Indianer an, die ihren toten Großvater monatelang bei sich behalten, um die Spitzen ihrer Waffen in das verwesende Blut des Vorfahren einzutauchen.

Während er sprach, schlief ich ein und sah in einem herrlichen Traum den Aufseher durch die Explosion der Zigarre entstellt und wie ein Stachelschwein mit Pfeilen gespickt, sich vergiftet in Krämpfen winden und endlich in die Grube fallen, wo er von den sechs Messern zerstückelt wurde, während Paul wie ein Besessener um ihn herumtanzte und schrie:

»Er ist ein Sieb!«

Jetzt war es uns ohne allzu große Anstrengung möglich, jeden Samstag auf die Hügel zu steigen und unser Leben war dadurch umgewandelt.

Meine Mutter sah wieder frisch und rosig aus; Paul schoß plötzlich in die Höhe wie ein Teufel, der aus seiner Schachtel schnellt; ich wurde groß und kräftig und war stolz auf meine breite Brust. Manchmal holte ich das Metermaß meiner Mutter, um meinen Bizeps nachzumessen, der Pauls Bewunderung erregte.

Mein Vater rasierte sich jeden Morgen mit einem säbelartigen Instrument vor einem zerbrochenen Spiegel, den er am Fensterriegel aufhängte. Dazu sang er, zuerst mit schmelzendem Tenor:

»Si j'étais un petit serpent,
O félicité sans pareille . . .«*

und dann plötzlich in tiefstem Baß:

»Souviens-toi du passé, quand sous l'aile des anges,
Arbitrant ton bonheur,
Tu venais dans son temple en chantant ses louanges,
Adorer le Seigneur . . .«**

Er summte noch auf der Treppe vor sich hin und manchmal sogar noch auf der Straße.

Aber diese gute Laune, die die ganze Woche lang anhielt, verflüchtigte sich am Samstag schon vor Morgengrauen, denn gleich nach dem Aufstehen hieß es Mut sammeln für sein gesetzwidriges Vorhaben.

In dieser Zeit traten zwei Ereignisse von großer Bedeutung ein.

An einem schönen Samstag, als die Tage länger wurden und die Mandelbäume sich mit Blütenschnee bedeckten, durchquerten wir lautlos den Besitz des ›Aristokraten‹. Als wir die Hälfte

* Arie aus »Großmogul«, Operette von Audran
** Arie aus »Faust« von Gounod

des Weges hinter uns hatten, ließ unsere Furcht nach, denn hier wurde die schützende Hecke dichter. Ich ging als erster leichten Schrittes voraus, ungeachtet einer schweren Flasche Eau de Javel, einiger Wäschestücke und eines in seine einzelnen Bestandteile zerlegten Sessels, der mit Bindfaden zusammengebunden war.

Sonnenflecken tanzten auf dem friedlich dahinfließenden Kanal. Paul folgte mir auf den Fersen und sang leise vor sich hin.

Plötzlich blieb ich klopfenden Herzens wie angewurzelt stehen.

Einige Meter vor mir trat eine hohe Gestalt aus der Hecke und war mit einem Schritt mitten auf dem Weg.

Der Herr sah uns näher kommen. Er war sehr groß, hatte einen Bart, trug einen breiten Filzhut, eine lange, graue Samtjacke und stützte sich auf einen Stock.

Ich hörte meinen Vater mit tonloser Stimme sagen:

»Hab keine Angst! Geh nur weiter!«

Tapfer ging ich weiter.

Als ich der Gefahr gegenüberstand, sah ich das Gesicht des Unbekannten.

Eine rote Narbe kam unter seinem Hut hervor und verlor sich in seinem Bart, nachdem sie auf dem Weg dahin den Winkel seines rechten Auges berührt hatte, dessen geschlossenes Lid ganz platt war.

Diese Maske machte einen so starken Eindruck auf mich, daß ich wie gebannt stehenblieb. Mein Vater überholte mich.

In der einen Hand hielt er seinen Hut, in der anderen sein ›Sachverständigen-Notizbuch‹.

»Guten Tag, mein Herr«, sagte er.

»Guten Tag«, sagte der Unbekannte ernst mit metallischer Stimme. »Ich habe auf Sie gewartet.«

In diesem Moment stieß meine Mutter einen erstickten Schrei aus. Ich folgte ihrem Blick, und meine Verwirrung stieg, als ich einen Aufseher mit goldenen Knöpfen am Rock entdeckte, der sich in der Hecke verborgen hatte.

Er war noch größer als sein Herr, und sein breites Gesicht war mit zwei Paar roten Schnurrbärten geschmückt: einem unter der Nase und einem über den Augen, die blau waren und rote Wimpern hatten.

Drei Schritte vor dem Mann mit der Narbe blieb er stehen und sah uns mit grausamem Grinsen an.

»Ich nehme an«, sagte mein Vater, »daß ich die Ehre habe, mit dem Besitzer dieses Schlosses zu sprechen?«

»Ja, der bin ich allerdings«, sagte der Unbekannte. »Seit mehreren Wochen beobachte ich jeden Samstag von weitem Ihr Treiben trotz aller Vorsichtsmaßregeln, die Sie treffen, um sich zu verbergen.«

»Dazu ist zu sagen«, begann mein Vater, »daß einer meiner Freunde, der Aufseher dieses Kanals . . .«

»Ich weiß«, sagte der ›Aristokrat‹. »Ich konnte mich nicht eher bemerkbar machen, da ich durch einen Gichtanfall drei Monate an mein Sofa gefesselt war. Aber ich habe Befehl gegeben, die Hunde Samstagabend und Montagmorgen an die Kette zu legen.«

Ich verstand nicht sofort. Mein Vater schluckte ein paarmal. Meine Mutter machte einen Schritt auf den Schloßherrn zu.

»Gerade heute früh habe ich den Kanalaufseher kommen lassen. Er heißt, glaube ich, Boutique . . .«

»Bouzigue«, sagte mein Vater. »Er ist mein ehemaliger Schüler, denn ich bin Volksschullehrer und . . .«

»Ich weiß«, sagte der alte Herr. »Dieser Boutique hat mir alles erzählt. Von der Hütte auf dem Hügel, von der Trambahn, die eine viel zu kurze Strecke fährt, von dem viel zu langen Weg, von den Kindern und den Paketen und bei der Gelegenheit«, dabei ging er auf meine Mutter zu, »auch von dieser kleinen Dame, die viel zu schwer beladen ist.«

Er verbeugte sich vor ihr wie ein Kavalier, der um einen Tanz bittet, und fragte:

»Erlauben Sie?«

Darauf nahm er ihr mit überlegener Autorität die zwei großen, aus Taschentüchern zusammengeknoteten Bündel ab und wandte sich an den Aufseher:

»Wladimir! Nimm die Pakete der Kinder!«

Im Augenblick hatte der Riese unsere Säcke und Beutel und den zusammengeschnürten Sessel in seinen enormen Fäusten. Dann kehrte er uns den Rücken zu und kniete sich plötzlich hin.

»Klettere hinauf!« sagte er zu Paul. Unerschrocken nahm Paul einen Anlauf, sprang und saß auch bereits auf den Schultern des freundlichen Schreckgespenstes, das sofort mit lautem Gewieher davongaloppierte. Meine Mutter hatte Tränen in den Augen, und mein Vater konnte kein Wort herausbringen.

»Jetzt aber weiter!« sagte der Aristokrat. »Sie verlieren Ihre Zeit!«

»Monsieur«, sagte mein Vater endlich, »ich weiß nicht, wie ich Ihnen danken soll – ich bin gerührt, wirklich gerührt ...«

»Das sehe ich«, unterbrach ihn der alte Herr, »und ich bin entzückt von der Unmittelbarkeit Ihrer Gefühle. Aber was ich Ihnen zu bieten habe, ist schließlich nichts Besonderes. Sie gehen durch meinen Besitz, bescheiden und ohne irgendeinen Schaden anzurichten. Ich habe nichts dagegen. Was ist da schon Wunderbares dabei? Wie heißt das hübsche kleine Mädchen?«

Er näherte sich dem Schwesterchen, das meine Mutter auf den Arm genommen hatte, aber es fing an zu schreien und versteckte sein Gesicht in den Händen.

»Komm!« sagte meine Mutter. »Zeig dem Herrn, daß du lachen kannst!«

»Nein, nein!« schrie sie. »Er ist zu häßlich, oh nein!«

»Sie hat recht«, sagte der alte Herr und lachte, was ihn noch häßlicher machte. »Ich vergesse meine Narbe. Sie stammt von der Lanze eines Ulanen, den ich vor fünfunddreißig Jahren in einem Hopfenfeld im Elsaß traf. Aber die Kleine ist noch zu jung, um militärische Tapferkeit zu schätzen. Gehen Sie voraus, und erzählen Sie ihr, eine Katze hätte mir das Gesicht zerkratzt. Dann wird sie aus dieser Begegnung wenigstens lernen, im späteren Leben immer recht vorsichtig zu sein.«

Er begleitete uns die ganze letzte Wegstrecke und unterhielt sich angelegentlich mit meinem Vater.

Ich ging voran und sah von weitem Pauls Kopf über der Hecke schweben. Seine goldenen Locken flatterten in der Sonne.

Als wir an der Pforte anlangten, saß er auf einem Bündel und verspeiste die Äpfel, die der Riese für ihn schälte.

Wir mußten von unserem Wohltäter Abschied nehmen. Der Graf schüttelte meinem Vater die Hand, gab ihm seine Karte und sagte:

»Das ist ein Passierschein für den Pförtner. Von jetzt an brauchen Sie nicht durch die Obstgärten zu gehen. Bitte läuten Sie am Parkeingang und benutzen Sie die Hauptallee, sie ist bedeutend kürzer als der Kanalweg.«

Dann blieb er zu meiner großen Überraschung zwei Schritte vor meiner Mutter stehen und verabschiedete sich von ihr wie von einer Königin. Er trat auf sie zu, verbeugte sich und küßte ihr die Hand.

Sie dankte mit einem Knicks wie ein kleines Mädchen und flüchtete sich zu meinem Vater, als Pauls Goldschopf sich zwischen ihnen hindurchdrängte: er rannte auf den alten Edelmann zu, ergriff seine große, braune Hand und küßte sie heftig.

Als abends im Schein der Sturmlampe bei Tisch die Suppe ausgeteilt war, sagte meine Mutter:

»Joseph, zeig uns das Billett, das du bekommen hast.«

Er reichte ihr die weiße Karte, und sie las mit lauter Stimme:

»Graf Jean de X . . . Colonel der Ersten Kürassiere.«

Sie schwieg einen Augenblick, dann sagte sie ganz verwirrt:

»Ja, aber . . .«

»Ja!« sagte mein Vater. »Es ist der aus der Schlacht bei Reichshoffen.«

Von diesem denkwürdigen Tag an wurde für uns der Gang durch den ersten Schloßgarten jeden Samstag zu einem Fest.

Der Pförtner, gleichfalls ein alter Schnauzbart, öffnete weit das hohe Portal. Alsbald tauchte Wladimir auf und raffte unser Gepäck zusammen. Dann gingen wir ins Schloß, um den Colonel zu begrüßen. Er schenkte uns Lakritzenpastillen und behielt uns mehrere Male zum Kaffee da. Eines Tages brachte mein Vater ihm ein ziemlich zerlesenes Buch mit, das er beim Trödler gefunden hatte. Es enthielt einen umfassenden Bericht mit Illustrationen und Plänen über die Schlacht von Reichshoffen. Der Name des Colonel stand an erster Stelle. Mein Vater, bisher überzeugter Antimilitarist – hatte sorgfältig drei Buntstifte zugespitzt, um die Seiten, auf denen der Autor die Tapferkeit des Ersten Kürassiers feierte, mit den französischen Landesfarben zu umrahmen.

Der alte Soldat war um so mehr interessiert, als er weit davon entfernt war, die Beschreibung des Historikers zu billigen (›ein Zivilist, der nie einen Sattel unter dem Hintern gespürt hat!‹) und sofort mit der Abfassung eines richtigstellenden Memorandums begann.

Jeden Samstag, wenn er uns durch seine Gärten führte, pflückte er einen großen Strauß roter Rosen seiner eigenen Zucht, die er ›Königsrosen‹ getauft hatte. Mit einer kleinen, silbernen Schere entfernte er die Dornen, und wenn wir uns verabschiedeten, überreichte er die Blumen meiner Mutter, die jedesmal wieder errötete. Sie vertraute sie niemandem an, und am Montag nahm sie den Strauß mit in die Stadt. Die ganze Woche hindurch prangte er in einer Tonvase auf einem Tischchen in der

Ecke des Eßzimmers, und unser republikanisches Haus wurde durch die ›Königsrosen‹ geadelt.

Das ›Dornröschenschloß‹ hatte uns niemals geängstigt. Mein Vater sagte lachend, er habe große Lust, sich für die Ferien dort einzurichten. Aber meine Mutter fürchtete, es würde spuken.

Paul und ich hatten verschiedentlich versucht, einen Laden des niedrigen Parterrefensters zu öffnen, um die unbeweglichen Ritter zu erblicken, die Dornröschen bewachten. Aber die Eichenlatten erwiesen sich als zu stark für mein Messer mit der Blechklinge.

Durch eine Ritze im Fensterladen sah Paul eines Tages ganz deutlich einen riesigen Koch mit seinen acht Küchenjungen, die wie angewurzelt um ein Wildschwein am Bratspieß herumstanden. Als ich nach ihm durch die Ritze spähte, konnte ich nichts dergleichen entdecken. Doch das Bild, das er beschrieben hatte, glich so haargenau einer Illustration von Valvérane – ein gut informierter Künstler – daß ich meinte, vertrauten Bratenduft wahrzunehmen und den sonderbaren Geruch von kaltem Rauch, dessen mysteriöse Herkunft mich verwirrte.

Das dritte Schloß, das dem Notar gehörte, hatte für uns eine neue Überraschung und Aufregung bereit.

Als wir eines Tages, ohne uns zu beeilen, durch ein Loch in der Hecke gingen, erschreckte uns eine laute und wütende Stimme:

»He! Ihr da unten! Wo wollt ihr hin?«

Wir sahen einen Bauern von etwa vierzig Jahren, der mit erhobener Mistgabel auf uns zulief. Er hatte dickes, zottiges Haar und einen starken, schwarzen Schnurrbart, gezwirbelt wie bei einem Kater. Mein Vater, obwohl sehr erregt, tat so, als hätte er ihn nicht gesehen, und schrieb eine Notiz in sein Buch. Doch der wütende Kerl näherte sich im Galopp. Die Hand meiner Mutter zitterte in der meinen, und Paul tauchte im Gebüsch unter.

Dicht vor uns blieb die mörderische Erscheinung plötzlich stehen. Er schwang seine Gabel mit den Zinken nach oben so hoch er konnte und hieb den Stiel in die Erde. Dann fuchtelte er mit den Armen in der Luft herum und ging mit ruckartigem Kopfschütteln auf meinen Vater zu. Aus seinem zuckenden Mund kamen unerwartet die blumigen Sätze:

»Macht euch nichts draus! Die Herrschaft beobachtet uns! Sie stehen am Fenster im ersten Stock! Ich hoffe, daß der Alte bald abkratzt. Aber so etwa sechs Monate lang wird er's schon noch machen.«

Dann stemmte er die Fäuste in die Hüften, beugte sich drohend vor und sagte meinem Vater, der Schritt für Schritt zurückwich, direkt ins Gesicht:

»Immer wenn Ihr seht, daß die Fenster offen sind, geht nicht mehr durch den Obstgarten, sondern auf der anderen Seite, wo die Tomaten stehen. Geben Sie mir Ihr Heft, denn er will, daß ich Ihre Papiere prüfe, sowie Ihren Namen und Adresse aufschreibe.«

Er riß meinem Vater, der leicht verstört Auskunft gab, das Notizbuch aus der Hand.

»Sie heißen Esménard Victor und wohnen Rue de la République Nummer zweiundachtzig. Und jetzt lauft alle schnell davon, damit es einen guten Eindruck macht!«

Mit ausgestrecktem Arm und spitzem Zeigefinger wies er uns drohend den Weg in die Freiheit. Während wir im Dauerlauf flüchteten, brüllte er uns nach:

»Und daß mir das nicht nochmal vorkommt. Sonst setzt es Flintenschüsse!«

Sobald wir auf der anderen Seite der Mauer in Sicherheit waren, hielten wir eine kurze Rast und beglückwünschten uns lachend. Mein Vater, der seine Brille abgenommen hatte, um sich den Schweiß von der Stirn zu wischen, moralisierte:

»Ja, so ist das Volk. Sein einziger Fehler ist Unwissenheit. Aber sein Herz ist so gut wie sein Brot, und seine Großmut ist die eines Kindes.«

Paul und ich tanzten in der Sonne und sangen mit satanischer Freude:

»Er kratzt ab! Er kratzt ab!«

Von diesem Tag an bereitete uns der Mann mit der Mistgabel, der Dominique hieß, jedesmal einen festlichen Empfang.

Wie verabredet gingen wir unter dem Obstgarten an den Feldern entlang, wo Dominique arbeitete.

Er hackte den Weinberg, grub Kartoffeln oder band die Tomaten.

Mein Vater sagte mit vertraulichem Augenzwinkern: »Die Familie Esménard grüßt Sie und erlaubt sich, hier durchzugehen.«

Dominique zwinkerte seinerseits und lachte über den allwöchentlichen Scherz. Dann rief er:

»Seid gegrüßt, Esménard Victor!«

Mein Vater lachte, und die ganze Familie freute sich.

Meine Mutter brachte Dominique Tabak für seine Pfeife mit,

ein willkommenes Geschenk, das er ungeniert annahm. Paul fragte:

»Ist er schon abgekratzt?«

»Noch nicht«, sagte Dominique. »Aber lang dauert's nicht mehr. Er ist in Vichy und trinkt nur noch Mineralwasser.«

Dann fügte er hinzu:

»Unter dem Feigenbaum dort unten am Brunnen steht ein Korb mit Pflaumen für euch. Vergeßt aber nicht, mir den Korb zurückzubringen!«

Ein andermal waren es Tomaten oder Zwiebeln. Im Gänsemarsch gingen wir weiter im hohen Gras und traten auf unsere Schatten, die in der untergehenden Sonne immer länger wurden.

Jedoch es blieb noch das letzte Schloß, das der Trunkenbold mit seinem kranken Kettenhund bewachte.

Wenn wir vor dieser verschlossenen Tür standen, verweilten wir einen Augenblick in tiefem Schweigen.

Mein Vater sah erst lange durchs Schlüsselloch. Dann holte er aus seiner Tasche das Kännchen unserer Nähmaschine und goß einige Tropfen Öl in die Öffnung. Schließlich steckte er den Schlüssel so leise wie möglich ins Schloß und drehte ihn langsam herum.

Nun drückte er vorsichtig gegen die Tür, als ob er eine Explosion fürchtete. Wenn die Tür halb offen war, steckte er den Kopf durch, horchte und überflog mit den Augen das verbotene Terrain. Endlich trat er ein. Wir folgten ohne Lärm zu machen, und er schloß die Tür leise wieder zu. Aber das Schwerste stand noch bevor.

Obwohl wir noch nie jemandem begegnet waren, verfolgte uns der Gedanke an den kranken Hund.

Ich dachte: Er muß tollwütig sein. Hunde haben keine anderen Krankheiten. Paul sagte: »Ich habe keine Angst. Schau her!«

Er zeigte mir eine Handvoll Würfelzucker, die er der Bestie vorwerfen wollte, damit sie beschäftigt war, während Papa den Aufseher erdrosselte. Er sagte das wie etwas Selbstverständliches, schlich aber trotzdem auf Zehenspitzen. Meine Mutter blieb alle Augenblicke stehen, totenblaß mit spitzer Nase und die Hand auf dem Herzen. Mein Vater, der Heiterkeit vortäuschte, um unseren Mut zu stärken, redete ihr leise zu:

»Sei nicht kindisch, Augustine! Du stirbst vor Angst, obwohl du diesen Mann gar nicht kennst.«

»Ich kenne seinen abscheulichen Ruf!«

»Vielleicht verdient er den gar nicht!«

»Der Colonel hat uns neulich erzählt, daß es ein ganz brutaler alter Kerl ist.«

»Brutal ist dieser Unglückliche sicher nur, weil er sich dem Trunk ergeben hat. Aber ein alter Trunkenbold ist selten böse. Wenn du meine Ansicht hören willst, so glaube ich, daß er uns schon oft gesehen hat und nichts sagt, weil es ihm gleichgültig ist. Seine Herrschaft ist nie da, und wir tun ja nichts Böses. Was für ein Interesse hätte er also, uns nachzulaufen mit seinem steifen Bein und seinem kranken Hund?«

»Ich habe Angst!« sagte meine Mutter. »Es ist wahrscheinlich dumm, aber ich habe Angst.«

»Also gut«, sagte mein Vater. »Wenn du dieses kindliche Benehmen nicht lassen kannst, dann gehe ich jetzt ins Schloß und bitte ihn einfach um Erlaubnis.«

»Nein! Nein, Joseph! Ich flehe dich an ... Es wird vorübergehen ... ich bin eben nur nervös. Es wird bestimmt vorübergehen ...«

Ich sah, wie sie ganz blaß unter einem Heckenrosenstrauch kauerte, dessen Dornen sie nicht spürte. Dann atmete sie tief und sagte mit einem Lächeln:

»So, jetzt ist es vorbei! Gehen wir weiter!«

Wir gingen, und alles verlief gut.

Der Juni war ein Monat ohne Sonntage: es kam mir vor, als sei er von zwei hohen Mauern eingefaßt, und als sei dieser endlose Gefängnisgang von einer schweren Eisentür verschlossen, der Tür zum Stipendium für das Gymnasium.

Es war der Monat der ›Generalüberholung‹, in die ich mich mit Leidenschaft hineinstürzte, nicht aus Liebe zur Wissenschaft, sondern aus Eitelkeit, weil ich der ›Auserwählte‹ war, der die Ehre der Schule von Chemin des Chartreux verteidigen sollte.

Vor Eitelkeit benahm ich mich wie ein Komödiant. In den Pausen hielt ich mich abseits von den anderen und ging allein an der Hofmauer auf und ab. Vor den Augen meiner Kameraden, die den ›Denker‹ nicht zu stören wagten, murmelte ich ernst, mit verlorenem Blick, Worte vor mich hin und memorierte. Wenn ein Tollkühner mich ansprach, tat ich, als fiele ich aus allen Wolken der Weisheit, und warf dem Aufdringlichen, den die Freunde des Favoriten sofort zurechtwiesen, einen schmerzlichen Blick zu.

Diese Komödie, die ich mit der Überzeugungskraft eines Schauspielers ausführte, war nicht umsonst: oft wird ein Komödiant dadurch, daß er den Helden spielt, zum Helden. Meine Fortschritte überraschten die Lehrer, und als der Tag des Examens kam – mit steifem Kragen und Fliege, die Wangen blaß und das Haar gestriegelt –, machte ich meine Sache recht gut.

Der Herr Direktor, der helle Köpfe in seiner Prüfungskommission hatte, teilte uns mit, daß mein Aufsatz sehr bemerkenswert sei, mein Diktat fehlerlos und meine Schrift zu loben.

Unglücklicherweise war ich nicht imstand gewesen, die zweite Aufgabe, wo es um Kupferlegierungen ging, zu lösen.

Diese ›Aufgabe‹ war so ausgeklügelt, daß nur einer von zweihundert Schülern sie verstanden hatte, ein gewisser Oliva, der somit auf den ersten Platz kam: ich erhielt nur den zweiten.

Man schalt mich nicht, aber es war eine Enttäuschung. Sie verwandelte sich in allgemeine Entrüstung über das Prüfungsgremium, als der Herr Direktor im Kreise sämtlicher Lehrer auf dem Schulhof die fatale Aufgabe mit lauter Stimme vorlas. Er sagte – ja, ich habe es mit eigenen Ohren gehört –, daß selbst er sie beim ersten Lesen nicht verstanden habe.

M. Besson bestätigte, daß dieses Problem nur von bedeutend Fortgeschritteneren zu lösen sei. M. Suzanne war der Ansicht, daß der Autor eines solchen Rätsels wohl nie mit Kindern gesprochen hatte, und der junge, temperamentvolle M. Arnaud erklärte, das sei wieder einmal ein eindeutiger Beweis für die komplizierte Verschlagenheit und heimtückische List der ›höheren Schule‹. Er kam zu dem Schluß, daß ein gesunder Menschenverstand sich in dieser Aufgabe nicht zurechtfinden könne, und beglückwünschte mich zu guter Letzt, daß ich sie nicht verstanden hatte.

Allerdings legte die allgemeine Empörung sich, als man erfuhr, daß dieser Oliva kein Verräter war, sondern selbst aus einer Volksschule kam. Und zwar aus der Schule Rue de Lodi, die unserer eng verschwistert war. Die Feststellung, daß die beiden ersten ›aus unserer Mitte‹ stammten, machte mein Versagen zu einem Erfolg.

Ich selbst war zutiefst enttäuscht und tat kleinlicherweise alles, um den Triumph des gefährlichen Oliva herabzusetzen. Ich ließ verlauten, daß ein Junge, der über Kupferlegierungen so gut Bescheid wußte, nur der Sohn eines Falschmünzers sein konnte.

Diese rachsüchtige und romantische Hypothese wurde von Paul mit brüderlicher Genugtuung gebilligt, und ich nahm mir vor, sie in der Schule zu verbreiten. Das wäre auch sicher geschehen, wenn ich es nicht vergessen hätte, denn plötzlich wurde mir klar – und davon war ich so geblendet wie beim Verlassen eines Tunnels –, daß die großen Ferien bevorstanden!

Da verschwanden Oliva und mit ihm die heimtückische Aufgabe, der Herr Direktor und die Oberschüler ohne die geringsten Spuren zurückzulassen. Ich lachte und träumte wieder und bereitete zitternd vor Freude und Ungeduld alles für die Abreise vor.

Allerdings fiel ein kleiner Schatten auf unseren schönen Plan. Onkel Jules und Tante Rose konnten nicht mitkommen. Das bedeutete eine große Leere in unserem Haus, und ich befürchtete auch, daß unsere Jagdgesellschaft unter der Abwesenheit des Anführers leiden würde, übrigens eine ziemlich unbegründete Abwesenheit wegen einer Reise ins Roussillon mit dem einzigen Zweck, den Vetter Pierre der Winzerfamilie vorzuführen, die ihn (wie es hieß) mit Ungeduld erwarte.

Das ›Kind alter Leute‹ war ein dickes Baby geworden, lachte über alles und fing schon an zu sprechen. Da es in der Aussprache des ›R‹ noch zu keinem Entschluß gekommen war, machte ich Tante Rose darauf aufmerksam, wie gefährlich es sei, das Kind zu Ausländern mitzunehmen, die ihm womöglich den schauderhaften Dialekt von Perpignan beibringen würden. Sie beruhigte mich mit dem festen Versprechen, noch vor dem ersten August zu uns in die geliebte Bastide Neuve zurückzukommen.

Endlich war der dreißigste Juni da, der Vorabend großer Ereignisse.

Trotz redlicher Mühe gelang es mir nicht zu schlafen, was die langweiligen Wartestunden angenehm überbrückt hätte. Immerhin konnte ich sie darauf verwenden, mir in Gedanken die herrliche Zeit vorzustellen, die am nächsten Tag beginnen sollte. Ich war fest davon überzeugt, daß alles noch viel schöner werden würde als letztes Jahr, denn ich war älter und stärker geworden und kannte die Geheimnisse der Hügel schon, und große Zärtlichkeit bewegte mich, als ich an meinen lieben Lili dachte, der jetzt wohl ebenso wenig schlafen konnte wie ich.

Der Morgen des nächsten Tages wurde der Aufräumungsarbeit im Haus gewidmet, das wir nun für zwei Monate verlassen sollten, und ich wurde in die Drogerie geschickt um Naphtalinkugeln zu besorgen, die man beim Einsetzen der Kälte in allen Taschen wiederfindet.

Dann legten wir letzte Hand an unser Gepäck, das meine Mutter seit Tagen vorbereitet hatte, denn es war wieder beinahe ein Umzug. Sie hatte mehrmals erklärt, François müsse mit seinem Maultier kommen. Aber mein Vater, der sich erst taub gestellt hatte, rückte schließlich mit der Wahrheit heraus: unsere Finanzen hatten stark gelitten durch mehrere Einkäufe, die die Bequemlichkeit der Ferien sichern sollten, und eine weitere Ausgabe von vier Francs würde das Gleichgewicht unseres Budgets gefährlich bedrohen.

»Und außerdem«, sagte er, »sind wir jetzt zu viert. Paul ist kräftig genug, um mindestens drei Kilo zu tragen ...«

»Vier!« schrie Paul rot vor Stolz.

»Und ich kann mindestens zehn Kilo tragen«, sagte ich.

»Aber Joseph!« klagte meine Mutter. »Schau dir nur all die Pakete an, die Bündel, die Koffer! Hast du sie gesehen? Hast du sie dir gut angesehen?«

Worauf mein Vater mit halbgeschlossenen Augen, die Arme wie nach einer Erscheinung ausgestreckt, mit schmelzender Stimme sang:

»En fermant les yeux je vois là-bas
Une maisonnette toute blanche
Au fond des bois ...«*

Nach einem eiligen Frühstück wurde unser Gepäck so geschickt verteilt, daß wir aufbrechen konnten, ohne das Geringste zurückzulassen.

Ich trug zwei Säcke. Einer war mit Seifenstücken angefüllt, der andere mit Konservenbüchsen und Würsten.

Unter jedem Arm hatte ich ein sorgfältig verschnürtes Bündel mit Leintüchern, Decken, Kopfkissenbezügen und Handtüchern. Zwischen diese schützenden Wäschestücke hatte meine Mutter die zerbrechlichen Sachen verpackt. Unter dem linken Arm zwei gläserne Lampenschirme und eine nackte, kleine Tänzerin aus Gips, die beschwingt das Bein hob. Unter dem rechten ein großes Salzfaß aus venezianischem Glas (erstanden bei unserem Trödlerfreund für einen Franc fünfzig) und einen stattlichen Wecker (zwei Francs fünfzig), der mit kräftigem Angelus-

* Arie aus »Manon« von Massenet

läuten die Jäger wecken sollte. Da man vergessen hatte, ihn abzustellen, hörte ich sein eintöniges Tick-Tack durch die Decken.

Schließlich wurden meine Taschen noch mit Zündholzschachteln, Pfeffertütchen, Muskatnuß, Nelken, Nudeln, Garn, Knöpfen, Schuhsenkeln und zwei mit Siegellack verschlossenen Tintenfässern vollgestopft.

Auf Pauls Rücken schnallten wir einen alten Schulranzen, der voll Zucker war, darüber ein Kopfkissen in einen Schal gerollt. Von hinten war sein Kopf nicht mehr zu sehen.

In der linken Hand trug er ein Netz, das zwar leicht, aber vollgepackt war mit Vorräten an getrockneten Lindenblüten, Kamillen und Hagebutten. Seine rechte Hand blieb frei, denn er sollte die kleine Schwester führen, die eine Puppe an ihr Herz drückte.

Meine Mutter hatte sich vorgenommen zwei Koffer (aus Kunstleder) zu tragen, die mit unserem Silber (aus Blech) und Steinguttellern angefüllt waren. Das alles war natürlich viel zu schwer, und ich beschloß, ihre Last zu erleichtern. Die Hälfte der Gabeln verschwand in meinen Taschen, die Löffel steckte ich in Pauls Ranzen und sechs Teller noch in meine Rucksäcke. Sie war so beschäftigt, daß sie nichts davon merkte.

Der gewaltig geschwollene Rucksack meines Vaters schließlich, mit seinen zum Bersten vollen Außentaschen wog sicher mehr als meine ganze Person.

Wir hoben ihn zuerst auf den Tisch. Dann machte mein Vater einen Schritt vorwärts und kehrte dem Tisch den Rücken. Seine Hüften waren schon stark verbreitert durch einen Gürtel mit Taschen, aus denen Handwerkszeug, Flaschenhälse und Lauchwurzeln hervorsahen. Eins, zwei, kniete er jetzt nieder.

Nun balancierten wir die Ladung auf seine Schultern. Der kleine Paul bestaunte, den Kopf zurückgelehnt, mit offenem Mund und geballten Fäusten diese lebensgefährlichen Vorbereitungen. Aber Joseph wurde nicht zerquetscht. Man hörte, wie er die Schnallen der Riemen schloß, und dann schob der Sack sich langsam hoch. In dem großen Schweigen knackte zuerst das eine Knie und dann das andere, und der großartige Joseph stand wieder aufrecht da.

Er atmete tief, bewegte die Schultern, um die Riemen zurechtzurücken und marschierte im Eßzimmer auf und ab.

»Das ist in Ordnung!« sagte er nur. Und ohne Zögern packte er noch die beiden großen Koffer. Sie waren so voll, daß wir sie dreifach mit Stricken verschnüren mußten. Ihr Gewicht verzog sichtlich seine Arme, die sich zu verlängern schienen. Diese Dehnung nützte er geschickt aus, indem er unter den einen Arm seine Flinte (in einem Etui aus gepreßtem Lederersatz) steckte, unter den anderen ein langes Marinefernrohr, das anscheinend in den Stürmen am Kap Horn gelitten hatte, denn in seinem Linsenglas klapperte es wie von vielen kleinen Hagelkörnern.

Es war sehr schwierig, mit diesen Lasten die hintere Plattform der Trambahn zu erklimmen. Es war auch nicht leicht, wieder herunterzukommen. Noch sehe ich den Schaffner vor mir, der ungeduldig die Hand am Klingelzug hielt, während wir mühsam ausstiegen.

Wir waren trotzdem sehr glücklich, und unsere Kräfte verdoppelten sich bei der alles verklärenden Aussicht auf die Unendlichkeit der großen Ferien. Doch war der Anblick unserer Karawane schon von weitem so mitleiderregend, daß Vorübergehende uns ihre Hilfe anboten. Mein Vater dankte lachend und demonstrierte durch einen Galopp, daß seine Kräfte dem Gewicht seiner Lasten weit überlegen waren.

Trotzdem ergriff ein gutmütiger Fuhrmann, der einen Umzug transportierte, ohne ein Wort zu sagen die beiden Koffer meiner Mutter und hängte sie unter seinen Karren. Dort schaukelten sie geruhsam, bis wir am Gittertor des Colonels ankamen. Wladimir, der uns wohl erwartet hatte, überreichte meiner Mutter erst einmal den obligaten Rosenstrauß und erzählte uns, daß sein Herr wegen eines neuerlichen Gichtanfalls das Zimmer hüten müsse, daß er uns aber mit seinem Besuch in der Bastide Neuve überraschen wolle, was uns mit Freude, Stolz und leichter Verwirrung erfüllte. Dann lud er sich unsere Bündel und Pakete auf, soweit sie nicht an ihre Träger festgebunden waren. Er begleitete uns durch den ganzen Park des Dornröschenschlosses, bis zu Dominiques Tor.

Diese dritte Passage kam uns lang vor: Dominique ließ sich nicht blicken, und die Fenster des Schlosses waren alle zu.

Wir rasteten unter dem großen Feigenbaum: Mein Vater lehnte den Rücken an den Brunnen, stellte seinen Rucksack auf den Rand und massierte mit den Händen die von den Riemen strapazierten Schultern. Frisch gestärkt machten wir uns wieder auf den Weg.

Endlich kamen wir an die schwarze Tür, die Tür der Angst, die Tür in die Freiheit.

Wir machten nochmals eine Pause und bereiteten uns schweigend auf die letzte Prüfung vor.

»Joseph«, sagte meine Mutter, die ganz blaß war, »ich habe eine Vorahnung!«

Mein Vater lachte.

»Ich auch!« sagte er. »Ich habe die Vorahnung, daß herrliche Ferien vor uns liegen! Ich habe die Vorahnung, daß wir köstliche Krammetsvögel, Rebhühner und Alpendrosseln am Spieß verspeisen werden! Ich habe die Vorahnung, daß jedes Kind mindestens drei Kilo zunehmen wird! Kommt jetzt! Los! Drei Monate hat niemand etwas gesagt – warum sollte man uns gerade heute belästigen?«

Er ließ Öl ins Schlüsselloch tropfen, und die gewohnten Vorsichtsmaßregeln folgten. Dann öffnete er die Tür weit und bückte sich, um seine umfangreiche Last durchzuschieben.

»Marcel«, sagte er, »gib mir deine Pakete und geh voraus! Um deine Mutter zu beruhigen, wollen wir so vorsichtig wie möglich sein. Geh ganz langsam!«

Gut geschützt durch die Hecke schlich ich wie ein Sioux auf dem Kriegspfad und hielt Umschau.

Nichts zeigte sich. Alle Fenster des Schlosses waren zu, sogar in der Wohnung des Parkwächters.

Ich rief die Truppe, die auf mein Kommando wartete.

»Kommt schnell«, sagte ich leise. »Der Aufseher ist nicht da.«

Mein Vater kam näher, sah nach dem entfernten Gebäude und sagte:

»Wirklich und wahrhaftig!«

»Wieso bist du davon so überzeugt?« fragte meine Mutter.

»Es ist nur natürlich, daß der Mann das Schloß ab und zu verläßt. Er ist ganz allein und wird wohl einkaufen gegangen sein.«

»Also mich beunruhigt es, daß alle Fenster geschlossen sind. Er hat sich vielleicht hinter einem Laden versteckt und beobachtet uns.«

»Nun hör aber auf!« sagte mein Vater. »Du hast eine krankhafte Phantasie. Dabei wette ich, wir könnten hier laut singend durchgehen. Aber gut, um deine Nerven zu schonen, wollen wir Indianer spielen und so leise schleichen, daß nicht einmal ›die hohen Gräser der Prärie zittern‹.«

Wir gingen mit äußerster Vorsicht weiter und so langsam wie möglich. Mein Vater, fast erdrückt von der Last seines Gepäcks, schwitzte entsetzlich. Paul blieb stehen und wickelte eine Handvoll Gras um die Schnur seines Paketes, die ihm in die Finger schnitt. Die kleine Schwester war ganz verstört und so stumm wie ihre Puppe.

Von Zeit zu Zeit legte sie ihren winzigen Zeigefinger an den Mund, machte Augen wie ein aufgescheuchter Hase und tuschelte lächelnd: »Scht! Scht! Scht!« Die stumme Blässe meiner Mutter griff mir ans Herz, doch schon sah ich in der Ferne über den Bäumen jenseits der Mauer den blauen Gipfel des Tête-Rouge, wo ich noch vor Anbruch der Nacht beim Gesang einer einsamen Grille meine Fallen aufstellen würde. Und ich wußte, daß Lili in La Treille mit gleichgültiger Miene auf mich wartete, aber erfüllt von Neuigkeiten, Plänen und Freundschaft.

Wir hatten den langen Weg ohne Hindernis, wenn auch nicht ohne Ängste hinter uns gebracht und standen vor der letzten Tür, der Zaubertür, die sich vor den großen Ferien auftun sollte.

Mein Vater drehte sich lachend zu meiner Mutter um.

»Nun: und deine Vorahnung?«

»Mach schnell auf! Ich flehe dich an: schnell, schnell ...«

»Sei nicht so nervös!« sagte er. »Du siehst ja, daß es überstanden ist.«

Er drehte den Schlüssel im Schloß um und drückte gegen die Tür. Die Tür widerstand. Mit heiserer Stimme sagte er:

»Man hat eine Kette und ein Vorhängeschloß angebracht!«

»Ich wußte es«, sagte meine Mutter, »kannst du es nicht herausreißen?«

Ich sah, daß die Kette durch zwei Ringe gezogen war: Der eine war an die Tür geschraubt, der andere an den Pfosten, dessen Holz mir ziemlich morsch vorkam.

»Aber freilich kann man es herausreißen«, sagte ich.

Doch mein Vater packte mich am Handgelenk und sagte leise:

»Bist du gescheit? Das wäre Einbruch!«

»Einbruch!« krächzte plötzlich eine Stimme. »Jawohl! Einbruch! Und das kostet drei Monate Gefängnis!«

Aus einem Gebüsch neben der Tür trat ein Mann von mittlerer Größe, aber unförmig dick. Er trug eine grüne Uniform und ein Käppi. An seinem Gürtel hing ein schwarzes Lederetui, aus dem ein Revolver ragte. An einer Kette hielt er einen scheußlichen Hund, es mußte der sein, vor dem wir uns schon so lange gefürchtet hatten.

Er war so groß wie ein Kalb und hatte den Kopf einer Bulldogge.

In sein schmutziggelbes Fell hatte der Haarschwund große, rote Flecken, die wie Landkarten aussahen, gezeichnet. Seine linke Hinterpfote hing schlaff herunter und zuckte konvulsivisch; von seinen dicken Lefzen liefen Geiferfäden, und aus dem greulichen Maul ragten zwei lange Zähne zum Zerfleischen unschuldiger Opfer. Das eine Auge des Monstrums war blind, aber das andere, weit aufgerissen, funkelte drohend, während es aus seiner schleimigen Nase pfeifend und fauchend schnarrte.

Das Gesicht des Mannes war genauso schrecklich. Seine rote Nase war mit Punkten bedeckt wie eine Erdbeere. Sein Schnurrbart, auf der einen Seite weiß, hing auf der anderen graugelb wie ein Kuhschwanz, und kleine Haarbüschel wuchsen dicht neben seinen Augen.

Meine Mutter stieß einen Angstschrei aus und verbarg ihr Gesicht in den zitternden Rosen. Die kleine Schwester fing zu weinen an. Mein Vater, aschfahl vor Aufregung, rührte sich nicht; Paul versteckte sich hinter ihm und ich schluckte tapfer meine Angst hinunter.

Der Mann sah uns wortlos an, man hörte nur das Schnaufen des widerlichen Hundes.

»Monsieur«, begann mein Vater.

»Was macht ihr hier?« brüllte der brutale Kerl. »Wer hat euch erlaubt, den Besitz des Barons zu betreten? Seid ihr vielleicht seine Gäste oder Verwandten?«

Er sah uns der Reihe nach mit seinen stechenden Kulleraugen an.

Jedesmal, wenn er sprach, schnellte sein Bauch und mit ihm der Revolver in die Höhe. Er machte einen Schritt auf meinen Vater zu.

»Zuerst einmal: Wie heißen Sie?«

Ich sagte sofort: »Esménard Victor.«

»Sei still!« sagte Joseph. »Jetzt ist nicht der Augenblick, um Witze zu machen.«

Behindert durch sein Gepäck, zog er mit großer Mühe seine Brieftasche heraus und hielt seine Karte hin.

Das Ungeheuer las sie und sagte zu mir:

»Der ist ja gut dressiert! Kann schon falsche Namen angeben!«

Er sah die Karte noch einmal an und schrie:

»Volksschullehrer! Das ist ja die Höhe! Ein Lehrer, der heimlich in die Besitzungen anderer Leute eindringt! Ein Volksschullehrer! Aber vielleicht stimmt das gar nicht. Wenn die Kinder falsche Namen angeben, kann der Vater auch eine falsche Karte herzeigen.«

Aber Joseph fand endlich die Sprache wieder und verteidigte seine Sache. Er sprach von der Villa (die er bei dieser Gelegenheit als Hütte bezeichnete), von der Gesundheit seiner Kinder, von dem langen, für meine Mutter so beschwerlichen Weg, von der Strenge des Herrn Schulrats. Er sprach ernst und pathetisch, aber doch so jämmerlich. Mir stieg das Blut zu Kopf, und ich kochte vor Wut. Er verstand meine Gefühle nur zu gut, denn er sagte in seiner Verwirrung:

»Steh nicht hier herum! Geh weiter und spiel mit deinem Bruder!«

»Was soll er spielen? Meine Zwetschgen stehlen? Rühr dich nicht vom Fleck«, brüllte der Aufseher. »Das soll dir eine Lehre sein!«

Und zu meinem Vater gewendet:

»Was ist das überhaupt für ein Schlüssel? Haben Sie den selbst fabriziert?«

»Nein«, hauchte mein Vater.

Das Ungeheuer untersuchte den Schlüssel, fand, ich weiß nicht welche Markierung darauf und schrie:

»Das ist ein Schlüssel der Verwaltung! Sie haben ihn gestohlen!«

»Sie wissen, daß das nicht wahr ist.«

»Woher haben Sie ihn dann?«

Er betrachtete uns höhnisch. Mein Vater zögerte und sagte tapfer:

»Ich habe ihn gefunden.«

Der Wächter spottete:

»Ja, ja, natürlich! Sie haben ihn auf der Straße gefunden und auch gleich gewußt, welche Türen er aufschließt! Wer hat Ihnen den Schlüssel gegeben?«

»Das kann ich Ihnen nicht sagen.«

»Aha, Sie weigern sich, es zu sagen! Ich werde das alles zu Protokoll nehmen, und die Person, die Ihnen den Schlüssel gegeben hat, wird dann wohl keine Gelegenheit mehr haben, durch diese Besitzung zu gehen.«

»Nein«, sagte mein Vater energisch. »Das dürfen Sie nicht tun! Sie werden nicht die Existenz eines Menschen vernichten, der aus Gutmütigkeit und aus reiner Freundschaft ...«

»Ein Beamter ohne Gewissen!« brüllte der Aufseher. »Ich habe ihn zehnmal beobachtet, wie er meine Feigen stahl ...«

»Das muß ein Irrtum sein«, sagte mein Vater, »ich halte ihn für absolut ehrlich.«

»Das hat er bewiesen«, höhnte der Wächter, »als er Ihnen den Schlüssel einer amtlichen Dienststelle aushändigte!«

»Sie wissen den Grund nicht«, sagte mein Vater. »Er tat es zum Besten des Kanals. Ich kenne mich mit Zement und Mörtel aus und diese Kenntnisse erlauben mir, Hinweise zur Erhaltung dieses technischen Meisterwerks zu geben. Sehen Sie selbst – hier ist mein Notizbuch!«

Der Aufseher nahm es und blätterte darin.

»Sie geben also vor, als Sachverständiger hier zu sein?«

»In gewissem Sinn ja«, sagte mein Vater.

»Und das sind auch alles Sachverständige?« sagte das Scheusal und zeigte auf uns. »Ich habe noch nie Sachverständige dieses Alters gesehen! Aber jedenfalls stelle ich fest, da es in diesem Heft geschrieben steht, daß Sie seit sechs Monaten jeden Samstag unbefugt hier durchgehen – das ist ein unwiderlegbarer Beweis!« Er steckte das Heft in seine Tasche.

»Und jetzt machen Sie einmal alle diese Pakete auf!«

»Nein«, sagte mein Vater. »Das – sind meine persönlichen Sachen.«

»Sie weigern sich? Nehmen Sie sich in acht! Ich bin vereidigter Flurwächter!«

Mein Vater überlegte einen Augenblick. Dann nahm er seinen Sack herunter und öffnete ihn.

»Gut, daß Sie auf Ihrer Weigerung nicht beharren. Ich hätte sonst die Gendarmen geholt.«

Wir mußten die Koffer öffnen, die Säcke leeren, die Bündel aufschnüren, und diese Ausstellung dauerte ungefähr eine Viertelstunde. Schließlich lagen alle unsere armseligen Schätze auf der Wiese am Abhang des Grabens wie Preise vor einer Schießbude. Das Salzfaß blinkte, die Tänzerin hob ihr Bein, und der große Wecker, der getreu den Lauf der Sterne registrierte, zeigte unparteiisch vier Uhr dreißig an, sogar für das dumme Ungeheuer, das alles mißtrauisch begutachtete.

Die Kontrolle dauerte lange und war sehr genau.

Die Fülle unserer Vorräte erregte den Neid des Fettwanstes.

»Man könnte meinen, ein Kolonialwarenladen wäre ausgeplündert worden«, sagte er argwöhnisch.

Dann untersuchte er mit der Strenge eines spanischen Zöllners Wäsche und Decken.

»Und jetzt die Flinte vorgezeigt«, sagte er.

Diesen Leckerbissen hatte er sich bis zuletzt aufgehoben. Nachdem er das schadhafte Futteral aufgemacht hatte, fragte er:

»Ist sie geladen?«

»Nein«, sagte mein Vater.

»Ihr Glück!«

Dann öffnete er den Lauf und hielt ihn wie ein Fernrohr vors Auge.

»Sauber«, sagte er, und dann noch einmal: »Ihr Glück!«

Wie eine Rattenfalle ließ er den Lauf zurückschnappen und fügte hinzu:

»Mit so einem Schießprügel verfehlt man leicht ein Rebhuhn, aber es ist immerhin möglich, einen Flurwächter damit niederzuschießen. Einen ahnungslosen Flurwächter.«

Er sah uns mit finsterer Miene an, und mir wurde seine grenzenlose Dummheit klar. Als ich später auf dem Gymnasium zum erstenmal das Wort Baudelaires las: ›Die Dummheit auf der Stirn des Stiers‹ dachte ich an ihn. Es fehlten ihm nur die Hörner. Aber ich hoffe zur Ehre der Frauen, daß sie ihm weidlich welche aufgesetzt haben.

Plötzlich fragte er scheinheilig:

»Und wo sind die Patronen?«

»Ich habe noch keine«, sagte mein Vater. »Ich stelle sie immer erst am Abend vor der Jagd her. Der Kinder wegen möchte ich keine gefüllten Patronen im Haus haben.«

»Natürlich«, sagte der Aufseher und sah mich streng an. »Wenn ein Kind falsche Namen angibt und Neigung zum Einbrechen zeigt, fehlt nur noch ein geladenes Gewehr.«

Ich war direkt stolz, daß er mich so beurteilte. Seit zehn Minuten bereits dachte ich daran, ihm an den Gürtel zu fahren, seinen Revolver herauszureißen und ihn genießerisch umzulegen. Und ich schwöre, ohne den riesigen Hund, der mich beim ersten Schritt verschlungen hätte, wäre es so gekommen.

Der Aufseher gab meinem Vater die Flinte zurück und warf noch einmal einen prüfenden Blick auf die herumliegenden Sachen.

»Ich wußte nicht«, sagte er mißtrauisch, »daß man als Lehrer so gut bezahlt wird.«

Mein Vater verdiente einhundertfünfzig Francs im Monat.

Aber er antwortete schlagfertig:

»Eben deshalb möchte ich gern Lehrer bleiben!«

»Wenn man Sie entläßt, sind Sie selbst schuld daran«, sagte der Wächter. »Ich kann nichts dagegen machen. Und jetzt nehmen Sie Ihre Pakete und gehen Sie zurück, woher Sie gekommen sind. Ich will meinen Rapport aufsetzen, solange ich noch alles im Kopf habe. Komm Mastoc!«

Er zog an der Leine und schleppte die Bestie fort, die sich mit wütendem Knurren umdrehte, als bedauere sie, uns nicht samt und sonders den Garaus gemacht zu haben.

In diesem Moment schnarrte der Wecker ab mit dem Geknatter eines Feuerwerks. Meine Mutter schrie auf und fiel ins Gras. Ich stürzte zu ihr, und sie wurde in meinen Armen ohnmächtig. Der Wächter drehte sich auf dem Absatz um und sah die Bescherung, worauf er mit jovialem Lachen sagte:

»Gut gespielt! Aber das zieht nicht!«

Dann entfernte er sich schwankend und schleppte die Bestie, die viel Ähnlichkeit mit ihm selbst hatte, hinter sich her.

Meine Mutter kam schnell wieder zu sich. Während mein Vater ihr die Schläfen kühlte, wirkten die Tränen und Küsse ihrer Buben schneller als englisches Riechsalz.

Erst jetzt fiel uns auf, daß die kleine Schwester verschwunden war. Sie hatte sich unter einem Brombeerstrauch verkrochen wie eine erschreckte Maus. Sie antwortete nicht auf unser Rufen und blieb unbeweglich auf den Knien liegen, mit den Händen vor dem Gesicht.

Wir packten alles zusammen wie der Zufall es wollte, die Würste zur Seife, dazu den Wasserhahn und schnürten unsere Pakete wieder zu. Mein Vater sagte leise:

»Wie schwach man ist, wenn man unrecht hat! Dieser Flurwächter ist ein Feigling schlimmster Sorte und ein ekelhaftes Schwein. Aber er hatte das Gesetz auf seiner Seite, und ich war das Opfer meines Betruges. Auf meiner Seite waren alle schuldig: meine Frau, meine Kinder, mein Schlüssel. Die Ferien fangen gut an! Und ich weiß nicht, wie sie enden werden.«

»Joseph«, sagte meine Mutter auf einmal wieder ganz heiter, »trotz allem ist das nicht der Weltuntergang!«

Mein Vater antwortete mit dem sibyllinischen Satz:

»Solange ich Lehrer bin, habe ich Urlaub. Aber wenn ich es in acht Tagen nicht mehr bin, habe ich Feierschicht.« Und er zog die Riemen des Rucksackes auf seinen Schultern zurecht.

Der Rückweg war unheilvoll. Aus unseren hastig zusammengeknoteten Bündeln fiel alles Mögliche heraus. Da ich als letzter ging, hob ich einen Kamm, einen Senftopf, die Nagelfeile, einen Schaumlöffel und eine Zahnbürste aus dem Gras auf. Von Zeit zu Zeit sagte meine Mutter: »Ich wußte es!«

»Nein«, sagte mein Vater verstimmt. »Du wußtest es nicht, aber du hast es befürchtet. Und du hattest recht, es zu fürchten, denn es konnte jederzeit passieren. Aber da ist weder Vorahnung noch Mysterium im Spiel, sondern ganz einfach meine Dummheit und die Grausamkeit dieses Unholds.«

Und er wiederholte:

»Wie schwach man ist, wenn man unrecht hat.«

Ich lernte später im Leben, daß er sich irrte und daß man schwach ist, wenn man keine Schuld hat.

Wir kamen bei Dominique an, begierig, ihm unsere Tragödie zu erzählen. Aber die Läden des Bauernhauses waren immer noch geschlossen. Dominique war wohl im Dorf beim Boulespiel. Doch beim Colonel trafen wir Wladimir. Er hörte sich den Bericht meines Vaters an – einen wohlweislich verkürzten Bericht – und sagte:

»Ich würde schon hingehen und den Mann aufsuchen. Aber ich habe erst dreimal im Leben mit ihm gesprochen, und jedesmal habe ich ihn verprügelt. Wenn ich jetzt hingehe, würde ich ihn wieder verprügeln. Also ist es besser, ich gehe nicht hin und spreche statt dessen mit meinem Colonel. Unglücklicherweise ist er im Krankenhaus. Er hatte mir verboten, davon zu sprechen, aber jetzt muß ich es Ihnen sagen. Man hat ihn operiert. Morgen früh besuche ich ihn, und wenn es ihm gut genug geht, erzähle ich ihm die Geschichte. Aber ich weiß nicht, ob er etwas tun kann.«

»Der Besitzer ist immerhin auch ein Aristokrat«, sagte mein Vater. »Er ist ein Baron ...«

»Ach, keine Spur«, sagte Wladimir. »Mein Colonel sagt, daß es gar nicht wahr ist, er heißt einfach Canasson und ist anscheinend Fleischhändler en gros. An St. Valentin stellte er sich nach der Messe vor: ›Ich bin der Baron des Acates‹, und unser Graf sagte darauf: ›Ich dachte, Sie seien der Baron d'Agneau (Hammelbaron)!‹ Da ging er ohne ein Wort zu erwidern seiner Wege.«

»Wenn das so ist«, sagte Joseph, »habe ich keine Hoffnung mehr!«

»Aber, aber!« sagte Wladimir, »nur nicht gleich den Kopf verlieren! Kommen Sie herein und trinken Sie etwas. Aber ja! Das wird Ihnen gut tun!«

Er zwang meinen Vater und meine Mutter, ein kleines Glas Branntwein zu trinken, den sie wie eine Medizin heroisch herunterschluckten. Dann brachte er Kakao für Paul und mich, und die kleine Schwester trank vergnügt eine Tasse Milch.

Wir verließen ihn zwar körperlich gekräftigt, aber seelisch sehr niedergeschlagen. Mein Vater, durch zwei Schluck Alkohol stark erhitzt, marschierte unter der Last seines schweren Rucksackes mit militärisch strammem Schritt, doch der Ausdruck seines starren Gesichts war düster.

Meine Mutter schien mir so leicht wie ein Vogel. Paul und ich führten das Schwesterchen, dessen ausgebreitete Ärmchen uns festhielten, so daß wir brav den Weg entlanggehen mußten. Wir hatten einen ungeheuren Umweg zu machen, und während dieses ganzen Weges sprach niemand ein Wort.

Lili hatte es vor Ungeduld auf seinem Posten am Kreuzweg von La Treille nicht mehr ausgehalten, sondern war uns bis La Croix entgegengegangen.

Er drückte mir die Hand, küßte Paul und nahm dann errötend meiner Mutter die Pakete ab. Er war festlich gestimmt, wurde aber plötzlich unruhig und fragte leise:

»Was ist denn passiert?«

Ich machte ihm ein Zeichen zu schweigen und verlangsamte meinen Schritt, um etwas hinter meinem Vater zurückzubleiben, der wie in einem bösen Traum befangen dahinging.

Flüsternd erzählte ich ihm nun die ganze Tragödie. Er schien sie erst nicht so ernst zu nehmen, aber als ich die Protokollaufnahme erwähnte, wurde er blaß und blieb betroffen stehen.

»Er hat das alles in sein Heft geschrieben?«

»Er hat gesagt, daß er es tun wird, und sicher hat er es schon getan.«

Lili pfiff durch die Zähne. Eine Anzeige bei der Behörde war für die Leute im Dorf gleichbedeutend mit Ruin und Entehrung. Ein braver Bauer hatte einmal einen Landpolizisten von Aubagne in den Hügeln erschossen, weil der ihn anzeigen wollte.

»Na, so was!« sagte Lili verstört, »na, so was!«

Mit hängendem Kopf ging er weiter, und von Zeit zu Zeit warf er mir einen trostlosen Blick zu.

Als wir durchs Dorf kamen und am Briefkasten vorbei, sagte er plötzlich:

»Wenn man mit dem Briefträger sprechen würde? Er muß ihn kennen, diesen Flurwächter. Außerdem trägt er auch ein Käppi.«

In Lilis Augen war dies das Zeichen der Macht, und er glaubte, Käppis unter sich könnten diese Angelegenheit vielleicht bereinigen.

»Morgen früh erzähle ich es ihm!«

Endlich erreichten wir La Bastide. Das Häuschen, unter dem Feigenbaum voller Spatzen, erwartete uns in der Abenddämmerung.

Wir halfen meinem Vater die Pakete auspacken. Er sah finster aus und räusperte sich von Zeit zu Zeit. Meine Mutter bereitete in aller Stille den Milchbrei für die kleine Schwester, während Lili das Feuer unter dem Kochtopf am Kesselhaken anzündete.

Ich ging hinaus, um mich im Garten umzusehen. Paul saß schon in einem Olivenbaum, alle Taschen voll zirpender Zikaden. Aber beim Anblick des schönen Abends zog mein Herz sich zusammen. Von der erhofften Freude blieb nichts mehr.

Lili kam mir nach und sagte: »Ich muß mit meinem Vater darüber sprechen.«

Mit den Händen in den Taschen sah ich ihn durch die Weinberge von Orgnon davoneilen.

Ich ging ins Haus zurück und zündete die Petroleumlampe an, denn niemand hatte daran gedacht. Mein Vater hatte sich trotz der Hitze vors Feuer gesetzt und sah in die tanzenden Flammen. Die Suppe fing an zu kochen, und das Omelette brutzelte. Paul half mir beim Tischdecken. Diese, unsere tägliche Obliegenheit, führten wir heute mit besonderer Sorgfalt aus, um unseren Eltern zu zeigen, daß noch nicht alles verloren sei. Aber wir unterhielten uns nur mit leiser Stimme, als ob ein Toter im Hause wäre.

Während des Essens fing mein Vater plötzlich ganz vergnügt zu plaudern an. Er beschrieb unser Abenteuer in scherzhaftem Ton, entwarf ein komisches Bild des Aufsehers, unserer auf dem Rasen ausgebreiteten Besitztümer und des Hundes, der die größte Lust gehabt hatte, unsere Wurst zu verschlingen. Paul lachte laut, aber ich merkte wohl, daß mein Vater sich nur unseretwegen zwang, heiter zu sein, und hätte am liebsten geweint.

Das Abendbrot war schnell verzehrt, und wir gingen schlafen.

Die Eltern waren unten geblieben, um die Vorräte einzuräumen. Aber ich hörte sie nicht hantieren: nur dumpfes Stimmengemurmel drang herauf.

Nach einer Viertelstunde sah ich, daß Paul eingeschlafen war; auf nackten Füßen stieg ich lautlos die Treppe hinunter und belauschte ihre Unterhaltung.

»Joseph, du übertreibst! Du machst dich lächerlich! Man wird dich ja nicht gleich köpfen!«

»Sicher nicht«, sagte mein Vater. »Aber du kennst den Schulrat nicht. Er wird die Anzeige an den Rektor weitergeben und das kann mit Entlassung enden.«

»Du machst aus der Mücke einen Elefanten!«

»Vielleicht! Aber jedenfalls ist es ein Grund, mir als Lehrer einen Verweis zu erteilen. Und ein Verweis wäre für mich gleichbedeutend mit Entlassung, denn ich würde sofort meine Kündigung einreichen. Man bleibt nicht an einer Schule mit dem Makel eines Verweises.«

»Wie?« sagte meine Mutter fassungslos. »Du würdest also auf deine Pension verzichten?«

Von der Pensionierung wurde oft gesprochen wie von einem magischen Vorgang, der einen Schullehrer im Handumdrehen in einen Rentenempfänger verwandelte. Die Pensionierung, das war das Zauberwort, das alle Herzen höher schlagen ließ. Doch an diesem Abend machte es keinen Eindruck. Mein Vater zuckte resigniert die Achseln.

»Aber was willst du dann tun?«

»Ich weiß es nicht, aber ich werde darüber nachdenken.«

»Du könntest Privatlehrer werden wie M. Vernet. Er verdient mit seinen Privatstunden viel Geld.«

»Ja, aber M. Vernet hat nie einen Verweis bekommen. Er hat sich seine Pension nach einer untadeligen Laufbahn auszahlen lassen. Wenn die Eltern meiner Schüler erfahren, daß man mir einen Verweis erteilt hat, werden sie mich sofort aus dem Haus jagen.«

Diese Schlußfolgerung, die unwiderlegbar schien, entsetzte mich. Was sollte er tun? Er sagte es alsbald selbst:

»Ich werde Raspagnetto aufsuchen, der eine Kartoffelgroßhandlung hat. Wir waren zusammen auf der Schule. Er sagte mir unlängst: ›Du warst immer gut im Rechnen. Meine Geschäfte sind so umfangreich geworden, daß ich einen Mann wie dich gut gebrauchen könnte.‹ Ich werde ihm die Sachlage erklären. Er wird mich deshalb nicht verachten.«

Ich segnete diesen Raspagnetto. Ich kannte ihn zwar nicht, aber ich stellte ihn mir genau vor: ein gutmütiger Riese mit schwarzem Schnurrbart, den Multiplikationen genauso hilflos ausgeliefert wie ich. Ich sah ihn vor mir, wie er meinem Vater den Schlüssel zu einer mit Gold gefüllten Schublade übergab.

»Auf Freunde kann man sich nicht immer verlassen!« sagte meine Mutter.

»Ich weiß! Aber Raspagnetto ist mir sehr verpflichtet. Bei der Schulprüfung habe ich ihm seine Antworten vorgesagt. Außerdem kann ich dir zu deiner Beruhigung noch etwas gestehen. Ich habe es dir bisher nie verraten wollen, aber ich besitze Eisenbahnobligationen im Wert von siebenhundertachtzig Francs. Sie liegen im Geographieatlas Vidal-Lablache.«

»Das ist ja allerhand!« sagte meine Mutter. »Du hast also Geheimnisse vor mir?«

»Nun ja! Es war für den Ernstfall einer Krankheit, einer Operation ... In bester Absicht habe ich es dir verschwiegen, ich wollte nicht, daß du glaubst ...«

»Du brauchst dich nicht zu entschuldigen«, sagte sie. »Ich habe es ebenso gemacht. Allerdings besitze ich nur zweihundertundzehn Francs. Das ist alles, was ich von den fünf Francs, die du mir täglich gibst, ersparen konnte.«

Ich rechnete sofort zusammen: 780 und 210 – das waren 990 Francs. Dann fiel mir ein, daß in meiner Sparbüchse mindestens sieben Francs waren und ich wußte trotz seiner Geheimniskrämerei, daß Paul mindestens vier Francs haben mußte. Das machte insgesamt 1001 Francs.

Ich war gleich ganz beruhigt und wäre nur zu gern zu ihnen in die Stube gegangen, um ihnen zu sagen, daß man es nicht nötig hat, eine Stellung zu suchen, wenn man ein Vermögen von über tausend Francs besitzt.

Doch der Sandmann kam und warf mir aus seinem Sack eine Handvoll Sandkörner in die Augen. So schlich ich die Treppe auf allen Vieren wieder hinauf, legte mich in mein Bett und schlief sofort ein.

Am anderen Morgen war mein Vater nicht da: er war in der Stadt. Ich nahm an, daß er seinen Kartoffelfreund, dessen Namen ich vergessen hatte, besuchte. Meine Mutter sang, während sie das Haus in Ordnung brachte.

Lili kam sehr spät, erst gegen neun Uhr.

Er berichtete mir, daß er seinem Vater alles erzählt und daß sein Vater erklärt habe:

»Diesen Aufseher kenne ich! Es ist derselbe, der Mond des Parpaillouns angezeigt hat, weil er vier Drosseln unter seinem Hut versteckt hatte. Sie haben ihn vier Francs Strafe zahlen lassen. Wenn der sich jemals wieder auf unseren Hügeln sehen läßt, wird man ihn auf den Flintenschuß, den er verdient, nicht lange warten lassen.«

Diese Nachricht war wohltuend, aber der Flintenschuß würde leider zu spät kommen.

»Hast du mit dem Postboten gesprochen?«

Lili schien verlegen.

»Ja«, sagte er. »Und er wußte es sogar schon, denn er hatte den Flurwächter heute früh getroffen.«

»Wo?«

»Im Schloß. Er hat Briefe hingebracht.«

»Und er hat es ihm erzählt?«

»Alles!«

Er gab sich einen Ruck und setzte hinzu:

»Er war gerade dabei, die Anzeige abzufassen.«

Das war eine niederschmetternde Nachricht.

»Als dann der Briefträger ihm sagte, er solle das nicht tun, da sagte der Aufseher zu ihm: ›Das lasse ich mir nicht nehmen!‹ Und als der Briefträger ihn fragte, warum, hat er gesagt: ›Diese Schullehrer! Ununterbrochen machen sie Ferien!‹ Da hat der Briefträger ihm erzählt, daß dein Vater der berühmte Bartavellenjäger sei, und da hat der Aufseher gesagt: ›Auf so was pfeife ich!‹ und hat an seiner Anzeige weitergeschrieben und der Briefträger hat gesagt, man merkte direkt, welchen Spaß ihm das machte.«

Dieser Bericht entsetzte mich.

Lili zog aus seinem Sack zwei appetitlich aussehende Würste, deren rosa Farbe mich überraschte, aber er klärte mich darüber auf:

»Das sind vergiftete Würste. Mein Vater macht sie selbst. Er legt sie nachts für die Füchse vor den Hühnerstall. Wenn du willst, können wir sie heute abend über die Schloßmauer werfen.«

»Willst du seinen Hund vergiften?«

»Und ihn vielleicht dazu!« sagte Lili mit freundlichstem Ton.

»Ich habe die schönsten ausgesucht, damit ihm das Wasser im

Mund zusammenläuft. Wenn er nur ein einziges Stück abbeißt, fällt er um wie ein total Betrunkener.«

Das war ein köstlicher Einfall, über den ich herzlich lachen mußte. Aber der Tod des Aufsehers würde erst übermorgen eintreten (wenn wir Glück hatten und er keins) und könnte nicht verhindern, daß die Anzeige mittlerweile an ihrem Bestimmungsort ankam. Jedenfalls beschlossen wir, die Würste der Rache auf jeden Fall noch heute abend über die Mauer zu werfen.

Unterdessen stellten wir unsere Fallen im Tal von Rapon auf. Bis zum Abend pflückten wir dann Wacholderbeeren und Mandeln von den verkrüppelten Bäumen eines verlassenen Obstgartens.

Der erste Besuch bei unseren Fallen brachte uns sechs Ammern und eine große Amsel ein.

Ich leerte unsere Säcke und breitete die Vögel auf dem Küchentisch aus. So nebenbei sagte ich:

»Von Wild, Waldspargel, Pilzen, Mandeln und Wacholderbeeren könnte eine arme Familie das ganze Jahr leben.«

Meine Mutter lächelte zärtlich und küßte mich auf die Stirn. Dabei hielt sie die Arme ausgestreckt, denn ihre Hände waren voll Seifenschaum.

»Mach dir keine Sorgen, mein Junge! So weit sind wir noch nicht!«

Lili aß mit uns und saß – eine große Ehre – auf dem Platz meines Vaters, der erst am Abend zurückerwartet wurde.

Ich schwärmte vom Landleben und erklärte, an meines Vaters Stelle würde ich Landwirt.

Lili – der meiner Meinung nach viel davon verstand – pries die Fruchtbarkeit und Genügsamkeit der Kichererbsen, die weder Wasser noch Dünger brauchen, ja noch nicht einmal Erde, denn sie leben von der Luft. Dann schwärmte er von den grünen Bohnen, die so überraschend schnell wachsen.

»Du machst ein Loch, steckst die Bohne hinein und deckst sie mit Erde zu. Dann mußt du schnell davonlaufen, sonst holt sie dich ein.«

Er sah meine Mutter an und fügte hinzu:

»Das ist natürlich ein bißchen übertrieben. Ich habe es nur gesagt, um zu erklären, *wie* schnell sie wachsen.«

Gegen zwei Uhr erforschten wir die weitere Umgebung, begleitet von Paul, dem Spezialisten im Aufstöbern von Weinbergschnecken, die sich in den Löchern alter Mauern oder unter Olivenstämmen verbergen. Drei Stunden lang sammelten wir ohne Unterlaß Vorräte für unseren bevorstehenden Ruin. Gegen sechs Uhr kamen wir heim, schwer beladen mit Schnecken, Schlehen, herrlich süßen Pflaumen, die wir bei Meister Etienne gestohlen hatten, und einem Sack mit beinahe reifen Aprikosen: von einem alten Baum, der es nicht lassen konnte, Jahr für Jahr in den Ruinen eines verlassenen Bauernhofes zu blühen und Früchte zu tragen.

Ich freute mich schon darauf, meiner Mutter diese Beute darzubringen, als ich bemerkte, daß sie nicht allein war. Sie saß auf der Terrasse, ihr gegenüber mein Vater, der in der erhobenen Hand ein Glas Limonade hielt, das er mit dem Gesicht zum Himmel genießerisch austrank.

Ich lief zu ihm.

Er sah todmüde aus und seine Schuhe waren staubig. Er umarmte uns zärtlich, streichelte Lili die Wange und nahm die kleine Schwester auf sein Knie. Dann sprach er zu meiner Mutter, als ob wir gar nicht vorhanden wären.

»Erst bin ich zu Bouzigue gegangen. Er war nicht da. Ich habe ein paar Zeilen dagelassen, um ihn auf die Katastrophe vorzubereiten. Dann war ich im Krankenhaus, dort traf ich Wladimir. Der Colonel ist operiert worden. Besuche sind verboten. In vier oder fünf Tagen kann man ihn sprechen. Das wird aber zu spät sein.«

»Hast du den Schulrat gesprochen?«

»Nein. Aber ich habe seine Sekretärin gesehen.«

»Hast du ihr etwas gesagt?«

»Nein. Sie glaubte, ich käme, um Neuigkeiten zu erfahren. Sie kündigte mir an, daß ich die dritte Klasse bekommen soll.«

Er lachte bitter.

»Wieviel mehr Gehalt hätte das ausgemacht?«

»Zweiundzwanzig Francs im Monat.«

Bei Nennung dieser enormen Summe verzog meine Mutter das Gesicht, als ob sie weinen wollte.

»Und außerdem hat sie mir mitgeteilt«, fügte er hinzu, »daß ich für die akademischen Palmen vorgesehen bin.«

»Aber Joseph!« rief meine Mutter aus, »man kann einen Beamten, der diese Auszeichnung besitzt, nicht entlassen!«

»Man kann einen Beamten, der getadelt werden soll, jederzeit von der Liste für die Auszeichnung streichen«, sagte mein Vater.

Er seufzte tief, setzte sich auf einen anderen Stuhl, stützte die Hände auf die Knie und senkte den Kopf. Der kleine Paul fing laut zu heulen an.

In diesem Moment sagte Lili leise:

»Wer kommt denn dort?«

Ganz am Ende des Pfades hoch oben auf dem Hügel tauchte eine dunkle Silhouette auf, die mit weit ausholenden Schritten auf uns zukam.

Ich schrie:

»Das ist Monsieur Bouzigue!«

Ich stürzte hinaus, und Lili folgte mir.

Auf halbem Weg trafen wir den Kanalaufseher. Mein Vater und meine Mutter waren uns auf den Fersen gefolgt. Bouzigue lächelte und griff in die Tasche:

»Hier!« sagte er. »Das ist für Sie!«

Er hielt meinem Vater das schwarze Notizbuch hin, das der Schloßwärter ihm abgenommen hatte. Meine Mutter stieß einen Seufzer aus, der schon beinahe ein Schrei war.

»Hat er es Ihnen gegeben?« fragte sie.

»Nicht direkt«, sagte Bouzigue. »Er hat es ausgetauscht gegen die Anzeige, die ich gegen ihn gemacht hatte.«

»Und sein Protokoll?« fragte mein Vater mit heiserer Stimme.

»Konfetti!« sagte Bouzigue. »Fünf Seiten hatte er geschrieben! Ich habe eine Handvoll Konfetti daraus gemacht. Die schwimmen jetzt den Kanal hinunter . . . In diesem Augenblick«, fügte er hinzu, als wäre dies von größter Wichtigkeit, »müßten sie schon auf der Höhe von Saint-Loup angekommen sein, vielleicht sogar schon in La Pomme . . . Darauf wollen wir ein Glas trinken!«

Er zwinkerte ein paarmal, stemmte die Fäuste in die Seiten und brach in schallendes Gelächter aus. Wie schön er so war . . .

Da hörte ich Tausende von Zikaden in dem verzauberten Gras singen und das erste Heimchen der Ferien.

Wir hatten keinen Wein im Haus, und die geheiligten Flaschen von Onkel Jules wagte meine Mutter nicht anzutasten, aber im Schrank ihres Zimmers verwahrte sie eine Flasche Pernod für alkoholfreudige Besucher.

Unter dem Feigenbaum bediente sich Bouzigue großzügig und schilderte uns seine Zusammenkunft mit dem Feind.

»Als ich heute früh Ihre Nachricht gelesen hatte, holte ich sofort Verstärkung. Binucci, der auch Kanalaufseher ist, und Fénéstrelle, den Brunnenwart. Zu dritt gingen wir ins Schloß. Als ich die bewußte Tür aufschließen wollte (gütige Muttergottes, ich danke dir!) sah ich, daß er weder Kette noch Vorhängeschloß entfernt hatte. Also sind wir außen an der Mauer entlanggegangen bis zum Gittertor, da habe ich geläutet wie ein Sakristan. Nach ungefähr fünf Minuten kam er wütend heraus.

›Ihr seid wohl verrückt, so an der Glocke zu reißen! Und noch dazu Sie‹, schrie er mich an und ließ uns ein.

›Wieso ich?‹

›Weil Sie sich da eine hübsche Sache auf den Hals geladen haben, über die ich ein paar Worte mit Ihnen zu reden habe.‹

›Schon gut. Das können Sie nachher tun. Denn was *ich* Ihnen zu sagen habe, ist ein einziges Wort, und das heißt: Anzeige!‹

Da riß er aber die Augen auf! Jawohl, alle beide, sogar das gelähmte.

›Gehen wir erst an den Ort der Tat‹, sagte Fénéstrelle. ›Wir müssen den Sachverhalt feststellen, sein Geständnis protokollieren und Schloß und Kette beschlagnahmen.‹

›Was?‹ schrie der Aufseher.

›Schreien Sie nicht so‹, sagte ich, ›sonst kriegen wir Angst.‹

Wir gingen hinein. Er redete auf mich ein:

›Über das Schloß werde ich Ihnen einiges erzählen!‹

›Waren Sie es, der das Schloß angebracht hat?‹

›Jawohl, ich. Und wissen Sie warum?‹

›Nein! Für meine Anzeige brauche ich das auch nicht zu wissen!‹

›Artikel zweiundachtzig der Verfassung‹, sagte Fénéstrelle.

Er sah unsere drei Dienstmützen und bekam Angst. Binucci sagte versöhnlich:

›Regen Sie sich nicht auf! Zuchthaus steht nicht darauf. Nur eine kleine Geldstrafe! So um die zweihundert Francs herum.‹

Ich sagte trocken:

›Wie auch immer: Was ich brauche, ist das Beweismaterial.‹

Und schon war ich an der Tür zum Kanal. Die anderen folgten mir und der Wärter humpelte hinterdrein.

Als ich die Kette abriß, wurde er so rot wie eine Hagebutte. Ich zog ein Heft heraus und fragte:

›Name? Vorname? Geburtsort?‹

Er sagte: ›Das werden Sie mir doch nicht antun!‹

›Warum wollen Sie uns daran hindern, hier durchzugehen?‹ fragte Fénéstrelle.

›Es ist ja gar nicht Ihretwegen!‹ sagte der Aufseher.

Ich sagte:

›Natürlich ist es nicht dieser Herren wegen! Es richtet sich gegen mich! Ich weiß, daß Ihnen meine Nase nicht paßt! Na bitte, Ihre gefällt mir auch nicht, und deshalb gehe ich der Sache auf den Grund.‹

›Auf welchen Grund?‹ fragte er.

›Sie wollten mich um meine Stellung bringen. Na schön! Um so bedauerlicher für Sie, wenn Sie jetzt die Ihrige verlieren. Wenn Ihr Herr die Anzeige zugestellt bekommt und vor Gericht erscheinen muß, wird er einsehen, daß es besser ist, einen anderen Aufseher einzustellen, und ich hoffe, der nächste wird zivilisierter sein.‹

Das saß, meine Lieben, ich fuhr fort:

›Name! Vorname! Geburtsort?‹

›Aber ich schwöre Ihnen, es war nicht Ihretwegen! Ich wollte doch nur diese Leute abfassen, die mit einem falschen Schlüssel hier eindringen und durch den Besitz gehen.‹

Ich sagte zornbebend:

›Na, so etwas! Ein falscher Schlüssel? Hast du das gehört, Binucci? Ein falscher Schlüssel!‹

›Jawohl! Hier ist er!‹

Damit zog er ihn aus der Tasche. Ich nahm ihn sofort und gab ihn Fénéstrelle.

›Heb ihn auf! Wir werden eine Ermittlung anstrengen, denn das ist eine Sache, die den Kanal betrifft. Haben Sie die Leute erwischt?‹

›Das will ich meinen‹, sagte er. ›Da ist das Notizbuch, das ich diesem Individuum abgenommen habe. Hier sehen Sie mein Protokoll und hier meine Anzeige.‹

Er gab mir Ihr Heft und zwei Rapporte von mehreren Seiten, in denen er die ganze Geschichte erzählt hatte.

Ich fing an, sein Gekritzel zu lesen und fuhr plötzlich auf ihn los:

›Sie Unglücksrabe! In einem offiziellen Bericht geben Sie zu, daß Sie eine Kette und ein Schloß angebracht haben! Ja wissen Sie denn nicht, daß man Sie dafür unter dem guten König Ludwig XIV. auf die Galeere geschickt hätte?‹

Binucci sagte:

›Es ist nicht gerade Selbstmord, aber viel fehlt nicht daran.‹

Der Aufseher war ein Häufchen Elend. Er war nicht mehr rot wie eine Hagebutte, sondern weiß wie ein Leichentuch. Er fragte mich:

›Und was wollen Sie jetzt tun?‹

Ich schüttelte mehrmals den Kopf und biß mir auf die Lippen. Ich fragte erst Fénéstrelle um Rat, dann Binucci und schließlich mein Gewissen. Er wartete angstvoll mit bösartigem Gesichtsausdruck. Endlich sagte ich:

›Hören Sie zu. Es ist das erstemal, aber es muß auch das letztemal bleiben. Sprechen wir nicht mehr darüber! Erzählen Sie nie einem Menschen etwas davon, wenn Ihnen Ihre Uniform lieb ist!‹

Darauf zerriß ich seine Anzeige und steckte Ihr Notizbuch in die Tasche samt Kette und Schloß. Ich habe mir gedacht, das sind Gegenstände, die Sie hier auf dem Land gut gebrauchen können.«

Und er legte seine Beute auf den Tisch.

Wir waren alle außer uns vor Freude und dankend nahm Bouzigue unsere Einladung zum Abendessen an.

Als er seine Serviette entfaltete, sagte er:

»Die Geschichte ist begraben. Aber es wird trotzdem besser sein, dort nicht mehr durchzugehen.«

»Das kommt nicht mehr in Frage«, sagte mein Vater.

Meine Mutter, die am Spieß die kleinen Vögel briet, sagte leise:

»Selbst, wenn wir die Erlaubnis hätten, könnte ich nicht den Mut finden, diesen Ort noch einmal zu betreten. Ich glaube, ich würde sofort in Ohnmacht fallen.«

Lili verabschiedete sich. Meine Mutter küßte ihn. Seine Ohren wurden so rot wie ein Hahnenkamm, und er rannte schnell hinaus. Ich mußte ihm nachlaufen, um mich für den nächsten Morgen bei Sonnenaufgang mit ihm zu verabreden. Er nickte hastig und floh in den Sommerabend.

Die Mahlzeit verlief sehr heiter. Als meine Mutter sich entschuldigte, daß sie ihm keinen Wein anzubieten habe, erklärte Bouzigue:

»Das macht nichts! Ich bleibe beim Pernod.«

Mein Vater versuchte einen schüchternen Einwand:

»Ich möchte nicht, daß du glaubst, ich gönne dir den Pernod nicht. Aber ich weiß nicht, ob er für deine Gesundheit . . .«

»Ach, die Gesundheit!« ereiferte sich Bouzigue. »Mein lieber Monsieur Joseph, der Pernod tut der Gesundheit nicht weh! Aber Ihr trinkt hier das Wasser aus der Zisterne – wissen Sie, was da alles drin ist?«

»Das ist Wasser vom Himmel«, sagte mein Vater, »und von der Sonne destilliert.«

»Ich mache jede Wette«, sagte Bouzigue, »daß ich in Ihrer Zisterne ein Dutzend schwarzer Spinnen finde, zwei oder drei Eidechsen und mindestens zwei Kröten. Das Wasser Ihrer Zisterne enthält eine Essenz aus Krötenpipi. Aber der Pernod, der neutralisiert alles.«

Mein Vater ließ das Thema fallen.

Während des Essens beschrieb er unser Abenteuer noch einmal ausführlich, worauf Bouzigue einen neuerlichen Bericht seiner Heldentat folgen ließ. Mein Vater fügte neue Einzelheiten hinzu, die die Grausamkeit des Aufsehers erst ins rechte Licht setzten, was Bouzigue veranlaßte, den Schrecken und die Demütigung des von den drei Uniformierten terrorisierten Übeltäters darzustellen. Als sie bei der vierten Schilderung angekommen waren, entwickelte mein Vater die Version, daß der Aufseher uns eigentlich an Ort und Stelle niederschlagen wollte, und Bouzigue malte ein Bild des Monstrums, wie es auf den Knien liegend mit tränenüberströmtem Gesicht und weinerlicher Kinderstimme um Gnade flehte.

Nach dem Genuß der Caramelcreme und des Eierschaums mit Biskuits fühlte Bouzigue sich veranlaßt, das Lob seiner Schwester zu singen.

Zuerst verglich er das Leben mit einem reißenden Sturzbach, der nur zu überqueren ist, wenn man von einem Felsen auf den anderen springt. Natürlich erst, nachdem man genau ausgerechnet hat, wie weit man springen muß.

Seine Schwester Felicienne hatte, wie er erzählte, zuerst einen professionellen Boulespieler geheiratet, der sie oft allein ließ, um in seinen Wettkämpfen zu triumphieren. Bei dieser Gelegenheit lernte ich übrigens das Wort ›Hahnrei‹ kennen. Von dem Kugelspieler sprang sie auf den nächsten Felsen in Gestalt eines Trambahndepotdirektors. Dann sprang sie auf den Inhaber eines Papiergeschäftes in der Rue de Rome und dann auf einen Blumenhändler an der Canebière, der außerdem Gemeinderat war. Schließlich sprang sie auf den obersten Ratsherrn. Aber damals überlegte sie schon den nächsten und letzten Sprung, der sie ans andere Ufer bringen sollte und direkt in die Arme des Herrn Präfekten.

Meine Mutter hörte der Geschichte dieser verschiedenen Sprünge mit Interesse zu. Sie schien etwas überrascht. Plötzlich fragte sie:

»Aber sind die Männer denn so dumm?«

»Oho!« lachte Bouzigue. »Die Männer sind gar nicht dumm! Sie weiß eben nur ganz genau, wie man sie dumm macht!«

Dann fügte er hinzu, daß Intelligenz natürlich auch nicht alles sei und daß sie einen ganz hübschen Vorbau habe, den man gesehen haben müsse, um so etwas für möglich zu halten.

Er zückte seine Brieftasche, um uns eine Photographie zu zeigen, die er als ›sehr verführerisch‹ bezeichnete.

Paul und ich machten schon große Augen. Aber in dem Augenblick, als er das interessante Dokument hervorholte, nahm uns meine Mutter bei der Hand und brachte uns auf unser Zimmer.

Das reiche Mahl, die Freude über die Niederlage des Feindes und das Geheimnis dieser Photographie störten meinen Schlaf. Unzusammenhängend träumte ich von einer jungen Frau, die nackt wie eine Statue den Kanal mit einem einzigen Satz übersprang, um einem General in die Arme zu fallen, der meinem Vater täuschend ähnlich sah und klirrend in tausend Stücke zersprang.

Ich wachte etwas benommen auf und hörte durch die Wand die väterliche Stimme. Sie sagte:

»Du wirst mir erlauben zu bedauern, daß das Laster in dieser Welt so oft belohnt wird.«

Die Stimme von Bouzigue war merkwürdig heiser geworden und antwortete näselnd:

»Aber Joseph! Aber Joseph! Ach, ich könnte mich totlachen ...«

Die Zeit vergeht und dreht das Rad des Lebens wie das Wasser das Mühlrad.

Fünf Jahre später ging ich hinter einem schwarzen Wagen, dessen Räder so hoch waren, daß ich die Hufe der Pferde sehen konnte. Ich war schwarz gekleidet, und die Hand des kleinen Paul umklammerte die meine mit aller Kraft. Man trug meine Mutter für immer von uns fort.

Von diesem schrecklichen Tag habe ich keine andere Erinnerung, so als ob meine fünfzehn Jahre sich geweigert hätten, einen Schmerz anzuerkennen, der so stark war, daß er mich fast getötet hätte. Noch viele Jahre, als wir schon Männer waren, hatten wir niemals den Mut, von ihr zu sprechen.

Dann wurde der kleine Paul sehr groß. Er überragte mich um Haupteslänge und trug einen Vollbart, einen Bart von goldener Seide. Auf den Hängen des Etoile, die er nie verlassen wollte, hütete er seine Ziegen; abends machte er Käse in einem aus Binsen geflochtenen Sieb, und dann schlief er im Hügelsand, in seinen großen Mantel eingerollt. Er war der letzte Hirt der Antike. Mit dreißig Jahren starb er in einem Krankenhaus. Auf dem Tisch neben dem Bett lag seine Mundharmonika.

Mein lieber Lili begleitete ihn nicht mit mir zu dem kleinen Friedhof von La Treille, denn unter einem Kranz von Immortellen erwartete er selber ihn schon seit Jahren dort. 1917 hatte eine Kugel in einem dunklen Wald des Nordens ihn mitten in die Stirn getroffen und sein junges Leben ausgelöscht; im Regen war er in nasse, kalte Sträucher gefallen, deren Namen er nicht kannte.

So ist das Leben der Menschen. Einige Freuden, durch unvergeßlichen Kummer schnell zerstört.

Kindern soll man das nicht sagen.

Nach weiteren zehn Jahren gründete ich eine Filmgesellschaft in Marseille. Das Unternehmen war von Erfolg gekrönt, und ich hatte den Ehrgeiz, unter dem Himmel der Provence eine Filmstadt zu bauen. Ein Grundstücksmakler machte sich auf, um ein passendes Terrain zu suchen, groß genug für dieses schöne Projekt.

Er fand etwas Geeignetes, während ich in Paris war, und unterrichtete mich telephonisch von seiner Entdeckung. Aber gleichzeitig ließ er mich wissen, daß der Kauf in einigen Stunden getätigt sein müsse, denn es gäbe noch andere Interessenten, die das Objekt zu erwerben wünschten.

Seine Begeisterung war groß, und ich kannte ihn als ehrlich und zuverlässig. Ich kaufte den Besitz unbesehen.

Acht Tage später verließ eine kleine Autokarawane die Studios des Prado. Sie beförderte die Tonmeister, die Kameraleute und die Techniker. Wir wollten von dem versprochenen Paradies Besitz ergreifen, und erwartungsvoll schwatzten während der Fahrt alle durcheinander.

Wir passierten ein hohes Gitter, dessen Tor weit offenstand.

Am Ende einer hundertjährigen Platanenallee hielt unser Wagenzug vor einem Schloß. Das war kein historisches Denkmal, sondern die riesige Behausung eines Großbürgers aus dem zweiten Kaiserreich. Er muß ziemlich stolz gewesen sein auf die vier achteckigen Türme und auf die dreißig Balkone, die mit ihren Steinfiguren die Fassade schmückten.

Wir gingen sofort zu den Wiesen hinunter, auf denen ich die Ateliers errichten wollte.

Dort waren Männer damit beschäftigt, Meßbänder abzuspulen, andere rammten weißgestrichene Pfähle ein, und ich überwachte hochgemut die Geburt eines großartigen Unternehmens. Da fiel mein Blick auf eine entfernte, hochgelegene Staudenhecke ... Mein Atem setzte aus, und ohne zu wissen warum, rannte ich in wildem Lauf quer durch die Wiesen und durch die Zeiten.

Ja, hier war es! Das war der Kanal meiner Kindheit mit seinen Hagedornbüschen, der Clematis, den weiß blühenden Heckenrosen, mit seinen Brombeersträuchern, die ihre Dornen unter den großen, reifen Beeren verbargen. Das Wasser floß ewig lautlos den Wiesenpfad entlang, und wie damals hüpften die Heuschrecken wie Dreckspritzer um meine Füße.

Langsam ging ich ihn wieder, den Weg in die Ferien, und teure Schatten gingen neben mir.

Jetzt erst, als ich es durch die Hecke sah, erkannte ich über den fernen Platanen in dem Gebäude das schreckliche Schloß wieder, das Schloß, vor dem meine Mutter sich so gefürchtet hatte.

Einige Sekunden lang hoffte ich, daß ich den Wächter mit seinem Hund wieder treffen würde. Aber zwanzig Jahre hatten meine Rache hinfällig gemacht, denn auch die Bösen müssen sterben.

Ich folgte dem Pfad die Böschung entlang. Sie war immer noch ein ›Sieb‹, aber der kleine Paul war nicht mehr da, um mit seinen weißen Milchzähnen darüber zu lachen ...

Von weitem rief eine Stimme nach mir. Ich verbarg mich hinter der Hecke und ging langsam und lautlos weiter, genau wie damals . . .

Endlich sah ich die Umfassungsmauer. Über ihrer Scherbeneinfassung tanzte der sonnige Monat Juni auf den blauen Hügeln; und am Fuß der Mauer, nahe am Kanal, war die schauderhafte, schwarze Tür, die sich vor den Ferien nicht hatte öffnen wollen, die Tür des gedemütigten Vaters . . .

In blinder Wut ergriff ich mit beiden Händen einen großen Stein, hob ihn erst zum Himmel hoch und schleuderte ihn dann gegen die morschen Planken, die über der Vergangenheit zerbarsten.

Es schien mir, daß ich nun freier atmen konnte, als ob der böse Zauber gebannt sei.

Aber zwischen den Zweigen der Heckenrosen, unter ihren weißen Blütendolden und jenseits der Zeit, stand wie seit Jahren eine junge Frau mit dunklem Haar, die immer noch die roten Rosen des Colonels an ihr zerbrechliches Herz drückte. Sie hörte den Wächter schreien und das Keuchen des Hundes. Blaß, zitternd und für immer untröstlich wußte sie nicht, daß sie daheim war, bei ihrem Sohn.